ENERGIEAUTONOMIE
Eine neue Politik für erneuerbare Energien

Hermann Scheer

能源自主
可再生能源的新政治

[德]赫尔曼·舍尔　著
刘心舟　邓　苗　林　里　杨霄鹏　译
黄凤祝　审校

歌德学院(中国)翻译资助计划

同济大学出版社
TONGJI UNIVERSITY PRESS

图书在版编目（CIP）数据

能源自主 /（德）赫尔曼·舍尔著；刘心舟等译
. —— 上海：同济大学出版社，2017.3
ISBN 978-7-5608-6563-8

Ⅰ. ①能… Ⅱ. ①赫… ②刘… Ⅲ. ①再生能源－能源发展－研究 Ⅳ. ①F407.2

中国版本图书馆 CIP 数据核字 (2016) 第 239942 号

The translation of this work was financed by the Goethe-Institut China
本书获歌德学院（中国）全额翻译资助

能源自主

可再生能源的新政治

[德] 赫尔曼·舍尔 著
刘心舟 邓 苗 林 里 杨霄鹏 译
黄凤祝 审校

责任编辑 张 翠　　责任校对 徐春莲
封面设计 潘向蓁　　版式设计 每日一文
出版发行 同济大学出版社 www.tongjipress.com.cn
地　　址 上海市四平路 1239 号　邮编 200092　电话 021-65985622
经　　销 全国新华书店
印　　刷 江苏句容排印厂
开　　本 32 开
印　　张 9.5
字　　数 255 000
版　　次 2017 年 3 月第 1 版 2017 年 3 月第 1 次印刷
书　　号 ISBN 978-7-5608-6563-8
定　　价 48.00 元

献给 Irm Pontenagel

目录

可再生能源与中国的现代化

作为地球上人口最多的国家，中国正在世界经济中走向一个与其人口意义相对应的角色。这同时也意味着，能源需求的增加，对于中国未来的发展是不可避免的。

20 世纪 90 年代初期，中国的能源尚可以自给自足。中国拥有自己的煤矿、自己的油田和丰富的水力资源，农业经济中对生物能源的利用，使得中国利用本土能源即可满足全国的能源需求。在生化动力原料的需求领域中，增加本土供应的可能性极为有限。1999 年中国石油的自我开采量达到 1.6 亿吨，但是消耗量已经上升到 1.9 亿吨，到 2010 年预计达到 3 亿吨。这一消耗量不到目前全球石油消耗量的 10%，尽管中国拥有 20%以上的世界人口。

但是，这一需求的增长，恰好出现在全球廉价的、易开发的石油资源趋于枯竭的时候。世界经济将在 21 世纪的上半叶，迅速走向石油资源的最后消耗。为了保障石油进口的廉价通道，国际政治的紧张关系不断加剧，原油价格不断上涨，经济危机在所难免。世界经济处于石油陷阱之中，同时被能源供应的链条束缚了手脚。

基于生存的压力，为了满足能源供应，各国迫切需要寻找其他的出路。但是，现在的问题，并不是用一种生化燃料或原子能来取代另一种生化燃料。生化能源，包括原子能在内，具有三种根本性的社会缺陷：

一、原能的潜在储量趋于枯竭，这是 21 世纪无法逃避的一个议题。

二、这一潜能的消耗导致世界性的生态危机，我们早已陷入这一危机之中，文明的生存危机也将随之日趋尖锐化。

三、我们只能在世界上的少数地区，寻找到传统的能源矿藏。但是到处都在进行生产，致使所有国家不得不与少数商业和国际化运作的能源供应者，建立一种生存性的依赖关系。

基于上述原因，传统工业国家试图将它们的能源体制延伸到未来的每一个尝试，都会带来灾难性的后果。基于同样的理由，像中国这样的国家，要在传统能源供应的基础上实现自己的经济目标，前景极为渺茫。要满足急剧增长的能源需求，保障必要的能源供应，唯一现实的可能是选择可再生能源作为能源供应的基础。只有这样，才有可能实现国家的安全和未来的生态安全，促进工业增长，达到与传统工业国家总体经济水平相似的高度。对可再生能源的投入并不是一种经济上的负担，而是一种生存的必要性和历史的机遇。它的经济效应在于可以避免传统能源供应中无数公开的和潜在的费用，这些问题将在本书中作进一步的阐述。

中国是世界上追加能源需求最大的国家。这些能源需求，必须且有必要尽快地予以满足，以保证其经济目标的顺利实现。如果附加能源需求的满足，不必通过进口额外的能源，加重国民经济的负担，那么这种做法无疑是值得尝试的。此外，还需要迫切解除环境的负担。所有这些目标只有通过利用可再生能源才能得以实现。可再生能源的利用同时与巨大的工业化效应联系在一起，因为这意味着必须生产数以百万计的新型能源转化设备。

可再生能源的引进速度相对较快。建造一座新的常规发电站大约需要四年时间，在完工之前，一个千瓦时的电力也不能生产。此外，生化和原子能发电站无论是使用煤炭还是核动力驱动，都需要大量的水——用于蒸发过程或冷却系统，但是水的供应恰恰是中国最大的问题之一。水是非常珍贵的，如果将大量的水消耗在发电站，实在可惜。如果中国的电力生产采用风力发电设备，将会开辟许多新的可能性。一套风能发电设备可以在一天之内安装完毕，在几天之内完成与电网的连接。每一台独立的设备都可以立即投入生产，既不需要燃料，也不需要水。

中国拥有大约 10 万兆瓦的水力资源，因此可以组建一个主要由水力和风能组合的国家电力供应网络。前提是，中国能够自己生产大量的风力发电设备，并且做到快速安装。当具备大批量的生产能力时，还可以大幅度地降低成本。安装一组 40 万兆瓦的风力发电设备，可以取代 20 万兆瓦的常规动力发电站。如果一台风力发电机的功率是 1.5 兆瓦，大约需要 30 万台同类型的风力发电机。如果计划在 10 年内实现这一目标，那么年产量大约为 3 万台。其结果是，在 10 年内中国利用自己的力量，建立了一个运用水能和风能资源、无污染的、节水型的电力生产体制。与此同时，中国还有能力成为世界市场上风能设备最有力的竞争者。除此之外，还可以大规模地生产和利用海水去盐设备，从海水中获取淡水，同时辅以风能设备建立淡水净化系统——这将是克服水资源危机的最具吸引力和最有利于生态的开端。

第二个论据是，中国是世界上对分散型信息技术需求最大的一个国家，例如移动电话，它在微电子技术领域取得了巨大的进步。微电子技术是光伏电力生产技术最为重要的应用领域，也是光伏设备的一个重要部件。人们由此进入了一个无需电缆和电网的、无污染的电力生产新工业的篇章。无需国家进行投资，对发电站的电力需求就会急剧降低。迄今为止，还没有任何一个工业国家真正认识到这一机遇。

为了满足对动力原料的需求，可再生能源同样提供了许多新的解决方案。最重要的解决办法是，借助可再生能源生产的电力，生产生物酒精、生物甲醇和氢气。林木的利用由此变得更为经济，植树造林不仅有助于气候保护，防范风沙和沙尘暴，还可以作为动力原料的源泉。所有这些方法可以在一种分散的状态下进行，即在各个省份分别运作，由此可以避免能源运输过程中产生的基础设施的费用，以及地区间的经济发展落差。这种做法有助于社会的稳定，同时可以避免人口的内部迁徙。农业经济部门将超越其原有粮食生产者的角色，获得新的意义。这也与中国的文化传统相适应，同时中国将先于传统的工业国家，步入现代化的更高阶段。中国可以结合其过去利用生物能源的经验，但是当务之急依然是形式的拓展：不仅仅是为了获得取暖和煮饭用的能源，还要从生物质中获取电力和动力原料。

原子能和生化能源代表了20世纪的工业现代化，它们把世界文明带入了生态的死胡同，现在又把世界文明引入经济的死胡同，同时摧毁了文化。可再生能源——阳光经济取代生化世界经济——代表了21世纪及未来的现代化。通过利用可再生能源，文化特征得以保持，它将引导人们走出20世纪的死胡同。可再生能源具有历史性的意义。人们的目光越长远，对可再生能源优势的认识就越深刻、越广泛。哪一个国家能够比中国更适于在短时间内把握住这些长远的优势？世界上没有一个国家拥有像中国这样悠久的历史。因此，中国具有进行长远思考的能力，并且可以根据这一思考立即采取行动。

赫尔曼·舍尔

德国柏林，2000年10月

刘丽荣　黄凤祝译

德国波恩，2000年10月

代序

赫尔曼·舍尔（1944 – 2010）的著作《阳光经济》由我和刘丽荣博士翻译，于 2000 年 12 月在北京生活·读书·新知三联书店出版。这是舍尔博士著作的首部中译本，距今已经有 14 年了。该书出版后，舍尔委托我在中国寻找翻译出版其他著作的机会，一直没有结果。2010 年舍尔在柏林去世，未能见到自己的其他著作在中国出版，真是一件遗憾的事情。

四年前同济大学出版社获得歌德学院的资助，计划出版舍尔的著作《能源自主》，并请我翻译。在此之前，该书已被译为英文、法文、西班牙文、意大利文、丹麦文和韩文。由于种种原因，该书的中译计划没有得到贯彻。2014 年年初，出版社重新启动该书的出版计划，希望我能够继续主持舍尔著作的翻译工作。由于时间关系，我委托在德国留学的几位博士研究生共同翻译这部书稿：由刘心舟（15 – 81 页，同济大学哲学博士，南昌大学人文学院讲师）、邓苗（81 – 145 页）、林里（146 – 207 页）和杨霄鹏（209 – 278 页）负责各章节的翻译，王婷和张清涛负责校对，刘心舟和邓苗进行统筹，杨霄鹏最后统筹，最后由我定稿。

书名最初译为《能源自治》，考虑到“自治”一词的政治意义比较重，最后改为《能源自主》。舍尔所谓“能源自主”，主要是针对“能源中心化”这一事实。区域经济中的“能源非中心化”，更多的是经济上“能源自主”的问题，而非政治上“能源自治”的问题。德语中的“经济”（Wirtschaft）一词，在中国经常译为“产业”。在本书的翻译过程中，我们根据具体需要分别译为“经济”或“产业”。“生化能源”（fossile energie），在中国有不同的译法，诸如化石能源、石化能源等，在《阳光经济》一书中我们译为“生化能源”。为了保持舍尔著作译文的统一，本书延用“生化能源”的译法。由于时间仓促，一些细节无法仔细推敲与琢磨，语言相对粗糙，译文也难免有错误和疏漏，不当之处，还希望读者能够一一指出。

感谢同济大学出版社张翠编辑的辛勤工作，感谢歌德学院为本书的翻译出版所提供的支持。

黄凤祝

上海，2014 年 6 月 6 日

导论　可再生能源：虚假的共识

“物理学的方法只关系到物理学家，却影响着全人类。关系到全人类的事，只能由所有人来解决。”

弗里德里希·迪伦马特《物理学家》

对可再生能源达成共识似乎已经是件板上钉钉的事了。154个国家政府的代表团于6月初前往波恩参加一个名为“2004可再生能源”（Renewables 2004）的国际会议，并通过了一项《政治声明》（*Politische Deklaration*）和一项《国际行动计划》（*Internationales Aktionsprogramm*）。在2002年于约翰内斯堡召开的联合国世界可持续发展大会上，德国联邦总理格哈特·施罗德发表了讲话，在此讲话中他邀请各国政府参加“2004可再生能源”会议。这个首次由世界上三个最大的工业国家之一发起的行动，标志着国际社会对可再生能源作为一个重要政治议题的迟来的认可。在这次会议多个活动的超过4000名参与者中，传播着一种乐观：现在再也没有人能阻止可再生能源在全球范围内启动了。德国环境部长尤根·特里廷（Jürgen Trittin）这样解释：“可再生能源的时代已经开始了。”

乐观主义是一种激励自己和他人的心理冲动。但它也太容易诱使人们进行自我暗示，以至于我们对相反的动向失去警惕：事实上此后生化能源使用的增长率显著高于已投入使用的可再生能源的增长率。根据国际能源机构（Internationalen Energie-Agentur，简称 IEA）的报告，1990 年在生化能源（石油、煤、天然气）上的总消耗为 56.3 亿吨原油单位（Rohöleinheiten，这是国际通行的能源计量单位）；2002 年则已经达到 81.3 亿吨原油单位，短短 20 年增幅达到 44%。2003 年和 2004 年尚未有世界范围内的统计数据，但可以想见生化能源消耗的增长还会进一步攀升。1995 年到 2002 年间召开了十次关于气候保护的世界政治会议，却都没能改变世界生化能源消耗的增长远较从前更快的趋势。在这段时间内，可再生能源的份额从 10.4 亿吨原油单位增长到 13.8 亿吨原油单位，增幅为 33%。而生化能源与可再生能源的使用差额在短短 20 年间从 49.5 亿吨原油单位增加到 67.4 亿吨原油单位。只有为了利于可再生能源而缩减生化能源和原子能的投入，可再生能源的时代才有可能开始。

于 2005 年 2 月 16 日生效的著名的旨在保护世界气候的《京都议定书》（*Kyoto-Protokoll*）也没能逆转这一危险的趋势。尽管世界气候会议的官方科学专家组，即政府间气候变化专门委员会（Intergovernmental Panel on Climate Change，简称 IPCC）认为，到 2050 年为止，必须让温室气体排放比 1990 年减少 60%，但议定书却只要求签署该协议的工业国家尽到在 2012 年前减少 5%的温室气体排放的义务。然而，根据《京都议定书》的修正案，温室气体的排放量仍将显著提升，因为美国这一人口只占世界 5%却消耗了 25%的生化能源供应的国家拒绝减排义务；此项协议也把发展中国家排除在外（其中两个巨大的增长体中国和印度占世界人口的三分之一）；因此《京都议定书》的这一修正案仍然是成问题的。

这一数字比例暗示着，这个世界正以不断加快的速度奔向崩溃。同时它也暗示着，可再生能源这辆“消防车”只能跟在崩溃的进程后面跛行，因为它开得太慢而且配备的人力和救火器材太少。可再生能源的创举缺少与它所面临的危险相称的力度和彻底性。情况再也不允许我们浪费时间了，我们必须不加迟疑地、全面地改用可再生能源。

既定能源系统的钟声越敲越响。已经建立的能源康采恩的影响力依然在增加，且它们对可再生能源的轻视也一点都没有改变[注]。垄断集团正在积极进行一场国际性的原子能的“复兴”，以便我们放心大胆地将生化能源储备彻底挖干榨尽直至它最终枯竭——波兰讽刺作家斯坦尼斯洛·雷克（Stanislaw Lec）这样评论道：“尽管我们发现自己身处错误的轨道上，但好歹我们通过不断加速弥补这个错误。”“2004可再生能源”会议也没能使这一倾向改变。为了不破坏这个新生的世界共识的表像，只能向人们隐瞒以下事实：尽管有很多措辞精巧的公告，可再生能源只零星战胜了对它的抵制，在很大程度上，各种抵制还依然继续存在甚至在部分领域有所增强。

最近的两个国际会议就是这种抵制的典型，它们就在“2004可再生能源”召开的一周之后举行，并且得到了国际媒体的广泛关注。它们的目标都是让原子能和生化能源强有力地“滚滚向前”和让可再生能源“步步退却”。2004年初夏国际原子组织（die internationale Atomgemeinde）在莫斯科召开会议，其口号是“原子能50年——以及下一个50年”。国际原子能机构（Internationale Agentur für Atomenergie）在这次会议上宣布，到2030年核电站将增加到现在的2.5倍，到2050年则增加到4倍。2004年夏末世界能源委员会（Weltenergierats，简称WEC，是国

注：康采恩，是德语Konzern的音译，指由多种企业组成的垄断性的大集团。例如本书时常提到的“石油康采恩”，描述的就是从石油开采、提炼、运输一直到各个加油站的分销的整个环节都进行垄断的大集团。（本书脚注均为译者注）

际原子–生化能源经济的代表）在澳大利亚的悉尼召开了世界能源大会（Weltenergiekonferenz），此次大会发表的公告为：必须在2050年之前实现原子能和生化能源85%的增长，并且将来原子能的地位必须高于可再生能源，届时可再生能源最高只能占世界能源供应的10%，也就是比目前要低。悉尼会议支持国际能源机构在“2004世界能源展望”（World Energy Outlook 2004）上的报告也支持了上述言论。国际能源机构是经济合作与发展组织（Organization for Economic Cooperation and Development，简称OECD）名下的一个组织。该报告指出，在2001年到2030年间，我们必须在能源方面投入160亿美元资金，分摊下来是每年5.5亿，而其中的大部分必须投向生化能源。[1]

在国际能源讨论中，毋宁说2004年是世界性的原子能“回归”之年，而不是可再生能源的启动之年。虽然英国首相托尼·布莱尔在为“2004可再生能源”录制的视频中热情地为可再生能源说话，他表示气候问题是我们时代的最大威胁，并坚决表示，在他的国家中到2050年为止能源排放将下降60%。为此环保组织给予他热情的赞扬。但他们忽略了，为了达到这个目标，布莱尔将采取的方式是扩建原子能而非可再生能源。世界知名经济学家詹姆斯·勒夫洛克（James Lovelock）也因在英国《独立报》（*Independent*）上的轰动性文章《原子能是唯一的绿色能源》（*Nuclear energy is the only green energy*）成为原子能扩建的“重要见证者”，据他说只有原子能才能逆转世界气候危机。尽管欧盟理事会并不吝于为可再生能源说话，但他们自己的实践却更强烈地倾向原子能：在欧盟理事会庇护下的欧洲原子能共同体（EURATOM-Behörde）按欧盟理事会的建议要将预算扩张几乎三倍，并于2004年12月与中国签订了大规模的原子能合同。土耳其政府对法国许诺了兴建三个总容量为4 500兆瓦的核反应堆；

据传对此的政治回报将是法国支持土耳其获得欧盟成员国资格。另外，在“G8”的平台上，几个大的西方经济国家连同被纳入这一圈子的俄罗斯也制定了一个关于原子能的合作行动。美国总统布什 2005 年 4 月 27 日在“国家小型商业会议”（National Small Business Conference）上发表的讲话中宣布了这一消息。[2]他在“G8”圈子中的成果丰硕，不仅表现在布莱尔支持他，也表现在法国、俄罗斯和日本政府都给予原子能以优先权。德国反对党也同样宣布，他们在 2001 年政府改选的情况下做出了一个逐步中止原子能的决定，现在他们又收回这个决定，并且叫停可再生能源所谓的“过分要求”。

每一个行动都引发相反的行动；在已有的能源体系内正在形成一个国际性的、强有力的反对可再生能源的联盟，然而许多可再生能源的维护者却没有把这事儿当真，或者他们并没有严肃对待这件事。这十几年的冲突并不是无理由的，因为面向可再生能源的转型不啻为工业革命开始以来最深刻和最广泛的经济结构转型。只有最天真的人才会相信，这种转向可以毫无摩擦地完成，并能与既定能源操纵者达成基本价值原则上的共识。“能源经济”这一综合体越来越成为经济中最大和最具政治影响力的方面。可再生能源不只是对原子能和生化能源供给的部分的补充，而是开始真正取代这两者，这一取代过程的进展有多远，由此产生的反对它的阻力就会有多强。

不可阻挡的进程，还是危险的倒退？

到处都对可再生能源表示同情，这一点无疑属于近期能源讨论中的好话了。然而大家并没有讲明，究竟分配给可再生能源怎样的地位——第一位、第二位，还是第三位；是实实在在的，还是说说而已。因为与提倡可再生能源的呼声同时增加的还有各种口是心非的言论和各种对于言行不一的辩解。此外还没有出现具有说服力的新的能源选项。同样也没有一项各方面都清清楚楚的能源技术，能够应对关于可再生能源的刁钻问题和泛滥的虚假信息。而且，还没有一种能拥有如此多的社会优势的能源前景，直接解决能源供给和环境保护问题。因此人们还需要花很长一段时间准备可再生能源的前期战略，然后才能把它带向一线、协助它进行突围，以及坚决地面对反对力量——无论这种反对力量来自政治、私营企业或是科学。

但最近人们已经开始考虑这个紧迫的需求。通过2000年生效的《可再生能源优先法》（*Gesetz für den Vorrang erneuerbarer Energien*）——后来演变为《可再生能源法》（*Erneuerbare-Energien-Gesetz*，*EEG*），德国实现了在发电领域（不包括传统水力发电站）每年新增3 000兆瓦的发电量，这一数字是目前全世界最大的。很短一段时间内诞生了许多新的企业，如风力设备制造商爱纳康公司（Enercon）、太阳能世界AG（die Solar World AG）和弗莱堡太阳能工厂（Solarfabrik Freiburg）——这一波可再生能源企业的集中涌现，让人想起了19世纪的德国经济繁荣年代，正是在那个年代里德国的工业从手工业作坊转变为世界性大企业。欧盟于2001年以并无约束力的建议方式决定，其成员国应在2010年前使其可再生能源占总能源供应的12.5%。加利福尼亚将在2020年前实现可再生能源满足总能源需求的三分之一。中国在很短的几年内建设了超过5 000万平方米的太阳能收集器，其年增长达到1 200万平方米，并且中国还于2005年初制定了可再生能源法，像德国的《可再生能源法》一样，它保障了可再生能源发电的价格。西班牙将新建太阳能设备确立为法定义务。日本则是生产太阳能电池方面的世界市场领军者，它发展出了各种新的应用技术。巴西则活跃于它的生物燃料，并且把混合动力汽车标准化，这种汽车可以实现最高以100%生物酒精作为燃料供给。瑞典的城市将巴士驱动全部改装为使用生物燃料。奥地利将能源供应中生物燃料的份额从20世纪70年代早期的10%提高到超过20%。洛杉矶、纽约、芝加哥和旧金山也开始了雄心勃勃的太阳能项目。越来越多的小城市和城区都开始了由可再生能源提供所有能源供给的创新尝试。纽约的新世界贸易中心的大部分电力需求将通过整合到建筑中的风力旋翼产生的风能来提供。柏林的国会大厦，即德国联邦议院全体会议大楼所需的高达85%的电力也由建筑自身的可再生能源设备提供。第三世界乡村中的"太阳能家庭"系统的数量也在快速增大。印度的"西孟加拉可再生能源发展组织"（West Bengal Renewable Energy Development）已经在短短五年内为全部乡村的共计30万居民配备了太阳能设备，它们由乡村居民自己出资建造并自行供电。以上这些例子都显示，我们无需再因为原子－生化能源供应"必不可少"而容忍它们的存在。这些例子非常具体地描绘出一个前景：就算没有原子能和生化能源我们也行。

而经济上的兴趣也在稳步增长。关于可再生能源的会议和出版物已经难以计数。许多关于环境保护和经济发展的组织都强调可再生能源的重要地位。学生对此的学习兴趣也同样显著增长。发展银行制定了一个资助纲领。越来越多的人承认，在农业部门中未来的机会来自生物能源经济。世界建筑师协会（Der Weltkongress der Architekten）于2002年在柏林召开题为"资源建筑"（Ressource Architektur）的会议，其目标在于将关注点引向太阳能建筑。除成立了许多新的公司之外，已有的大型企业也宣布进军可再生能源领域。诸如壳牌、英国石油公司、通用电气、西门子等能源－技术康采恩都在积极生产光伏或风力设备。诸如戴姆勒克莱斯勒、福特、大众汽车等康采恩也拥护用生物燃料替代生化燃料。戴姆勒克莱斯勒的《2003 环境报告》（*Umweltbericht 2003*）完全致力于可再生能源。

但实际上可再生能源的启动却局限在一小部分国家或地区。世界范围内 86%已安装的风能设备集中在仅仅五个国家：德国、美国、丹麦、西班牙和印度。70%的光伏设备都在日本和德国。而在大部分国家，除了传统的生物燃料和水力发电站之外，可再生能源的使用仅刚刚起步。世界康采恩对可再生能源所尽的义务被过度夸赞了。在 2003 决算年度，英国石油公司的营业额为 2 330 亿美元，其中太阳能份额仅为 3.3 亿美元，只占销售总额的 0.14%。壳牌的销售额为 2 690 亿美元，其中太阳能份额为 2.92 亿美元，只占 0.11%。在它们主营的电力销售领域中，这两个公司都故意不引入生物燃料。

此外，可再生能源的大多数先驱者都难以想象，有时情况还会倒退。对于美国 20 世纪 70 年代那批因为 1973 年爆发的世界石油危机而转投可再生能源的人，这也同样是难以想象的。1974 年在大卫 · 弗里曼（David Freeman）主管下的福特基金会发表了一篇广受关注的报告《选择的时候到了》（*A Time to Choose*），报告的关注点是可再生能源的优势以及通过技术上的产能升级找到一种切实可行的节约能源的方法——它还指出，与可再生能源相比，原子能这条道路却充满了技术藩篱、风险和无法估计的巨额资金成本。[3] 问题不仅限于气候，还包括清洁的空气这一目标，以及要克服因依赖能源进口而产生的政治和经济风险。当时美国的石油进口依赖程度为接近 30%，美国总统尼克松认为，美国必须在 2000 年前做到不再依赖能源进口，并且他开始了“能源系统独立”（Independence Energy System）的项目。1977 年美国总统卡特解释道：“如果我们玩忽职守而没有立即解决问题，我们就会陷入经济、社会和政治危机，而这一切都会威胁我们的自由宪法。”[4] 从那时起美国就着手维护大量针对可再生能源的研究和发展项目。成千家企业和“草根”的创新项目如雨后春笋般诞生。大量的文章宣布太阳能时代已经到来，如大卫·莫里斯（David Morris）的《自力更生的城市》（*Self Reliant Cities*）、丽贝卡·弗里斯（Rebecca Vöries）的《达到和进展：地方性太阳能项目指南》（*Reaching Up Reaching Out*：*A Guide to Local Solar Events*）、丹尼斯·海耶斯（Denis Hayes）的《希望的光线：转向后石油世界》（*Rays of Hope: The Transition to a Post Petroleum World*）、《太阳能美国蓝图》（*Blueprint for a Solar America*）等。[5] 有多名自然科学方面的诺贝尔奖获得者参与的“忧思科学家联盟”（Union of Concerned Scientists）于 1979 年展开了一项研究，这项研究描述了美国在 2050 年以前完全转向可再生能源的各种可能性。[6]

美国能源经济在它的报道《没有时间再困惑了》（*No Time to Confuse*）中回应了《选择的时候到了》，在这篇报道中它试图用对可再生能源的恐惧替换掉对现实的能源危机的恐惧。[7] 他们力图削弱可再生能源的发展，甚至系统地收购小型太阳能公司，并最终使之关闭。据说这只涉及降低成本的问题，旨在用专业“大公司”接管这些小企业。约翰·科耶斯（John Keyes）在他的《太阳能阴谋》（*The Solar Conspiracy*）中——这是一本关于经济犯罪的惊悚小说，描述了这单“三万亿美元的大生意”（Drei-Billionen-Dollar-Business）是如何有针对性地破坏太阳能的开展的，其中还包括假装友好地拥抱支持太阳能的人们，目的却只是为了把他们扼死在怀里。[8] 甚至卡特总统也像议会一样担忧自己的勇敢，并撤回了已经提交的支持太阳能的决议。美国太阳能运动的思想先驱巴里·康默纳（Barry Commoner）早在 1979 年他的《能源政治》（*The Politics of Energy*）一书中就如此评论过这样一种政策的急转弯：太阳能计划显然是一个政治禁忌，因为它损害了私有制的能源经济的利益。[9]最后，1981年里根当选总统之后迎来了确切的"回撤"（Backlash）。这一项目被无情地削减了；研究机构也像企业一样告吹了，社会性的太阳能运动也停滞不前了。传统的能源权力清楚地回答了"太阳是属于谁的"，这个由丹尼尔·M·伯曼（Daniel M. Berman）和约翰·T·奥康纳（John T. O' Conner）所提出的问题：因为太阳不可能属于某个人，也不可能属于某些人，所以太阳不应当属于任何人。[10]因此能源供应中的太阳能技术革命就被阻碍了。刚刚诞生的东西，就被无情地破坏了。丢失了太阳能的前景，美国以及包括美国在内的全世界，都不可挽回地损失了时间。取代了大步奔向"太阳能美国"的是奔向"生化美国"，而我们今天所面临的传统能源供应的风险已经比20世纪70年代大得多。

20世纪90年代初，欧洲像之前美国一样掀起了一场新能源运动。独立的太阳能机构和地方性太阳能倡议唤醒了公众的热情。民意调查立刻展现出民众对这一运动抱有好感。许多城市和团体都开始开展太阳能项目。德国还诞生了旨在推进可再生能源的法律，这使市场化进程首次顺利展开。因此在2004年德国为全世界已安装的风电装机容量做出了35%的贡献，并且共有19 000兆瓦的电力由新建的可再生能源提供，这些设备都是在《可再生能源法》及它的前身——1991年《可再生能源供电法》的基础上建设起来的。然而发展越是明显地向前推进，既定能源企业想要扳回走向的势头也就越猛烈。它们在公众中不断传播着据说电力成本会上升的消息，并尖锐地警告说，可再生能源的推进会威胁到能源安全和国民经济竞争力，而且会使德国在国际社会中受到孤立。主导公共舆论的大型媒体如《法兰克福汇报》（*Frankfurter Allgemeine Zeitung*）和《明镜周刊》（*Der Spiegel*）也都一致赞同这种谬论。

这一法律的反对者以极端主义的自然保护者的姿态臆测说，风力发电设备会破坏自然环境，即使实际的情况正相反，风力发电设备是最有可能在环境的限制里支撑经济无限制的成长的。反对者们一方面大声疾呼技术创新，另一方面又在诽谤目前已经比其他所有能源发展得更如火如荼的可再生能源。人们要求实现新的经济增长并增加新的就业岗位，然而情况却是，尽管生产可再生能源的设备会带来每年30%的增长，而且这一领域比其他领域能提供更多的就业岗位，但这一新的经济分支却被谴责为“对经济有害”。他们试图煽动起公众对可再生能源电价成本过高的愤怒。于是，这场战役不仅没有标准可言，甚至还极其非理性。它具有“政治上的神经衰弱”的所有特征，正如作家阿瑟·克斯特勒（Arthur Koestler）在他20世纪60年代的著名的社会心理分析的文章中所描述的那样，这种政治上的神经衰弱用面上幸灾乐祸的冷笑来应对现实中核战争的危险。[11]

目前可再生能源的回撤在很大程度上与美国20世纪80年代初的情况类似。同一个经验正在重复：在一个国家中，即使可再生能源的现实成果巨大，它同时也是反对这些成果的战役所发生的舞台。只有对于那些低估了能源转型的斗争规模，而又无力击退反对转型的力量的人来说，这才是一个矛盾。如果在德国也发生了像美国那样的回撤，那么国际上的可再生能源启动就会再次折戟。

当前的能源系统一如既往的庞大，并且它的影响范围如此之广，以至于我们无法杜绝它的反弹。虽然从长久看也没人能阻止世界能源供给向可再生能源转型。显然现在我们遇到了一个瓶颈，还面临着原子－生化能源的限制。但每一次回撤所带来的，都不仅仅是浪费更多的时间，还有社会性的心理气馁。如果人们一度满怀希望地想要开创新局面，但最终收获的只是失败和失望，那么他们在第二次出发时就会感到更加艰难。这在美国回撤时就已经显示出来了。直到今天，人们才慢慢重新振作起那些在 20 世纪 70 年代就已经出现过一次的热情，它们由新一代的参与者承担。

任何一场社会运动都需要以下三者间的富有创造力的相互关系：一些倡议、接受这些倡议的立法，以及企业的创新。20 世纪 90 年代初丹麦、奥地利、瑞士的发展就已经证明了这一点，当时那里形成了类似目前德国太阳能运动的发展。奥地利和瑞士没能诞生足以进一步推动其发展的法律，所以一开始那种大有作为的气氛很快就黯淡了。2000 年丹麦放弃制定开采法，于是许多曾经积极的团体也就立刻淡出舞台。社会运动需要长期能看得见的成果。而政治上的退步会使这样的运动在积聚起新的力量之前，面临瓦解和停滞的威胁。

心理藩篱

整个世界在兴建可再生能源上非常迟疑不决，因此我们面临着日益紧迫的需求和非常有限的可能性。相反，全世界对原子能和生化能源的倚重却又远远超出我们的实际情况所能允许的程度。这一矛盾不能只用依赖原子能和生化能源而建立起来的能源系统的影响力来解释，因为这一系统的利益和它为保持自身结构而采取的行动，相对来说是可以预计的。既定能源经济是它自己的能源供应链的奴隶，我在《阳光经济》（*Solare Weltwirtschaft*）[12] 一书中已经详细描述了它在技术、经济、社会，尤其是政治方面是如何受制于能源供应链的。但它也不是全能的。它无法操纵和贿赂整个政界、经济企业界、科学界和媒体。

但又是什么力量，一直在阻止那些与既定能源系统直接或间接都无关的人们向可再生能源转型，并阻止他们准备好做必要的斗争呢？为什么迄今为止也没有一些政治倡议，像积极促进铁路兴建、宇宙航行、原子技术和最新的信息技术那样，也将可再生能源当成一项未来项目，从经济上具体有力地去推进它呢？为什么一直都没有一个欧洲的或国际性的可再生能源研究机构，就像欧洲原子能共同体、欧洲空间机构（European Space Agency），或者国际原子能机构一样，成为在它们各自的领域所呈现出来的那样的组织？为了弄清楚怎样才能使能源的转型真正开始加速，任何支持或反对可再生能源的人们和行动集团都必需回答这些问题。

我们必须要向政治机构、“经济”、“科学”、“媒体”，还要向环保参与者提出，他们各自怎样把握平衡的问题。为什么尽管一直以来使用原子能和生化能源所产生的垃圾已经威胁到了自然，但许多地方出于当地自然保护的原因，还愤怒地拒绝了风力发电站和小型水力发电站的兴建呢？他们并没有给出一个具体的标准来。或者他们依据的是混乱的标准：因为这种混乱，关于可再生能源的新项目都取决于，它们是否符合某些既定的市场教义。或者我们想想那些环保方面的外交官和非政府组织代表参加的国际间政府会议，其产生的令人沮丧的结果与巨大花费形成鲜明的对比。那些人挑选的话题总是达不成共识。在会议上大家什么都谈，而谈得最多的是充满火药味的议题。

比较典型的是2004年7月在比萨附近的大庄园圣罗索雷（San Rossore）召开的气候会议，它由托斯卡纳的地方政府组织。首先发表讲话的是阿尔·戈尔（Al Gore），他先是于20世纪90年代因为《濒临失衡的地球》（*Das Gleichgewicht der Erde*）一书获得世界范围内的广泛关注，借此攀升为全球气候保护政治的国际性希望承载者，又于1993 – 2001年担任美国副总统。他做了一个关于气候危机的华丽报告，并描绘出一场预料中的灾难已经上路且步步逼近的惊人图景。这次讲话有力地阐明我们当下广泛采用的措施都已经失效了。然而戈尔认为造成这一灾难性前景的原因并非生化能源的消耗，而是人口爆炸、科技发展和富裕国家的生活方式——所有这一切都要为这场灾难负责，以至于谁都无法真正负起责来。他赢得了与会人员的热烈掌声，其中大部分是来自意大利的环保积极分子。然而他对环境灾难产生原因的分析，实际上只能让人不知所措：没人能够指出，该怎样在短期或中期内阻止人口增长，该怎样改变人们的生活方式，或者该怎样彻底抑制科技的发展，以防止其继续带来不断增长的能源需求。可再生能源才是现实可行的解决一切问题的钥匙，对这一点避而不谈，再说别的都是胡扯。继戈尔讲话之后，我也在这次会议上发表了演讲，并提及这一点。听众对我的观点的意见并不一致，部分参与者认为我的观点不够“本质”，因为我的观点太具体，以至于太直接太具挑衅性了。

显而易见，要实现能源转型需要克服许多实践上的障碍，这还不包括最广为人知的那几方面阻力——行政阻力、技术阻力和经济阻力。最大的藩篱是精神上的、头脑中的阻力。这种藩篱使人们不顾原子能和生化能源使用所带来的明显的危险，而坚持反对可再生能源本来就刚刚起步的应用。这种精神上的藩篱比其他任何东西都更妨碍人们了解和掌握可再生能源的前景。从这些精神藩篱中产生了对以下这一决定性问题的回避行为：谁是想要而且能够造成能源转型的最适合的社会执行者？这里的适合是指有足够的动力、执行力和独立的行动力。这两者——纲领和执行者互相直接地联系在一起。并非随便哪一个执行者都能有一个纲领，也并非每一个目前的或潜在的执行者都适合于每一个纲领。并且根据纲领和执行者的不同，相应的阻力和将要采取的方法也是不同的。本书的主题就是制定可再生能源的战略布局，这一点对上述问题的澄清具有决定性的意义。

精神藩篱产生于一些可疑的前提，这些前提贯穿了关于可再生能源的讨论，但经不起更近一步的审视。它们有种公理式的特征，也就是说，它们依赖的是这样一些基本假设：假设自己适用于确凿的事实，因而自以为不需要进一步的依据。如果一个人总是不反对这些前提，他就要屈从于他的逻辑推导出来的结论，即令它们极度让人不满——通常人们在对待一些影响广泛且有争议的话题时，总是反对这一类前提的。美国社会学家阿米塔伊·埃奇奥尼（Amitai Etzioni）将之称为“基于假设的团体”。他们分布在各种社会运作精英中，发表着他们对事情的看法，“他们一贯维护这种看法，而没有意识到其实一切都只是假设而已。”这意味着，“世界看上去就像正如该团体那种主观而极具偏见的想象那样”，并且赋予这种想象出来的事物以“绝对的有效性”。“只有在基本观点一致的情况下，不同意见才会被接受。”[13] 因此就产生了一种“主导意见”，人们小心翼翼地维护它，而且格外尊重了解这些意见的人。

关于可再生能源在可持续方面的误导信息流传甚广，许多文章都对它们进行了反驳，而除此之外，尚存在七条技术经济方面和六条政治行为方面的令人质疑的假设，它们从一开始就根深蒂固且很难消除。接受它们，或许一部分人就会被引向一种错误的看法和观念，于是他们对于可再生能源潜能的关注会变得非常片面，因此也就无法彻底发挥这些潜能。

这些假设包括：

－储备不足：

认为可投入使用的可再生能源的储备不足以支持人们放弃原子－生化能源。这一假设使人们误以为长期使用传统能源是迫不得已，尽管必须面对随之而来的危险。

－需要很长时间准备：

认为可再生能源的大范围实现必须经历很长的时间。因此，为了满足人们的能源需求，对于传统能源的大规模投资就必不可少。这一假设隐藏在提倡可再生能源的幌子之下，并传达出这样一种意向：引入可再生能源我们最好悠着点儿，并且在此期间必须容忍既定能源供应继续运转。

－大型发电厂必不可少：

人们认为，如果没有大型技术能源设备，就无法满足大型工业和城市化人口的需要。但这一说法并不适用于比小型发电设备更实用的可再生能源设备。这一假设也诱使人们相信，发电厂只有大型化这一条路可走。它诱使人们以中心化设施的形式开发可再生能源的技术，并且有意忽略了更为多样化和方便快捷的分布式应用。

－通过传统能源的效益来达到更好的环保效果：

人们认为，增加对传统能源设备的能源效率的投资能促进我们更廉价和快速地解决环境问题。这一假设挑唆人们反对可再生能源的倡议，就好像二者并不能、也没有必要并驾齐驱。

－已有的能源供应结构在功能上的优势地位：

人们认为，可再生能源适应现有的能源供应结构，也就是说，可再生能源是与现有的能源供应结构兼容的。尤其是在电力领域，已有的结构被当成一种客观的技术要求。这一假设把现状当成了标准，然后就假设，只有在这一标准之下才谈得上对可再生能源的容忍，而且它还声称自己在能源结构中各种能源的来源之间保持一种无辜的中立立场，虽然所谓的“各种能源的来源”从来就没有出现过，以后也不可能出现。

－保护国民经济资源：

人们认为，任何一项能源政治决策都必须注意避免在能源经济中发生的资本亏损。于是它就把国民经济的利益和能源经济的利益等同起来。这一假设背后隐藏着一种计划经济思维，而这种思维根深蒂固地存在于既定能源经济那些不假思索的偏见和在此偏见基础上展开的能源政治之中。这一假设自然而然地假定了：能源经济是能源供应的唯一承担者——但这个假设放在可再生能源的背景下看完全就是错误的。

– 引入可再生能源的经济负担：

这一假设把注意力全面地从传统能源带来的经济上未来的损害和可再生能源在经济层面和社会层面的广泛应用中引开。它试图让当下的利益与未来的利益相争，并激起社会成员的利己行为，而非鼓励有助于共同福祉的行为。

以上这些技术–经济方面的基本假设都误导人们相信，可再生能源面临着许多客观限制，以此迫使人们反对能源转型。

另一些假设则与政治行为领域和方法有关：

– 可再生能源依赖补贴：

这一假设有意让人们忘记，对原子能和生化能源的补贴不仅比迄今为止对可再生能源的所有补贴都要高出数倍，具体数目还需进一步计算；而且它还掩盖了这样一个事实：事实上可再生能源的使用可能早就无需依赖补贴了，它所需要的仅仅是取消原子能和生化能源的特权而已。

– 需要与能源经济达成共识：

人们认为，已经建立的能源经济的地位和影响如此之大，以至于能源的转向无论如何都必须与它保持一致。尽管争议重重，但我们还是必须和能源经济达成共识。上述假设毫无保留地接受了能源经济在能源供应行业内的垄断，好像只有这些垄断巨头才能为人们提供能源似的。于是能源经济的地位就有了一个思想上的“永恒保障”，仿佛它是个受宪法保护的机构。

－需要在能源市场上确定竞争力：

人们认为，由于能源市场的自由化是一个普遍趋势，因此可再生能源的输送过程就也必须建立在自由化的基础上。这一假设将赋予“能源市场”以超越其他一切决策标准的优先地位。它忽略了在可再生能源的启动过程中，首先涉及的是技术市场（Technikmärkte），而只有一小部分关系到能源市场。

－国际条约所规定的义务不可破坏：

人们认为，由于能源问题在全球范围内出现，因此，基于在国际竞争中经济负担的分摊，也必须在共同商议决定的国际条约和共同承担国际义务的框架下，才能解决问题，而要形成这样一套解决方案却带来不可避免的互相妥协，这种妥协必然被当成了行动的界限。由此，可再生能源应用的社会优势再次被迫作为陪衬。除此之外，这一假设还忽略了，技术的突破从来不曾源自于以国际条约确定下来的贸易行为，而恰好相反，技术有可能先行一步。这就导致了，公众的关注点和参与者的行动力都集中在旨在签订国际条约的会议上，而无视这些会议其实收效甚微；同时又对其他倡议视而不见。

－因可再生能源而产生的环境负担：

人们认为，因为使用可再生能源可能会引起环境负担，因此对它的引入就必须像对待原子能和生化能源一样，进行环保检测。这一假设模糊了实际存在的环境破坏和相对来说比较边缘的环境干扰之间的根本区别、模糊了不可逆转的和可逆的环境负担之间的根本区别，或者说是模糊了会产生有害物质的能源设备和不产生有害物质但却占用一定空间的能源设备之间的根本区别。

- 政治上小踏步前进的现实主义：

据说较小的步伐引起的阻力也较小，因此就更容易贯彻。所以政治当局不能用太大规模的开局让经济和一般民众感到害怕，这是条现实主义的禁令。这一假设相当于是对现实问题投降，因为政治上的小踏步前进完全不足以解决既定原子能和生化能源供应所带来的世界范围内的危险问题。

以上所有片面的假设都把人们的目光从可再生能源的潜力和有望成功的解决途径上引开。它们都是一些流传已久的偏见，这些偏见使相关的讨论陷于混乱，并且将人们引向被简化的战略，以及对既定能源关系的容忍——这一切不仅发生在能源经济的参与者之间，也发生在政治、经济过程、科技企业、公众之中，甚至也发生在可再生能源组织和环境组织对自身前景的思考之中。对个体来说，只要通过掌握相关信息和认识，他们就会恍然大悟，那些偏见还相对容易克服。但对社会整体来说，要克服这种偏见则更为困难，尤其是当偏见传播很广的时候。偏见的传播首先来自于那些能从中渔利的人，他们会持续不断地大肆鼓吹这些偏见。因此，我们就不难理解，恰恰是那些能源专家，尤其难以克服针对可再生能源的心理藩篱。对能源转型来说，最重要的前提就是清除这些偏见，并且将能源讨论从其精神上的瓶颈中解放出来。

错误前提导致的后果还包括，在讨论中只涉及全部问题的某一个方面，并且在此片面的基础上给出行动的指导，并将其置于所有其他问题之上——于是所有其他问题的解决就被忽略了。这种简化模式贯穿了整个能源讨论。如果这种模式主要是从生化能源排放引起的气候危机出发，那么就没有人注意到原子能的危险和能源安全问题了。如果只关注原子能的危险，那么就又限制人们觉察到生化能源应用带来的危险。如果只关注原油资源即将消耗殆尽，那么又势必混淆原子能和其他生化能源的潜在危险。

这种简单化让我们忽视了各种影响深远的因素，而这些因素正是全面向可再生能源转型的原因。原子能和生化能源与可再生能源以下四个方面的根本区别，决定了我们要制定一个考虑周全的战略：

- 原子能和生化能源都会带来巨大的环境损害，它们从开采时就会产生地质方面的恶果，并且会向水域、空气和整个地球环境排放有害物质；相反可再生能源的应用却原则上不会产生这些后果。因此对可再生能源的支持就有了一种超越气候保护动机的普遍的环境动机。但即使没有气候问题，众多的生态因素也总是会对能源转型产生影响。
- 生化能源是会耗尽的，因此它的进一步使用必然会造成成本上升和供应紧张。而取之不尽的可再生能源却能为所有人提供持续有保障的能源供给。由此对可再生能源的支持就有了一种持续有保障的能源供应的动机。
- 原子和生化能源只分布在全球相对较少的区域，它们的使用离不开很长的国际供应链，因此就产生了不可避免的较高的基础设施建设开支，并导致越来越严重的相互依赖和经济上、政治上、战略上的冲突。反之，可再生能源属于自然环境能源，只要有技术支持就随处可取，而且所需要的基础设施建设也少得多。由此对可再生能源的支持就有了国民经济效益、政治独立和和平保证的动机。
- 考虑到其直接和间接成本，原子能和生化能源会由于上述区别而变得越来越昂贵。相反，可再生能源（除生物能源以外）因为不产生附加的燃料成本，会随着技术的不断改良、大规模生产的工业化程度提高和更智能的应用形式而变得越来越便宜。由此对可再生能源的支持就有了社会和经济战略动机。

以上所有动机都进一步浓缩为克服和避免危机的全面且存在主义式的动机，我会在本书第二章详细讨论这些世界性的危机，它们正变得日益迫切，而它们的根源都直接或间接存在于现今的能源系统。解决因能源而产生的危机的关键就在于转向可再生能源。这种转型的焦点并非"一项任务"，而是开启一个"多项任务"。

尚未得到充分利用的社会潜能

"这世上的问题，它因哪种思维方式而生，就无法以相同的思维方式去解决。"阿尔伯特·爱因斯坦的这句话也意味着，以上这些问题也无法由引发问题的行动者来解决。那些想要用可再生能源代替原子-生化能源并积极推动这一目标的人，无论他们是否真有相关意愿，都不仅仅是既定能源经济在经济上的竞争者，相反，他们是既定能源经济在结构上的敌人。能源供应方之间为争夺市场份额而进行经济竞争的状况一直都存在，例如供暖市场上电力和燃料供应商之间的竞争，煤、石油和天然气供应商之间的竞争，或不同的能源康采恩之间的竞争。但引人注意的是，所有人都一致反对可再生能源这一新的应用形式。他们最大的共同点就是阻止可再生能源的发展。对既定能源经济的掌玺人来说，他们关心的不仅是维护供应者的垄断地位和充分利用相应的基础设施，他们还关心如何保持自己的社会地位和他们所构造的技术世界观。

传统能源消耗得越快，其供应者们就越依赖于相互之间的扶持。因此，从前总是处于竞争关系的传统能源供应商如今却越来越有融合为一个统一的能源企业的趋势。尽管在能源经济内部一定会产生对可再生能源的不同看法，但一个不容置疑的核心就是：

绝不允许任何人撼动传统能源的地位和结构。

2 500 年前，中国哲学家、军事家孙子就如何解决冲突创作了一本文学和哲学巨著《孙子兵法》，他在书中写道："知己知彼者，百战不殆；不知彼而知己，一胜一负；不知彼，不知己，每战必殆"[注]。[14] 我在十多年前接受军官学校教育时也学过，要想成功地解决冲突，必不可少的一件事就是：确定一个目标。要对自己的对手有一个不偏不倚的了解，也就是说，了解他们的强项和弱项分别是什么。此外还需分析战场的情况，并对自身的力量做出恰如其分的估计。要在敌人最薄弱的地方，以自己占优势的方式攻击他。而在防御对方的反击时，要确保自己周边环境的安全。如果可再生能源面临着被包围的状况且对手的力量太强，那么行动者就要试着让战场状况向着对自己有利的方向改变。他们必须采取有计划的和灵活的措施，并应该缔结联盟。但如果有谁认为不利局势根本无法改变，他就只会被逼得要么进行西绪福斯式徒劳无功的挣扎，要么干脆放弃或适应现状。

在能源讨论中，"能源执行者"是一个技术的或经济的概念。它与能源的来源及能源的技术有关。此外，当涉及可再生能源时又存在"自然潜能"、"技术潜能"和"经济上应用潜能"三者间的区别。对于贯彻可再生能源起到决定性作用的首先是社会潜能：也就是指那些有可能被争取到太阳能倡议一边的人。任何一项倡议，只要它本身是正确的，那么它很长时间都没有成果就只能是因为它没有为自己找到执行者。我当然不是要否认分析问题和提出创造性建议的重要性。但战略毕竟是一种转变，而没有哪个转变能少了积极的执行者，这个执行者能把行动的前景变为现实，因为这个前景符合执行者的价值观和利益。因此，战略讨论

注：《孙子兵法》不同版本间文字略有差异，此处以流传较广的《十一家注孙子》为准。参见杨丙安《十一家注孙子校理》，中华书局，1999 年，第 62-63 页。

的中心点就是要确定谁是可再生能源转型的潜在的执行者。确定执行者还能让我们搞清楚，行动的建议应当针对谁——而且还要搞清楚，要贯彻计划的话，必要的行动者是否以及在何种条件下才是具有行动力的。如果一项战略的基本设想已经变得太片面了，那么一般来说由此产生的参与者的圈子也会变得不合适或者太小。观察这些关系我们会发现，在对可再生能源的讨论中，很多分析者和倡议者都对这两者间的联系缺乏观察——即使是那些卓有声望的人士也不例外。

地球政策研究所（Earth Policy Institute）的勒斯特·布朗（Lester Brown）在他的《B 计划》（*Plan B*）一书中以生态经济的政治野心提出了类似于“战时行动”和政治抱负中的“伟大之处”的动议，其效仿的是“二战”结束后针对欧洲的马歇尔计划。[15] 但他也没有进一步追问，为什么类似的动议最后总是不了了之——包括 1989 年阿尔·戈尔所呈递的环境战略倡议（Strategie Environnment Initiative，SEI）的纲领，而这一战略在戈尔 1993 年进入政府后就根本没被考虑过。这一精心打造的关于世界范围内生态社会市场经济的“全球马歇尔计划”的提议得到了未来学家弗兰茨－约瑟夫·拉德马赫（Franz-Josef Radermacher）、欧文·拉兹洛（Ervin Laszlo）和米哈伊尔·戈尔巴乔夫（Michail Gorbatschow）等人的大力宣传，也受到罗马俱乐部（Club of Rome）和布达佩斯俱乐部（Club of Budapest）的支持——这一提议主要针对的是大型工业化国家，但它迄今为止也没有一个纲领。[16]1999 年“G8”峰会上倒是通过了一项转向可再生能源的“强制法案”（task-force），这个法案计划为最贫穷的发展中国家中的 10 亿人口提供能源，方案都已经制定完成了，但为什么它也没有得到同一批国家政府的真正执行呢？[17] 欧盟委员会白皮书对可再生能源进行了雄心勃勃的倡导，但这一倡导从 1997 年起就一直停留在纸面上，因为委员会还没有找到这一任务在实践中的执行者。[18] 关于世界气候保护的谈判历时已久，得到的成果却仅仅只有一个《京都议定书》，这又是为什么呢？而里约热内卢和约翰内斯堡联合国世界大会上义正辞严地宣布为全世界命运负责的结束语，至今又有了什么成果？

世界观察研究所（Worldwatch-Institut）在《21 世纪可再生能源主流》（*Mainstreaming Renewable Energy in the 21st Century*）一文中描述了一些不太成功的政策。[19] 但它也没有探讨究竟有哪些执行者，又如何能穿越重重阻力贯彻可再生能源。哈伍德·格勒（Howard Geller）的《能源革命》（*Energy Revolution*）一书也是一样，这本书中描述了不同政策的开端及其成果或失败，但同样没有涉及存在于它们背后的力量角逐。[20]“2004 可再生能源”会议上的《关于可再生能源的政治建议》（*Politischen Empfehlungen für Erneuerbare Energien*）同样也缺乏战略上的评价。[21] 这份建议包括了对大量值得考虑的行动方案的概述，是一份可尽情挑选的菜单。但它对前菜和主菜却不加区分，也没有标出它们各自在战略上的营养价值。并不是任何方案都能为所有人接受，而且有些方案互相还不兼容。有些人支持，通过立法规定输送价格的方式保障引入可再生能源的纲领。相反却认为可再生能源的证书交易只是白费力气，激不起多少水花。然而这两种行动纲领都是并列地摆在人们面前。那么这个政治建议究竟是什么呢？为了使可再生能源的萌芽持续稳定地发展和进一步增长，并且达到一个可观的突破，显然需要绘制一个纲领并扩大其执行者的范围。为此我们必须了解对手的特征，以及原子能和生化能源执行者的意图和方法。只有这样，可再生能源才能做好足够的准备与之对抗。

如果未来 20 年内没有成功实现向可再生能源的转型，那么几乎可以预见，世界必将在充满暴力的资源冲突中颠簸。所谓转型意味着，不仅可再生能源的使用要增加，而且对原子能和生化能源的需求也要同时减少：增加和减少。这意味着，我们要阻止继续耗资数十亿建设新的生化发电站和核电站，阻止传统能源供应结构为未来的十几年笼罩上阴影。我们需要按目前政府的项目所计划的那样，既保证速度，又重视质量地大力推进可再生能源——但可以预见，如果这一已然确定的目标缺乏纲领和执行者，它就根本无法实现。本书主要针对的是可再生能源不断增加的支持者以及为数更多的好奇者。为了让这一不可阻挡的突破在不久的将来实现，我们需要指明道路、动员力量。根据瑞典诺贝尔经济奖获得者、社会学家冈纳·米尔达尔（Gunnar Myrdal）的观点，一个社会提案，如果有5%的参与者积极追求并长期贯彻，那么这个提案就会成功。因为随之还有社会25%的人会参与进来。这就足够了，因为大部分人都是无所谓的，当他们能看到公众的远景时，他们原则上是愿意追随积极力量的。

“多久？不久！”20世纪60年代美国民权运动时，马丁·路德·金将这一简短的问题和清晰的答案敲打进人们的意识中，由此说服他们尽快实现自己的目标。有了这种坚毅果敢和坚定信念，奇迹就产生了，整个社会氛围非常令人振奋，新的实践理念也纷纷发芽，于是在很短的时间内出现意料不到的巨大发展和飞跃。“多久？”“很久！”可惜迄今为止关于能源转型时间表的讨论却一直笼罩着这种消极情绪。生态学家们自欺欺人地说这是“现实的”。但太长的时间表让人们推卸掉自己的直接责任，而将事情都扔给专业人士。于是可再生能源的最为重要的资源，即社会资源，就一直未能得到充分利用。由此我首先主张，每一项可再生能源的开工都必须广为人知，这样就能让我们非常关心的“多久？”这一问题拥有“不久！”这个答案。

本书的核心主题是能源自主，它同时具有政治、经济和技术方面的意义。而能源自主这一概括性的纲领，只有使用可再生能源才能达到。但能源自主所指的还不只是向可再生能源转型的结果，它同时还是一个实践战略的核心：个人、组织、企业、城市和国家都拥有自主的主动权，于是所有人都能行动起来。可再生能源的新政治就是，打开一个行动的空间，在这个空间中，一切都能不受阻碍地自行发展。

第一章　太阳能或原子能：21 世纪的基本争论

现在已经可以确定地说：总有一天，只有可再生能源才能满足人类所有的能源需求。由于原子能和生化能源有物理的、生态的、经济的以及社会的种种限制，最后没有人能避开可再生能源这一解决方案，并且它也会是最后留下的唯一选择。而现在最具争议的问题就是，能源平台上的这次变革是否能及时成功，以避免全世界发生不可逆转的生态破坏和政治经济灾难。

从 20 世纪 70 年代的发展进程中可以看出，我们对于时代发出的信号有多么无动于衷。按照国际能源机构给出的统计数据，1973 年世界石油危机爆发前的世界能源消耗是 60.34 亿吨原油单位，2002 年则是 102.13 亿吨原油单位，比 1973 年增长了 69%，增幅超过三分之二。而可再生能源的增幅则几乎一直保持在 14%，因此它实际上的份额是显著减少了。可再生能源所占的份额中有 85%的消耗来自生物质，2002 年这一比例为 80%——并且，由于“可再生”这一概念被曲解，在一些发展中国家，生物燃料的使用还导致了局部地区的植物被过度开发和破坏，并且没有重新加以种植。与此相反，在这 30 年间所统计到的世界能源消耗中，原子能的份额则从 0.15%增加到 6.8%。若不是有针对原子能的公开抗议活动、全民公投、切尔诺贝利反应堆灾难、原东欧社会主义国家阵营的瓦解和此间开展的电力供应（部分）自由化等事件，这一比例显然还会更高。

近几十年来可再生能源应用的技术发展得还远远不够，然而对此却很少人表示异议。经济合作与发展组织成员国在研究可再生能源中所投入的资金也证明了这一点：30 年来可再生能源研究费用只占整个能源研究费用的 8%，而在原子能研究上的平均开支则为 51%。如果把国际能源机构、欧盟委员会的研究和发展开支，以及欧洲原子能共同体当局以及法国没有公开的那部分开支也包括在内，得出的比例可能还会更有利于原子能而非可再生能源。至于从研究和发现中走出来并打入市场的项目就更为零星。巴西在 20 世纪 80 年代末开始了燃料领域中的生物酒精项目，他们引入了一种交通工具，其中 90% 的汽油需求都由生物酒精提供。在 1983 – 1987 年间，巴西的汽车更多是靠生物酒精驱动而非汽油；生物酒精的产量从 1980 年的 200 万吨上升到 1986 年的 1 200 万吨。但之后这一发展却停滞了，因为世界原油价格的下降削弱了改变的动力，而同时汽车的数量又大幅增加——因此到了 90 年代时汽油的消耗又超过了生物酒精。另外还有一些国家的自然条件也适宜于种植甘蔗，但它们却没有效仿巴西的这一项目。

20 世纪 90 年代初在加利福尼亚有 350 兆瓦容量的太阳能发电机可供使用——但之后直到 2004 年全世界都再没有新增的投资。一百多年前就已经存在小型的水力发电厂，但同样没有多少人努力让它的数目增加。丹麦在 1980 – 1999 年间风力发电占总电力供给的份额从 0.1%上升到 16.4%，电费并未因此上涨太多。但除了这个特例之外，在别的工业国家，此间的总电力供给中可再生能源份额都明显下降：澳大利亚从 18.5%下降到 8.3%；加拿大从 75.7%下降到 57.9%；芬兰从 42.1%下降到 29.1%；法国从 39.4%下降到 14.4%；意大利从 38.3%下降到 20.1%；葡萄牙从 80.5%下降到 34.6%；西班牙从 49.4%下降到 21.9%；瑞士从 88.9%下降到 59.8%；土耳其从 37.1%下降到 19.8%；美国从 15.5%下降到 7.4%；爱尔兰从 13.8%下降到 4.2%；希腊从 26.8%下降到 5.5%。除丹麦以外，只有德国一个国家 90 年代的份额是上升的。这一切都证明：不断增长的能源需求几乎全部是由原子能和生化能源提供的，因此可再生能源的份额越发降低，而且其中大部分还是由久已存在的水力发电站所提供。在希腊，人们宁可用陆地上的煤炭发电厂发电，然后通过海底电缆将电力输送到海风充足的岛上，也不愿在岛上架设风力发电设备。

沃尔夫冈·帕尔茨（Wolfgang Palz）在欧盟委员会中常年引领着可再生能源的发展，他在由联合国教科文组织于 1978 年出版的著作《太阳能电力》（*Solar Electricity*）中提出，可再生能源远比原子能更易进入市场。[22]但在 20 世纪 90 年代，对于政治机构来说，阻止传统能源的利用是件完全不重要的事：目标是电力产业自由化或降低能源的价格，而罔顾它们对环境是否有害——随价格降低而来的是消费的增加；或者是采取免税政策，力促获得生化原油的国际途径变得更容易。此外还有亚洲的工业化进程，其中尤以中国和印度最为重要，这两个国家的人口之和达到了全世界人口的三分之一。谁都贪婪地想要在这个潜在的最大世界经济增长体的市场中插上一脚，但他们忽略了，与这种发展不一致的是既定能源供应的模式已经固定了下来。然而，无论在思想上还是行动上，拒绝可再生能源的理由根本就站不住脚。所有的托词都有一个共同点：认为可再生能源在即将到来的世界危机面前不堪一击，然而这些危机的根源或多或少都来自于原子能和生化能源供应。它们尤其适用于认为可再生能源无法在市场上“取得成功”这一论据：说得就好像原子能和生化能源当初的贯彻完全是自发的，而并没有得到政治方面的帮助；好像没有政治上的保护，它们真能维持至今似的。

一直被忽视的信号

在生化能源时代走到它的尽头之前，有远见和全局思维的科学家就已经给出了基本的信号：人类一定要摆脱对生化能源的依赖。20 世纪初，1909 年诺贝尔化学奖得主威廉·奥斯特瓦尔德（Wilhelm Ostwald）就说过，“生化燃料的意料之外的遗产”会引诱人们“暂时悖离可持续的经济的原则，过上一段盲目乐观的日子”。他做出了一个明智的推断：“可持续的经济可以仅建立在太阳光所提供的有规律的能源供给之上。”[23] 那时奥斯特瓦尔德就想到了，也许要经过很长一段时间，这种“能源的律令”才会实现。在他那个时代没人能预料到世界人口会在下一个百年内增长四倍。同样预料不到的还有，在 20 世纪后半叶，生化能源的消耗引起了经济和消费爆炸式增长的狂欢。工业化的世界冲向一种能源的疯狂——一种极度激动的、醉醺醺的状态，而且其他尚未工业化的国家也纷纷效仿，它处处使得感官麻木。相关的证据积累越多，奥斯特瓦尔德的预言在 20 世纪就越受排斥。1903 年诺贝尔化学奖得主以及后来的诺贝尔基金会领导、瑞典人斯凡特·阿伦尼乌斯（Svante Arrhenius）也在他 1922 年的著作《化学与现代生活》（*Die Chemie und das moderne Leben*）中写道：“对原料的担忧现在就已经把阴影投向人类。现在对石油的担忧，在未来会蔓延到所有的原料。每一个行业都想把产量尽可能提高，以便获得尽可能多的利润，却完全不考虑这会在未来五十年或一百年造成什么后果。因此国家的管理者应该设定另一个衡量的尺度。”阿伦尼乌斯也警告了国际间争夺能源的野蛮冲突：“缺少能源的国家把贪婪的目光投向它的邻国，声称那些国家所拥有的能源比它们所需要的要多。各国对利润的贪欲都会被引出来，而它们的利益并非由那些明智的人们来守护。未来的历史研究会揭露出，对未来原料的贪婪要为巨大的灾难负责。”生化原料不能允许我们转向“国家自我中心主义”和“工业利润贪欲”。人类必须“形成这样的认识：对于太阳所倾洒给我们的无穷无尽的生产力，必须物尽其用”，这是直接“或间接地从太阳而来的能源，它也出现在流动的水和绿色的植被中”。[24]

早早地意识到这些问题的不只是科学家——他们生活在20世纪初，却比我们今天更自觉地从普遍的联系中思考。美国总统西奥多·罗斯福在1908年召开了州长大会，盘点当时的原料储备，以及过度使用它们所引起的对健康的损害以及对自然的破坏。他所设立的“国家储备委员会”（National Conservation Commission）于1909年提交了一份报告，这份报告要求采取许多后续措施，如减少排放、节约能源；通过使用氢，运用太阳热、酒精及其他有机燃料来代替煤炭。罗斯福呼吁全世界45个国家的政府到海牙参加一个国际会议，该会议旨在探讨资源的过度使用引起的世界性后果。[25]但这次会议没能召开，美国委员会的工作也中止了，因为议会拒绝了对它进一步的财政支持。罗斯福也早早地看出，由标准石油公司主席洛克菲勒操纵的卡特尔（“石油联盟”）是对民主宪法的败坏，为了反对它，他发起了一场运动。这场运动以1911年美国最高法院作出的决议为终点，要把埃索康采恩分解为许多个互相独立的小企业。[26]这场反对工业—生化能源综合体的首次政治创举却依然只是一段小插曲。之后的一百年中，生化能源应用引起的环境破坏却不断蔓延；能源经济的权利集中也日趋国际化。新的发现和新的技术也总是一再成为放任危险弥漫的新借口。

太阳能的回归被当成是复归到近代工业革命以前，也就是回到一万年以来的文明史中，那时人们几乎所有的能源需求都由可再生能源来满足。尽管我们已经掌握了19世纪以来所发展的技术，但人们依然忽略了借助现代技术对可再生能源进行优化使用的巨大可能性。[27]只有物理学界清楚地认识到生化能源的局限性。自从发现了核裂变，所有人的意见都是，历史性的道路就是从前工业时代使用太阳能，经过使用埋在地底成千上万年而产生的生化能源，最后达到使用原子能。我们有可能从核裂变或核聚变中获取强大的能量，这一可能性让科学界、政府和公众都一样激动。它诱导人们产生一种能控制一切风险的全能般的感觉，至少可以“和平使用原子能”，而且核武器也被赋予了威慑战争的作用。

由此，20 世纪下半叶形成了世界性能源冲突的基本模式，它将会深刻影响到 21 世纪上半叶。原子能再次让人们对能源的迷醉状态继续持续下去，并且认为它能结束生化能源所产生的环境破坏，此外它还辩解说，可再生能源是一种倒退，因此完全可以忽略它。于是就产生了自负的原子－生化世界图像。这背后的操纵者是不会承认他们估计错误并自食苦果的。他们不停地发誓说绝不放弃原子能。[28]原子能的建设可以任意耗费巨资，以便他们的世界图像不必向可再生能源投降，只因为引进原子能所花的费用不该徒劳无功。“太阳”与“原子”——或者说可再生能源与 20 世纪 50 年代所选定的道路之争首先是一个结构性的和与整个世界图像相关的问题，这条道路已经首先通过核裂变、然后通过核聚变而确定下来了。对它的解决，表面上是基于技术和经济的理由，而背后则是对可再生能源支持者的责备：他们在意识形态上的固执，以及在技术－经济上的白日做梦。但这一基本冲突很长一段时间内都隐而不显，确切地说，自从原子能因为 1986 年切尔诺贝利惨祸而在世人面前大失面子后，就没有人再提起这个冲突了。

能源引发的七种世界危机

原子－生化世界图像的追随者们，在计算得失时从不考虑那些直接或间接因原子能和生化能源而产生的世界危机。我们现在面临的严重的危机有七种。每一种都广为人知，但它们大都只是被单独地考察而不是放在一起看，而全盘考察恰恰很有必要。

世界气候危机

1988 年多伦多世界气候科学家大会（Weltkonferenz der Klimawissenschaftler）的结束词中说道，这个世界正因为生化能源的消耗而陷入一场冒险，其后果不亚于一次世界核战争。各种气候灾难——飓风、洪水、干旱——越来越频繁和严重，而且它们来得比大多数气候学家所预测的都要早。最具威胁性的可能是海平面上涨、水体变暖和洋流改变。安抚性地援引地质史中发生过的类似事件无法弥补气候危机。因为那些远古的危机发生时，地球上还很少甚至几乎没有人类居住。而今天我们所面临的灾难却是由人类活动引起的，它也必须通过人类活动来避免。大量的地区都变得不适宜人类居住，土壤退化面积越来越大——还有随之而来的大量生物迁徙。但这些破坏性的后果从来没被纳入能源考量。

枯竭与依赖危机

生化能源供应是件很有火药味的事：越来越多的国家依赖于越来越少的供应量，尤其是在原油和天然气方面。[29]现在，美国 56%的能源需求依赖进口，在德国这一数字是 80%，日本是 95%。“容易的石油”，也就是相对廉价和容易开采的原油储存在几年内就会耗尽。天然气——这一点经常被忽略——的情况也是如此，大部分天然气都来自于少数几个供应国。[30]而且未来十年内，目前的能源消耗只有 60%可以被满足。一方面是即将耗尽的储备，另一方面是不断增长的需求，这必然导致能源价格攀升，这一危险影响深远，它会破坏拯救世界经济的机会，并迫使社会结构瓦解。为了获得“更便宜”的资源，不断增加的能源冲突正在一步步往战争的方向发展。世界最大的液态原油储备位于阿拉伯地区，首先是由于石油的缘故，它们早已成为中东火药桶；另一个大的储备在伊斯兰－高加索地区，这也同样是一个战争多发地。能源依赖危机所导致的政治和经济暴力会愈演愈烈。

发展中国家贫困危机

大部分发展中国家没有自己的生化资源，它们必须像别的国家一样，在国际市场上进口能源，但它们的人均国民生产总值还不到那些西方工业国家的十分之一。因此，对发展中国家来说，根据它们的经济生产力水平，它们所要承担的能源进口量将是现在的10倍，甚至更多。同时，由于它们缺少能源供应的网络化基础设施，它们在经济上比工业国家更依赖于无需管道输送的原油。缺乏能源的后果是对生物资源、草原的过度开采；农业人口涌入城市贫民窟；社会结构的破坏；以及国家将国内矛盾转嫁到国际冲突中。[31] 尽管如此，用本国的可再生能源克服因能源而产生的贫困危机的方案，还是因为对现实的错误认知而被认为是经济上不合理的。

核危机

20世纪90年代以来，越来越多的国家装备了核武器。最根本的原因在于，那些拥有核武器的国家在东西方冲突结束后还坚持继续拥有核武器。首先，美国及其带领下的北约－战略（NATO-Strategie）就坚持拥有核武器，尽管它在传统军队和武器方面已经有了质和量上的巨大优势。其后果就是，1970年根据《核不扩散条约》建立起来的“有核国”和“无核国”的双层体系越来越不为新增的地区霸权所接受，在伊斯兰地区的国家中，情况尤为严重。另一个证据是，当一个国家拥有核武器时，人们也不再像当时对待伊拉克那样惩罚它。美国对可能拥有核武器的朝鲜的温和态度就证明了这一点。

掌握制造核武器技术和聘用相关专家的机会从来没有像现在这么多过：要么通过原苏联的灰色渠道，雇佣数以千计的、在苏联解体后失业的核武器专家，要么通过《核不扩散条约》第四条中明文规定的权利，直接走官方渠道，该条文允诺了条约所有的加盟国（目前有138个）在“和平使用原子能”时都能获得技术帮助。对于掌握了核燃料循环系统组件，也即掌握了铀浓缩技术和核燃料重启技术的国家来说，它们离核武器也只有一步之遥。而且想要退出《核不扩散条约》只需提前三个月申明即可。原子能的民用和军用之间的界限，不仅在技术上，而且在政治上都能很快被跨越。此外，原子恐怖主义的危险也在不断增加。那些宗教极端主义者在执行自杀式袭击时毫不吝惜自己的生命，这是2001年“9·11”事件时全世界都体会到的。原子恐怖主义会演化成世界暴力——不必使用相对复杂的原子弹，而只需往核电站派一支神风敢死队或搞个阴谋破坏，就能很容易地引起大面积辐射。[32]原子能的民用是从军用中诞生出来的，这一点无法回避。

水危机

地球上水的总量是恒定不变的。大气中的水分冷凝液化之后又落回到地球表面，但并不一定会回到地表上需要它的地方。液态的淡水以雨的形式进入海洋，在海洋中变成咸水。地球上许多地区都存在淡水危机，北半球的情况更是日趋严重，其中很大一部分原因就在于原子能和生化能源供应。据德国的统计数据记录，德国三分之二的用水用来支持原子－生化热电厂，在美国这一数据为50%。[33]这些热电厂使用过的水又蒸发到大气中，或变暖重新回到河流中，损害了水体的生态。缺水地区这个问题更为严重。

人类的直接用水需求和农业的间接用水需求间的竞争早已经被大书特书了；相反，人类的直接用水需求与原子－生化能源系统的用水之间的竞争却至今为人所忽视。[34]

除了热电厂之外，开采煤或石油所需的清洗工序也需要大量用水，而这又会引起进一步的开采压力。此外，运油船事故、船上的马达发生柴油泄漏等情况还会严重侵害海洋和水体生态，造成的负面后果很大，威胁鱼类生存就是其中之一。一滴石油会污染一立方米的水。农业用的肥料中的硝酸盐和排放的原油也会污染地下水。水危机的很大一部分原因来自原子－生化能源系统。

农业危机

现代农业也同样面临危机。由于农业经历了从自行生产能源和肥料向化学生产的转型，农产品的经济依赖性持续扩展到越来越多的地区。能源和肥料的购买成本大幅增长，而农民的收入则持续减少。由此而来的反作用就是，农民通过使用更多的生化能源和肥料来增加产量——这是一个生态上和经济上的恶性循环。此外，强制提高产量也推动了手工生产性农业向工厂规模化农业的转型——这种发展导致的是生存的毁灭、失业率的普遍上升和农作物的破坏。此外，土地也因为过度耕种而退化。另外，依赖进口原油的发展中国家还无法享受到生化类产品（如化肥）的增加给农业带来的好处——如果它们也想试着这样做，就只会导致国民经济成本的大幅上升。

健康危机

关于一般的核电站是否会产生放射性物质而危害健康，这一点尚存在争议，而开采铀矿有害健康这一点已经毋庸争辩了。世界卫生组织和声誉颇高的科学杂志《科学》证实，生化能源对健康的损害更为明显。按它们的说法，世界上有四分之一的人口都因能源排放而健康受损。根据一项研究，仅在奥地利、法国和瑞士，每年就有大约 80 万人因此而患哮喘和支气管疾病，大约 4 万人因此过早死亡。这些国家还是排放控制相对比较严格的。在中国因为户外排放造成的过早死亡达到每年 29 万例，在印度估计有 20 万例。根据世界银行的调查，中国因生化能源造成空气污染而产生的健康开支为每年 500 亿美元，达到国民生产总值的 7%。欧盟的此项开支估计有 700 亿美元。[35]

世界卫生组织（WHO）估计，每年的过早死亡人数仅非洲就达到 180 万，其中尤以儿童和妇女居多，但在非洲致死原因却主要是室内排放，也就是以传统的方式在室内燃烧木材。因为他们缺少节能的木材焚烧炉，也缺乏太阳能收集设备或太阳能电力技术。

危机相互传染

以上所概括的几种危机同时发生并非巧合。对能源的消耗越多，所激发的相互牵连的问题就越多。关于连锁危机发生时会怎样，我们已经看到一个小小的预兆了：那就是 2003 年在意大利发生的电力供应危机。这次危机可以追溯到与气候改变有关的高温，当时热浪席卷了半个欧洲，尤其是意大利和法国阿尔卑斯山地区的水库蓄水量减少，河流和小溪干涸。降温系统的用电需求陡然上升与水力发电厂的产量降低刚好冲突。向意大利提供电力的法国核反应堆也因为缺少冷冻用水而不得不停工，因此大概有一周的时间都断断续续地停电。工业设施也只能停工、电脑系统瘫痪。与之同时，农业歉收一直扩散到德国北部。气候危机引起了水危机，水危机又导致了严重的供电和农业生产危机。这种联系显示，如果我们不马上摆脱对原子能和生化能源的依赖，全世界未来十年将会面临多么可怕的灾难。我们决不能允许这些经常被描写出来的恐怖场景真的发生：北欧失去暖流而骤然变冷、世界范围内的海滨区域洪水泛滥而变得永远不适宜居住；我们也不能忍受又一次发生核反应堆起火的危险。这些危险或多或少都是可能成为现实的，但一直被认为只是假设。但危机会经常发生且不断升级，这一点却不是假设。

气候危机引起的灾难带来的间接受害者的数目会不断增加。它们也会不断损害国家的行动能力，影响大众的生存条件。保险公司会陷入财政危机，为求应对，他们只能提高保费，并且将气候危险从承保范围中剔除出去。对于在灾难中受损的人们的事故补偿金和公共基础设施维修费会增加国家财政预算的负担，或迫使国家提高税收。对旧的能源引起的事故进行补偿也会降低国家未来在可再生能源上投入的财政回旋余地。如果一个国家在财政上或社会组织上都没有聚集起足够的力量处理这些灾难带来的破坏后果，就只能让它的人民任由命运摆布了。于是就会有越来越多的人从沙漠化了的地区集体迁徙到尚未遭受危险的地区——随之增加的还有背井离乡和陷于赤贫的人数。

原油和天然气枯竭的危机甚至还会引发国家紧急状态。政治巨变的可能性将惊人地多，就像沙特阿拉伯结束了王室十分顽固的封建政权而代之以伊斯兰政权，这一政权能够限制石油需求并出于对长期利益的考虑而暂时控制石油产量。或者，万一美国试图使用暴力阻止伊朗的核武器，并因此而掀起了全国性的不可控的群众骚动的话，也可能发生一次席卷整个波斯湾地区的政治－军事冲突。另一种情景是针对石油和天然气管道的恐怖袭击，它执行起来相对来说还不那么危险，因为这些管道中有几万公里都处于完全无人看守的状态。这样的恐怖袭击会切断世界能源供应，并将世界经济卷入漩涡之中。五角大楼的一份研究报告在 1980 年就已经警告过这种可能性，并建议国家尽快转向可再生能源。[36]

石油供应的政治－军事安全保障的成本无论如何都在上升，同时美国对于其他工业国家也施加政治压力，让其他国家也参与进来。所以，中国增加国防力量的目的是得到军事上较强的地位以便保护它的国际资源，就一点也不足为奇。

我们固然希望避免因供应缩减而产生的原油价格上涨，但如果上述种种情况发生了，即使我们立即决定开始开采非传统能源，也无法再遏制价格的上涨。各国政府所面临的要求降低能源税的内部政治压力会越来越大，以便将它的人民从不断攀升的能源价格中解放出来。2000 年秋席卷欧洲的针对电力税的抗议就是一次预演，之后事情就演变为石油价格上涨。目前的信号是 2005 年 4 月布什政府所提出的法律草案，它为美国的煤、天然气、原油的开采者和原子电力生产商争取到 80 亿美元的税收优惠。

如果政府屈从于这种压力，就会影响它的财政预算。如果它们不屈从，经济和社会困难又会增加。发展中国家最终会因为石油进口的价格上涨而加快经济衰退和国家解体的过程，届时工业国家和国际组织的帮助也于事无补。即使是那些以旅游业为主要经济部门的国家也会遭受严重损失，因为石油涨价会影响国际航空业。海湾国家阿拉伯联合酋长国的七星级豪华酒店计划，也将因后石油时代逐渐枯竭的石油资源而宣告失败，因为不再会有足够的游客慕名前往这一石油出口国了。

总结：当未来几十年石油能源渐渐枯竭时，这些石油供应国会发生什么？就像政治学家哈特穆特·埃尔森汉斯（Hartmut Elsenhans）所描述的那样[37]，它们大多对此后的日子没有远虑，而且轻率地忽视了小型与中型工业的支持。俄罗斯和其他中亚地区石油、天然气开采国的能源收入减少以后，这些国家的前景又会怎样？它们会像早先有人建议的那样，将希望寄托在原子能上——同时在已被煽动起来的伊斯兰－西方文化冲突的背景下，让自己在国内体制尚脆弱且没有民主制约的情况下处于动荡之中么？这不是必然会导致持核武器国家增多吗？如果我们对可再生能源抱着无端的恐惧，而继续纠缠在原子能和生化能源中玩火自焚的话，毁灭的洪流将继续催逼这个世界。我们发现自己的行为模式就像一出古希腊悲剧的模式情节，剧中发生的都是灾难性的后果。每个参与者都清楚地看到了这一点，但没人能从自己所招致的威胁中解脱出来。

传统能源领域内的专家挖空心思想出来的许多能源前景都建立在一个假设之上，但这个假设很久以前就已经变得很不现实了。他们的假设是，我们有可能在面对到处蔓延的能源危机的情况下依然维持世界的稳定，并将成本转嫁给大众。提出这种说法的人，显然证明了自己压倒性的“现实主义”，这种“现实主义”来自于既定能源系统的优势，并受到政治、经济和科学“精英”观点的影响。但现实主义首先来自对问题的清晰认识。完全不解答问题的任何纲领都不是现实的，因为它们根本就不现实。对现实主义的基本要求就是，绝不可以自我蒙蔽。我们面前的现实是，世界正面临着对文明历史的巨大挑衅，却没有采取正确的方式解决它。全世界与原子能和生化能源这两种“普罗米修斯式”的技术革新为伍，并且丝毫不想抽身而退。普罗米修斯是古希腊神话中的著名人物，他想要盗取天火并取得神的创造能力，因此受到惩罚，火种也被神从他的手中夺走了。但我们却没有生活在神话的世界中，因此必须通过社会的力量来冷却原子能和生化能源的火炉。向可再生能源的转向并不需要普罗米修斯式的伟大新技术，比方说新工业时代的能源技术专家一直寻求的核聚变之类。

当能源危机在全世界完全蔓延开时，怎样的社会还拥有目标明确的行动能力，能为自己开创一个保证能幸存下来的全新的能源基础？我们又能从捆在一起堕入深渊的世界中抢救出多少东西？各种各样的灾难发生过后所遗留下来的，还够不够我们最终赢得转向可再生能源的决定性突破？或者，我们是否还有足够的时间，赶在一切都还来得及之时采取理性的行动？不管是全面转向可再生能源，还是将它拖延为“长期行动”，都会产生革命性的后果，虽然是以截然不同的方式。它们的区别就在于对人权采取的是积极的还是消极的眼光，而人权是能源、气候和环境保护、经济和社会稳定、生活和和平的保证等一切事物的标准。

足够每个人用的能源：可再生能源的广泛潜力

从 20 世纪 70 年代起科学界就一再用足够的细节阐明，可再生能源足以满足全世界的能源需求：全世界都可以，包括美国、欧洲、德国、日本、瑞典、奥地利——还包括其他国家与地区。[38] 但这一点却在所有的能源讨论中被彻底忽略，包括相关的环保机构在内。

每一种方案都是用归纳法得出的：它们来自目前的和预期的能源供给和需求潜力，并将可能的能源所带来的节约和能源效力的提升也一同计算在内。同时也根据不同的能源消耗部门，讨论它们各自特殊的供应可能性。但所有的能源方案，包括关于可再生能源的，都必然只是纸上谈兵：在假设一种线性发展的前提下，没有一个经济学家能从现在的情况出发估计出 2025 年或 2040 年传统能源和可再生能源的价格，尤其是无法评估可再生能源的技术，因为这种技术现在还很年轻，而且刚开始被引进。尽管我们没法非常精细和准确地把握能源未来发展的前景，但我们依然可以草绘出原则上的可能性，并描述现实可行的目标，为我们的行动加油打气。

能源彻底转型的可能性

想要让基于可再生能源的能源供应具有说服力，方法其实非常简单。鉴于传统能源来源的使用量远远超过了自然的潜力，针对现在可用的技术，以及对它们应用的可能性进行有创造性的和实际的考量，就足以证实可再生能源代替传统能源是完全有可能的。

以电力为例

2001 年全世界商业用电消耗量为 155 亿千瓦时。如果全部由风力发电来产生这些电力，按照中等风力每年生产 600 万千瓦时电力的 2.5 兆瓦设备的标准，就必须在全球安装 250 万个这样的风力发电设备。如果要由光伏设备生产同样多的电量，在日照条件相对略低于德国的情况下，每平方米每年产生 75 千瓦时电力的标准，则需要在全世界安装大约 21 万平方公里的太阳能电池。光是欧盟中建筑物覆盖的面积就要明显多于这个数量，而太阳能电池可以用各种各样的方式整合到这些建筑物中。如果要由太阳热发电厂提供，按照每公顷收集板可以生产 1 000 万千瓦时电力的标准，则需要在全世界安装 15.5 万平方公里的收集板。它们可以安装在沙漠地区或者其他无人居住的地区。

以供暖为例

如果要用太阳能满足目前全世界人口的供暖需求，按照 2001 年共消耗 3.34 兆千瓦时的标准，则需要安装 1.5 万平方公里太阳能收集设备，这是在设定每平方米收集板仅产生 225 千瓦时太阳能加热能力的基础上得出的数据。

以燃料为例

如果要用生物燃料满足目前由生化燃料消耗提供的 21 兆千

瓦时需求，按照平均每公顷5万千瓦时能源的标准计算，需要使用419万平方公里的森林或耕地面积。这大概需要用到全世界8%的森林、草地和耕地面积——土地可以反复耕种，下一年还会长出与这一年相当的收成。此外还有大约1 000万平方公里可耕种的半干旱土地，尤其还要加上以前一直被忽略的水生植物潜力，它们大多以海藻或风信子的形式存在。

这是对可再生能源作为唯一选项时的预测，但我们并不需要只依赖唯一的选项，真正需要做的并没有已描述的那么多——以电为例，我们知道上述三种选择都可用来覆盖世界需求。也就是说，对于所描述的任何一种选择来说，人们真正需要的都比我给出的数据少得多。此外，还有别的选择可以补充进可操作的技术潜能中，比如很久以来都在使用的水力，目前全世界18%的电力需求由水力发电站提供，其中小型水力发电站——也就是建设在活水中，不需要修建堤坝——非常容易建造，它利用的是水波、潮汐及其他地质能源。自然的能源潜力会进一步促进丰富的技术更新，于是我在别处所详细描述的事实就能真正实现：太阳，以及它所派生的风、波浪、水、生物等每天都可以为地球输送的能源，是我们现在以原子能和生化能源的形式所消耗的15 000倍还多。要说我们缺乏能源潜能，这完全就是个笑话。而认为存在技术极限也是胡说八道，因为重要的是设备在达到要求产量的时候的生产效率，要跟别的工业领域长期以来已经普遍存在的一致，而且用于生产设备的能源在未来也可以改为可再生能源。

那么根本的阻碍究竟是什么呢？上述预测都鼓励人们解放思想。我们每前进一步，每作出一些对自然和技术的应用潜力的观察，都会增加可再生能源的实际吸引力。此外还能通过避免生产和运输成本而从技术上和结构上提高效益；因为可再生能源完全可以在使用地当地进行生产，且无需长途运输；新的能源制造形式能让房屋的实际供暖能源需求迅速下降；还可以从农业、木材业和食品残余物中或者从林业的残余木材中提取生物燃料。如果以轮作的方式种植生物材料，每年的收成就会翻倍，再辅以气化和发酵技术，就能得到更多的能源。不同地区的优势不同，有些地方拥有超过平均水平的日照量、有的自然水源丰富、有些地方风特别大、有的土地条件好、有的森林覆盖面积大。而每一种优势又会通过以不同的方式储存风和太阳能、通过不断优化已有的经过实践考验的应用技术和发展新技术、通过产品和生产设备改良、通过效率的提升和新材料的引入等，而进一步扩大。

这么多的可能性说明，即使发展中国家的能源需求正不断增加，我们现在也完全可以只用可再生能源为全世界供应能源。各种选择的混合比例可以根据每个国家、地区、团体、家庭的不同情况而有所不同。至于究竟选择怎样的比例，无法简单地进行预测，它依赖于众多因素：现实的能源效益，它会随着可再生能源的分布而降低相应的能源需求；地理条件和自然条件；技术的成熟度、工业化程度和成本的发展情况；经济企业的开明程度；当然还有社会因素中的政治概念和心态的开放程度。只有一点是很明显的，我们现在建立在生化能源基础上的能源供应结构和能源消耗的单一性方式，很快就要过去了。今后每个国家甚至每个地区都会找到各具特色而多种多样的能源基础。可再生能源下的世界能源供应是一个“多元文化”的状况（参见表 1）。

当然，为了实现这一构想，必须付出很多努力。但这一要求却绝不会比发展卫星、航空、通信、医药或武器技术更复杂和昂贵——而且远比核技术简单多了。如果断言我们不可能让可再生能源覆盖整个能源供应，将是对物理学家、化学家或工程师的创造力的侮辱。如果他们自己也这样断言，那无疑是自我贬低。

实践中的无数例子表明，发展可再生能源是可行的。1994 年起由欧洲太阳能组织（EUROSOLAR）每年对欧洲太阳能进行的评估尤其被认为是一大进展。[39] 各种建筑，包括老房子、活动房屋、学校、公共设施、办公楼、生产车间的全部电力和供暖的能源需求，全都通过可再生能源自给自足，并且这些建筑（“增能建筑”）所生产的能源还有盈余，而大部分房屋所有者都能通过建筑所生产的多余能源盈利。我们想象一下，会有越来越多的房屋拥有者考虑这种方法，最后每个人都会加入进来，因为它的好处已经为全社会所了解。人们不必再为不断上涨的能源价格担忧，城市的空气会更干净，因为污染而患病的人数也会减少。城市的景观会有所变化，尤其是屋顶，以后屋顶上铺的将不再是红色的瓦片，而是许多水晶蓝或别的颜色的太阳能设备。毕竟房屋里的电力、供暖和制冷需求加在一起，这里提到的太阳能设备能解决大半问题还不止。

能从可再生能源那里获益的包括农业和葡萄种植企业，他们不仅能通过可再生能源生产自己所需的能源，还能成为能源供应者；那些所有车辆都使用植物油的企业；合成的生物燃料如“太阳燃料”或生物酒精的生产者，以及与生物燃料相关联的动力技术的生产者；所有公交车都使用生物燃料作动力的城市和城市公用事业，依靠生物质电厂提供电力和取暖的城市居民，以及完全依靠太阳热能供暖的居住区，这些居住区可以把热能储存在地下供冬天使用。还有生产客轮的企业完全通过船上装载的太阳能电池推动船只的尝试，它完全不会产生噪声和排放，而太阳能所提供的动力足以让船只在海德堡的内卡河（Neckar）上、博登湖（Bodensee）上或者在汉堡的阿尔斯特河（Alster）上运送上百人。还有些城市尝试通过回购电网，自行或通过公民合作社满足自身的需求。更有一些岛屿和小型社团也做到了电力和供暖需求的能源自主。这所有的成功案例都引起更多人模仿。

表 1

标题	发表年份	组织	目标国家／地区
太阳能瑞典——可再生能源系统纲要	1977	“未来研究”秘书处（领导：托马斯·约翰松教授）	瑞典
转变：关于 100% 使用可再生能源的法国长期能源前景的研究	1978	“贝尔维尤小组”重要研究机构中的科学家组成的小组	法国
能源战略：转向一个太阳能的未来	1980	忧思科学家联盟（UCS）	美国
西欧环境下的太阳能前景	1982	国际应用系统分析研究所（IIASA）	西欧
全球化与自由化条件下的可持续能源供应	2002	德国联邦议院调查委员会	德国
能源充裕的日本（ERJ）	2003	可持续方案和创新研究所（ISUSI）	日本

用可再生能源进行能源供应的"百分百方案"

目标年份	能源来源组成状况	可利用的政策工具
2015	100% 使用可再生能源： 生物燃料 61.8%； 主动式 / 被动式太阳热 12.5%； 水利 11.4%； PV 8.8%； 风力 55.3%； 海洋能 0.2%	待定
2050	100% 使用可再生能源： 太阳能（PV, ST, CSP, 被动式） 49.5%； 生物燃料 27.2%； 水利 13.7%； 潮汐能 5.1%； 风力 4.6%	待定
2050	100% 使用可再生能； 各部门分配： 建筑领域 35%（主动式和被动式太阳能，近距离供暖，生物燃料）； 工业 30%（风力，PV, KWK, CSP）； 交通 25%（生物燃料，氢气，电）	能效标准；税收政策；无息贷款和补助；免税 / 税收优惠；建筑领域内使用可再生能源的义务；"太阳能发展银行"；研发；信息政策
2100	100% 使用可再生能源： 风力 33.9%； 现场能源 28.3%； 生物燃料 15.1%； PV 9.4%； 水利 8.5%； 太阳能 - 氢气 3.4%； 波浪能 1.4%	待定
2050	94.6% 使用可再生能源： 煤 1.7%； 天然气 1.8%； 石油 8.3%； 水、风力、PV 17.3%； 其他 55.5%； 进口可再生电力 15.4	能效提高；EEG；可再生能源供暖法；增加近 / 远距离供暖；进口可再生能源；研发
待定（根据政策）	100% 使用可再生能源： 太阳能 35.1%； 风力 28.4%； KWK17.7%； 地热 13.5%； 水利 5.2%	能效标准和标识；建筑领域内能效和可再生能源使用规定；增加可再生能源使用的法律规定，上网电价，降耗运输

通过这些美好的社会景象我们可以看到，许许多多小规模的成果是如何联合成一个新的整体的。所有的例子都表明，障碍的核心不是技术或经济。一切都取决于主动性所带来的认识和态度。因此，认为技术潜力不足以支持可再生能源的基本假设完全站不住脚。

快速引进的可能性

我们以德国的《可再生能源法》为例：该法规定德国将在2004年前实现可再生能源占电力供应总量的10%，其中7%来自“新型”可再生能源，也即不使用大坝水利发电站。这7%约为19 000兆瓦发电容量，它是由《可再生能源法》及其前身《可再生能源电力输送法》所推动的。目前法律所要求的年发电量增幅约为3 000兆瓦，其中大部分为风电。我们假设，在未来十年都保持同一增长速度，那么到2015年发电量为4.8万兆瓦，2025年为7.8万兆瓦，2035年为10.8万兆瓦，2045年为13.8万兆瓦，以及2054年为16.8万兆瓦。必须强调一点：我们这里所讨论的引进速度，是已经得到足够的现实依据支撑的。届时德国可再生能源的多样性会凸显出来。16 000兆瓦的年发电量，使风能在目前德国可再生能源中占有最大比例，在未来的发展中这个量还会翻番。为了在四五十年间彻底替代原子能和生化能源，我们必须让可再生能源在未来四五十年间的增速超过现在所达到的水平。可再生能源的技术现在还很年轻，以后它会有更强劲的发展，并且会有新的存储技术不断增加进来。此外，我们也应根据多年后的发电效率进行计算，而不是根据目前可以达到的效率。既有的能源技术已经走到了它们技术发展的终点，对它们的优化只能是一些小修小补，而可再生能源技术则刚刚开始，还有巨大的优化空间。

引入的速度当然也与成本有关。在比较可再生能源和传统能源时，一个根本的问题在于，我们是从单个经济的成本账目还是从整体经济的成本账目出发——包括它的后续生态成本在内；或者说我们进行的是短期还是长期核算。当然，对于单个的设备来说，成本状况会因为巨大的创新潜力而越来越有利于可再生能源。而投入在传统发电厂上的燃料运营成本则会不断上升。

如果要追问可再生能源引入的时间需求，必须再比较一下可再生能源设备和传统能源设备的建设所需耗费的时间。在2000－2004年间，也就是5年内，以德国为例，通过可再生能源已经生产出共计1.4万兆瓦的电力容量。这还是在投资者还没有熟悉可再生能源的运行方式、相关的发电设备行业也还没有完全准备好的情况下。相反，换成某个电力康采恩，在2000年决定建造一个新的大型发电机组，并且已经开始进行具体的准备。可以想象，在2004年前根本都来不及让哪怕一个发电机组完成安装并进入电网。相反，太阳能和风力设备几天后就可开始工作，小型水利发电设备也只需几周。总之，当涉及增加新的生产设备时，分布式的能源生产方式就有明显的优势。这对于发展中国家来说尤为重要，因为它们可以避免昂贵而又费时的基础设施建设，像电网之类，因此就能显著缩短从开工到能源供应所需的时间。

引入新能源需要很长的时间，这一说法是能源专家们从传统能源的历史中得出的。但专家们这么认为，却不是基于制造大型发电设备需要漫长的时间，而是基于运输及分配设施的建设耗时长久。这一点对于可再生能源来说却并不适用，除非它打算模仿传统能源的建设方式并选择大型技术这条道路。但除了一些例外情况外，这种做法在技术上并非必须，在经济上也没有多大好处。因此，所需时间太长这一技术－经济上的基本假设也站不住脚。

可再生能源所面临的真正的时间上的障碍既不是技术上也不是经济上的，而是政治上和精神上的：政治上指的是专制的官僚作风已经成为藩篱；精神上则必须要转变态度。

放弃大型发电站的可能性

需要从电网中提取多少电量，就要有多少电被输送到电网中，因此，认为人们为了保证电力供应而必须依赖大型发电站的论断，就是没有根据的。至于电网中的电的物理来源是哪里我们并不知道。只要这种分布式的电力生产网络在地理位置上分布得够广，能够维持电压平衡就足够了。

但首先，大型发电站并不是对电力供应的更好保证，也不具有更高的生产效率。一旦停电，我们就面临大规模电网供应中断的威胁，这一点只能通过大规模的储蓄装机容量才能避免。这就是为什么，德国10万兆瓦的传统装机容量中一般来说只装入了6万兆瓦。相反，可再生能源的分散式分布有一个一直被低估的优势，那就是它有许许多多独立工作的模块，因此某一处的中断对整体而言影响不大。因此我们可以放弃大规模的储蓄装机容量，因为它会干扰大型发电站的运作。此外还能避免电网规划不当带来的麻烦：如果电力需求增加了，只需安装更多的模块就行了。

我们所需的各种不同的可再生能源发电站分布得相对均匀，有了这个前提，它们之间就能互相补充。即便是为一个用电量达几百兆瓦的大工业型用电者供电，我们也并不需要固执地使用大型发电站，就像之前强调过的那样，我们所需要的只是有足够多的电流从分布式生产的网络中输送出来。我们并不是非需要跨地区且网眼密集的联合电网不可，因为每个大型用电者都有可能自己也转变为能源生产者——尤其当它有可能以较低的成本使用热电联产或者将来有足够的储备装机容量时。

哈里·勒曼（Harry Lehmann）和斯蒂芬·彼特（Stefan Peter）在欧洲太阳能组织的一项针对《德国电力领域中可再生能源的扩建潜力》（*Das deutsche Ausbaupotenzial erneuerbarer Energien im Stromsektor*）的研究中反驳了电力康采恩的下述断言：到2020年

为止，我们必须再建设总容量为 4 万兆瓦的传统大型发电站，以代替停产的大型发电站。[40] 这项研究不仅计算了可再生能源扩建的容量，而且也计算了由此所带来的替代目前的传统能源的量。此项研究估计，到 2010 年新增的平均值为 2 000 兆瓦。在风力发电方面，到 2010 年为止每年都有所扩建，虽然增长的幅度略有降低。在 2003 年风力发电量大约为 2 500 兆瓦，而在 2010 － 2020 年间每年还会再增加 2 000 兆瓦。光伏的扩建则会在 2010 年前急剧增加，大概每年新增建 1 000 兆瓦左右。生物质也是一样，通过与热电联产的结合，热电联产的产量会增加。由于地热生产电力需要试验钻孔的必要准备时间，在 2010 年前地热只能进行很小规模的扩建，之后会迎来强劲增长：

德国可再生能源容量的扩建（单位为兆瓦）：

		容量扩建	发电厂替代效率
风能	2010	28 600	4 000
	2020	48 600	12 000
光伏	2010	10 000	1 000
	2020	20 000	3 000
生物质	2010	10 000	
	2020	20 000	2010：18 000
热电联产（KWK）	2010	19 000	2020：32 000
	2020	32 000	
地热	2010	100	
	2020	16 000	16 000
2020 年总量			
不包括地热			47 000
包括地热			63 000

在此基础上可以对发电站的效率做出两种不同的计算：要么是不考虑电力消耗设施效率的提高直接进行计算；要么是把每年效率提高的百分比计算在内：

由可再生能源引起的替代效率（单位为兆瓦）：

	由可再生能源引起的替代效率	不考虑效率提高情况下的替代效率	考虑潜在的效率提高情况下的替代效率
2010	23 000	30 000–35 000	23 500–28 500
2020	46 000	46 000–65 000	43 000–48 000

由此可以看出，根本没有必要建造新的传统能源的大型发电站，也没有必要延长核电站的使用期限。没人能说自然的和技术的潜能无法实现——何况小型水力发电站扩建的可能性还没有被包括在内，因为糟糕的官僚制度至今仍在妨碍它的发展，关于这一点我们在后文中还会提到。有了这一潜力，我们能预计将来的电力价格还会更便宜。认为这样一种转型在经济上“不合算”的想法是站不住脚的。电力消耗的成本显然会上升，但它也是随着兴建大型发电站以及燃料成本的上升而上升的。

我们再来设想一下以后的发展。迄今为止的电力需求构成形式都已经改变了。一方面，房屋中用于制冷、制热、热水的电越来越被太阳热能源和热电联产所代替，另外耗电设备的能源效率越高，它们从一体化的光伏模块中得到的电力越多，也就是转变为自动化电器，那么对电力的需求也就会越来越低。相反，在供暖和燃料需求领域，电力的需求则增加了，也就是说电动热泵的使用量增加了。由于信息和通信技术的不断发展，总电力需求也在增加。电是适用面最广的一种能源，就像瑞士经济学家和国民议员鲁道夫·瑞克斯坦格（Rudolf Rechsteiner）所说，对于能源结构的研究来说，电是一种“参考能源”。[41]

可再生能源在效率上的优势

有一种看法认为，效率的提升和传统能源的节约是降低能源排放成本最低的和最快速的道路，因此它必须优先于向可再生能源的转移。这种想法完全是片面的，并且它打造出了一种其实根本不存在的对立物。发动机、电器设备或房屋中的能源效率与它使用的是原子能和生化能源还是可再生能源无关。现实的需要越少，用可再生能源代替传统能源所花费的力气就越小，因为需要替代的能源总量本身变小了。这种效率评估加快了能源转型。效率战略的优先地位仅关系到能源转化的技术，这种说法是想得太简单了：也就是说它只比较了对某一转化设施进行技术优化的财政投入和由此产生的在能源和排放上的产出，而无视了获取能源所需的人力和技术成本这一整个的能源链。我们必须把生产系统与整个能源链作比较，而不是只看其中一个因素。

我在《阳光经济》一书中，详细描述了原子能和生化能源使用中从煤、石油、天然气、铀的开采直至最后发动机及各种设施投入使用，这期间所经历的漫长的准备链条，并将它与可再生能源的生产链作了比较。[42] 后者显然快捷得多，因为，除了使用能源植物的情况之外，后者取消了初级能源开采这一环节。如果可再生能源在分布式的设施中生产，并在同一地点或地区使用的话，这一过程还会缩短。这就是可再生能源在系统上的优势，但鲜有人注意到这一点。这也是它在效率上的决定性优势，这个好处我们直到现在才开始注意到。如果我们按照这一思路，在多达 20 亿人的生活未被电网覆盖的第三世界乡村地区建设可再生能源生产系统的话，此项优势将达到最大。分布式的可再生能源让第三世界的人们得以跳过工业化社会曾经走过的、在大型发电站和石油精炼厂中进行的集中式能源转化，并不得不进行长距离能源供应的弯路。

自主的能源生产只有通过使用可再生能源才可能实现，这不是权宜之计，而是广阔的视角。发展中国家得到了一个千载难逢的好机会，可以无需继续复制既定能源供应模式，这种模式太过冗长、昂贵而低效了。在工业社会中这种系统性的效率优势从中期和长期看会更为明显。原因在于，对于传统的能源供应来说必不可少的基础设施建设开支大多已经提前几十年先行支付了，剩下的是只需保持小范围的补充、更新和修复的费用。因此，一种可能的策略就是，使用这些基础设施，但并不意味着全盘照搬原来的方式。所有关于可再生能源的战略设计都必须谨记，要使可再生能源的生产力大幅提高的最大潜能就在于，对原子能和生化能源来说，前期准备工作花费高昂而且不可避免，但对可再生能源来说，这笔开支却是可以避免的。基于可再生能源生产系统在效率上的机会，它很有可能彻底取代原子能和生化能源生产系统。这一可能性基于很多原因，这里的阐述仅仅是一个简单的归纳：

- 由于任何一种“终端能源”都是分布在人们工作和生活的地方供使用，一般说来，分布式的能源生产比集中式的方案更具有效率上的优越性。
- 能源生产所需的技术加工和转换步骤越少，效率就越高。如果用生化能源作为燃料或加热能源，所需的转换步骤要比用它来发电和配电所需的转换少，这就是为什么我们说，在大型发电站中将原子能和生化能源作为初级能源，并借助它们来发电，是所有能源生产中效率最低的方式。但是，就像之前所提到的，由于电力是最为重要的“参考能源”，因此要固执地使用低效率的传统能源，就是未来的社会和经济所面临的最大效率障碍。与此相反，太阳光照、风力、流动的水源和波浪都只需单一的转换步骤就可转变为电力，这样一种可能性会促成能源生产中最具价值的效率革命。固然，这几种方式在电力储存花费方面都需要进行彻底的优化，但这并不是一个不可逾越的障碍，也不会让系统性的优势有所减损。

- 当涉及的不是电力需求，而是加热或冷却的能源需求时，直接利用太阳热就是值得考虑的最有效的方式。当涉及移动交通系统方面的燃料需求时，生产和使用分布式的生物燃料会比使用氢更具有系统性的优势，因为氢的加工需要更多的技术转化步骤。
- 此外，如果我们还将经济上直接的“辅助效应”纳入考虑，那么可再生能源的某些效率优势就会更加惊人：例如，将太阳能电池和太阳能电池板作为屋顶或外墙，就会产生双重功能；又如，已经被第二次第三次使用过的生物质（木材废物、食品残余、农业残余）可以作为能源使用，或者生物燃料产品的残余物也可以作为能源再利用（油饼可用作动物饲料、生物质气化后残余的灰尘可作为肥料、生物酒精所产生的酒糟可用于发电等）。
- 可再生能源对国民经济还会产生其他毋庸置疑的好处，例如避免气候、环境和健康损害；就地生产能源取代能源进口能够节约外汇；以及通过引入新能源还能新增的固定就业岗位，这样必然会增加国民经济效益。

每个理性的经济人行动的前提，以及所追求的结果，都是效益的增加。而效益的衡量标准不仅在于可再生能源与原子能和生化能源的比较，还在于原子能和生化能源之间的比较以及不同生化能源之间的比较，当然，还需要进行可再生能源不同应用的可能性之间的比较。因此，一些地区想要集中通过可再生能源以及生物能源进行发电，因为这些地区有更多的光照（在北非发电供应欧洲使用）、更多的风（在大西洋沿岸的欧洲国家、北非地区或海上生产能源供应欧洲内陆），能采集更多的生物质（如巴西）或更有可能修建大型水电站，然后将它们转化为别的形式，最后再长途运输到需要消耗能源的地方，这些想法虽然是好的，但在整体结构方面却考虑得不够周全。因为太重视降低生产成本这一经济因素，而忽视了其他因素。这只是试图对现在的能源经济进行毫无必要的复制。首先，我们不该忘记，拥有可再生能源巨大潜力的国家，它们最为紧迫的任务首先在于满足自己国内的能源需求。摩洛哥是世界上风能条件最好的国家——但它的能源进口依赖比例却超过95%。它出口风电所挣得的外汇根本不如进口原油花费的多。北非那些拥有大型太阳能发电厂的国家，它们的头等重任也是必须先满足北非当地大城市的能源需求，从巴拉特、卡萨布兰卡、阿尔及尔、阿曼，直到开罗、亚历山大里亚等城市。只有当这些地区的需要都满足了，才谈得上最终的出口。

无需依赖传统的能源结构

电力供应的集中式结构之所以存在，并不是因为它本身“更经济”。根本的原因在于，电力的运输要比燃料的运输快，而且清洁得多。在城市的能源供应中这一点尤其起决定性的作用。为此我们必须先对电力供应的历史有所了解。

关于如何运输电力，一开始就存在两种不同的基本观点，它们分别由两位先驱者所倡导，并引发一场企业间旷日持久且影响深远的争端。这就是爱迪生和威斯汀豪斯（Westinghouse）之间的辩论。爱迪生的构想是自给自足的电力生产方式，也就是说在每一幢建筑中自行生产电力；威斯汀豪斯的构想则是通过线路为所有建筑集中供电。后者——在电由生化燃料和水力发电来生产的条件下——更有“系统的”眼光。水力发电没法在城市中进行，因此只有通过电线输送才能使用。电的传输既快捷又清洁。而爱迪生的想法则是将生化燃料运输到每幢房子，其后果是城市中有大量的炉灶，加上当时是用煤来取暖，因此居民的鼻子里就会满是烟灰。他的方案尽管更自由，对于城市居民来说却显然更不舒服，而且对环境压力也更大。

然而，打造了大型发电站加电网运输这一范本的那些条件，却在可再生能源的背景下有逐渐失效的趋势：使用太阳能进行分布式的能源生产已不再需要燃料运输。阳光的“运输”是自行发生而且完全免费的。此外，城市中丰富的食品残余物也会自行排放出沼气，在城市周边地区及在乡村中也自然就能通过风力和生物质进行能源生产。当它们都进入电网时，我们就不再需要远距离的输送网络。相反，分布式的电力生产和供应越是蔓延，目前电网的装载量就会越少。在所有市场参与者都能够公平地自由选择的情况下，如果人们逐渐减少甚至不再利用电网，从而不再参与分担电网费用时，电网使用者的成本就会上升。这一情况激励了许多人转向分布式的生产和销售。既定系统正在失去它迄今为止在经济上的优势。集中式的电力供应正在瓦解。除了电网中的能源供应之外，分布式的生产还能为自己和周围的邻居提供电力；同样，区域供电也能满足附近住宅区的电力需求；岛屿式供电能满足小型城市，它们都能或多或少地实现能源管理和供应自主。电力供应会回到电的先驱爱迪生的构想中去，当然不是立刻全面，而是一点点逐渐增加规模，这一构想只有在可再生能源的基础上才能实现。

这一过程以怎样的形式贯彻，要取决于外部因素（立法）、社会因素（信息、教育、文化和价值意识）以及技术因素。为了分析和评估能源系统的可能性和边界，我们在任何情况下都必须注意到一个在目前的能源讨论中经常被忽视的基本认知，即能源系统最具影响力的因素是所需用到的能源的来源。选择哪一个来源，决定了哪些技术对于能源生产和运输来说是必不可少的、哪些基础设施必须存在，以及哪种企业相应形成。一直以来流传着这样的观点，认为适应传统能源而产生的结构是现代能源供应的标准，因此它对可再生能源而言也是最佳选择——这是错误的：这个结构是能源系统目前结构发展的第三步，也就是在第一步选择能源的来源，和第二步选择相应于这一来源的生产和应用所必须和有可行性的技术之后才要考虑的事。

如果我们不了解这个顺序，那么目前的结构就显得是某种神圣和客观的要求，而这个要求会严格限制太阳能和风能发电的扩建。这种看法的主要依据是：太阳光和风能所产生的能源无法储存。如果太阳光没有照到太阳能设施上、风也没有吹动旋翼，那么就只能仰仗生化发电机的稳定储备了。这就是说，生化能源能够一直保证随时"就绪"，因此它可以应急。这会降低太阳能和风电发电设备的环保效果，并引起毫无意义的成本增加。太阳能和风力发电设备在电网中出现得越多，成本就会越高。再加上来自政治的力量强迫电力行业优先输送由太阳能产生的电力，于是成本就会变得更高。这种说法是反对德国《可再生能源法》的战役中极有说服力的一种论点。

太阳能和风力的储存

如果获取能源和使用能源不在同时进行，能源的储存就是必须要考虑的问题。在一个高度集中、高度国际化的原子－生化能源供应系统中，这种共时性原则上是不可能的。原油必须储存在油罐中、煤必须储存在煤矿中、原子能必须储存在燃料棒中、水力必须储存在水库中。而运输和分配系统，即那些管道、运油船、运油车，则起到辅助储存的功能。此外还有本身作为蒸汽发电机工作的发电机，这些发电机生产蒸汽，并且将蒸汽稳定地储存在发电机内部，以便维持产量的快速增长。所有的核电机和所有大型生化发电机都属于这种类型。

在现有的能源系统中，能源都是在转化为电力或水能之前，以原料的形式加以储存的。在可再生能源中，水力和生物能源也可以这种形式储存。地热能源是最完美的储存方式，它无须通过发电站，直接以地球本身为储存处。其他的能源就只有天然气也有这种可能了——如果把发电机直接建在天然气储备点之上的话。反之，对于太阳光能、风能、潮汐能以及无需建造大坝的水能来说，都不可能在它们转化成电力或热能之前加以储存。它们必须在转化之后储存，这是一个根本区别。

无论传统发电站的电网里是否有太阳能或风力所发的电，传统发电站都必须时刻为发电准备着，以便应对不断波动变化的电力需求。这就是它效益低下的原因。如果太阳能电与风电已经能够有规律地输入电网，而传统发电站只需要以既不经济也不生态的方式作为储存设施而随时待命，那么这对于限制可再生能源扩建来说，也并不是一个更有说服力的理由。因此下一步要做的就是，完全停止传统发电机的运转，而把其他可再生能源，如生物质、氢以及其他储存设备作为光照和风电不足时的后备力量。如果能源经济否认这种可能性，那他们就是门外汉了。

在反对可再生能源的论战中，传统能源丝毫不提它自己的储存能力也与太阳能和风电的储存一样，它也需要把水力储存在水电站和抽水蓄能式水电站中，或者把压缩空气储存在地洞中。他们说，当人们需要电力时可能刚好没有太阳或风，这是一个不可克服的障碍，就像他们自己真有多大优势似的：好像人们需要煤或原子能时，煤和铀就能当即从深山里跳出来似的。但尽管太阳能和风电的储存问题被过分夸大了，我们却依然要为之投入更多。

并非每个国家都用法律保证，这些能源能以便宜的价格毫无阻碍地输送到电网中去，而且世界上有三分之一的人口根本就没有电网终端。在这种情况下准备向太阳能与风能的全面转型，就需要投入更多的资金用以扩建其储备和储存设施。另一个原因是，在一些已经用法律保障可再生能源向电网输送电的国家中，有人却在酝酿从政治上回击可再生能源。通过太阳能和风能设备的储备和储存能力，不仅可以克服对既定系统的依赖，还可以克服一些广泛传播的偏见。可再生能源的输电由供应决定，这一点只能通过引导输电需求得到补充，这会使其经济效益得到巨大的优化。这样人们才能最终放弃大型发电机及其无效率的“蒸汽储能”的方式。远距离的供应系统及跨地区和跨国电网可以变为许多近距离的网络。自给自足的电力供应会越来越多——例如家家户户自行供电，甚至让那些数不清的耗电设备自行供电（可以作为补充的或独立的供电系统），它们可以通过一体化的光伏模块为自己生产全部或部分的电力。毕竟这些设施在今天已占到全部电力消耗的15%，并且正因为新的信息技术，如移动电话和笔记本电脑的诞生而呈上升趋势。集中式的电力供应在迄今为止的百年历程中，从以千瓦计增加到以千兆瓦计，这是一条没有退路可走的宽阔的单向道，而它如今又会走上多车道，从千兆瓦下降到兆瓦、千瓦直至只供应几瓦而已。

想要详细描述各种不同的储存方式及其各自实现的可能性，将会大大超出本书篇幅所允许的范围。新的储存方式包括新型电池——东芝公司刚研发出一块能在3分钟内完成充电的电池——到飞轮电池（Schwungrädern）注、压缩空气或热化学储存。在我

注：飞轮电池是20世纪90年代才提出的新概念电池，它突破了化学电池的局限，用物理方法实现储能。众所周知，当飞轮以一定角速度旋转时，它就具有一定的动能。飞轮电池正是以其动能转换成电能的。高技术的飞轮用于储存电能，就很像标准电池。

的《阳光经济》一书的“游离于网络联合之外的能源”一章中对此有介绍。[43] 对于目前实际可行的储存方法的详细介绍，读者可在理查德 · 巴克斯特（Richard Baxter）的新书《能源短缺：非技术性的导论》（*Energy Storage: A Non-Technical guide*）[44] 中看到。一般来说，从单个经济体的视角出发，能源的储存费用比运输费用来得成本低廉。在储存容量上的投资在传统能源的条件下就已经飙升了，因为通过这样一种方式能够代替昂贵的高峰负荷供电。

2004 年德国风电生产商爱纳康（Enercon）在挪威的尤兹拉岛（Utsira）上所作的尝试，描绘出了一条通向独立的岛屿网络系统的现实可行的道路。它的出发点是在岛屿电网中尽量避免使用柴油发电机。它所提出的现实的替代选择是风能发电设备，并辅以网络电压调节的同步机器和使用飞轮的长时储存设备。这样仅需要柴油发电机提供该岛屿全部电量消耗的 10%，并且其燃料通过生物质来满足。同时进行试验的还有氢发电机，它可以作为对生物质的替代，它所使用的氢同样来自风力发电设备所发的电。整个系统保证始终全部采用可再生能源进行电力生产。

压缩空气这一储存方式也越来越引起人们的注意。压缩空气储存箱可以储存较小的电量。使用压缩空气储存箱（大概是一个 10 立方米的箱子）可以在光伏设备的基础上实现普通房屋的供电自主。大型压缩空气储存器的一个实践的例子是德国下萨克森联邦州的亨托夫发电站（Huntorf），它从 1978 年开始运行，装载量为 290 兆瓦。所发的电力储存在两个分别为 650 米和 800 米深的地洞中，总体积为 30 万立方米。在电力过剩的时候，空气就以 50 ~ 70 巴的压强泵入洞中，8 小时内可以装满。压缩空气发电站能够迅速启动，并在 3 分钟内达到其最高效率的 50%。另一个例子则是 1991 年，在美国阿拉巴马州麦金托什开始运转的 100 兆瓦发电站。压缩空气被存储在多个体积为 53.8 万立方米的洞穴中。达到满负荷储存需用时26小时。这两个例子所涉及的是储存由原子能和生化能源所发的电，但它们的存储潜力也可用于风电。从一开始就涉及新的压缩空气储存器的有爱荷华储能项目（Iowa Stored Energy Project），它为84兆瓦的风力发电提供了一个200兆瓦的压缩空气发电站，使用的是地下400米的含水土层，这一含水土层此前用于储存天然气；以及位于德克萨斯州的麦卡梅（Mc Camey）的400兆瓦压缩空气发电站，它由装载量为270兆瓦的风力发电机组运行，装备有1万兆瓦时的电力储存器。它可以在37小时内达到最大性能。有很多人工地洞和含水土层都可以开发，而且这是一次性投资。它和抽水蓄能的功能相同，也就是通过将水泵入高处的人工或天然的盆地中来获得电力。

我们想一想希腊的那些多山的岛屿，这些岛屿都可以通过风能完全满足它们自己的能源和水源供应：风力所生产的电力满足居民的直接需求、支持海水淡化厂的运作，以及将这些水泵入储存洞中。后者又反过来执行三个功能：居民用水、农业灌溉以及为风力发电设备补给供电。再加上与太阳能电池板和生物燃料结合——这两者可通过灌溉农业和食品残余获取——一个岛屿就能做到能源自给自足。只需一次性安装，就不再需要岛上的人再支付任何能源费用了。

在自然岛屿上这种能源自主是可行的，它适用于所有的岛屿结构，即使要把规模扩大很多。挪威有许多大坝水力发电站，因此其电力需求将得到充分保障。有了跨国电网，国内生产的电力还可以出口；而因此出现的国内需求缺口就要以天然气发电厂来满足。但挪威为什么不在风力富足的峡湾地区使用风力发电呢？只有通过风力和水力的结合，才能建设一个有足够的水力、发达的电网且功能完备的电力供应系统。除了阿尔卑斯山区的斯堪的纳维亚地区和巴尔干地区之外，欧洲许多大的地区都可以采取这种方式。同样可以采取这种方式的国家和地区还有巴西、中国、加拿大、乌克兰、日本、中亚以及俄罗斯、印度和美国的大部分地区，即使这些地区并没有采取过其他可行的可再生能源应用方式。中国拥有约 20 万兆瓦的火电站和 10 万兆瓦的大坝水力发电站，并且目前正在计划建设一个 7 万兆瓦的水力发电站、一个 15 万兆瓦的火电站和一个 3 万兆瓦的核电站。但中国内陆的大城市有严重的水危机，其重要原因之一就可以追溯到煤矿开采和燃油发电的高耗水，并且因为核电站而进一步加剧。如果用风力发电站取代火电站，并由水电站来平衡储蓄问题，那么短时间内就能实现零排放的电力供应。对于已经安装有大型水电站、有广阔电网的国家来说，这种转型方式快捷有效。只要大坝上的风力和水力互相配合，就能不间断地提供能源。

生物燃料和新的推进技术

目前全球 95%的运输燃料都是由汽油、柴油和煤油（喷气式飞机使用航空煤油）组成。无论是对陆上、空中还是水中的交通工具或固定形式的用途来说，发动机技术几乎将近一个世纪以来，都主要集中在以石油衍生物驱动的内燃机上。由于缺乏其他驱动技术，别的方式始终没有出现。20 世纪初诞生了电动发动机，它拥有与内燃机相同的性能，于是人们也使用了几十年，如欧宝闪电轻型卡车（Opel Blitz）和与电线相连接的城市汽车系统（O- 巴士）。亨利 · 福特所设想的“人人都能买得起的汽车”也是用生物酒精驱动的。“二战”期间德国被迫使用木材气化发动机这一事实也证实了石油是可以被其他燃料所替代的；苏联红军也使用过以纯植物油作为燃料的越野车。由德国汽车工程师路德维希 · 埃尔斯贝特（Ludwig Elsbett）发明的用纯植物油驱动的柴油发动机也已经存在了几十年，只不过还没有汽车制造商生产出来而已。

于是最后固定下来的是石油在燃料中的决定性地位，因为当时石油的价格非常便宜，别的燃料都不是它的对手，其结果则是20世纪前几十年间，石油压制了其他选择。石油经济也决定了与自身相符合的驱动技术。它扩张到世界上每一个角落，把持了独一无二的全球垄断地位，因此它也很容易控制燃料市场。如果没有燃料供应，整个汽车工业就一辆车都卖不出去，汽车工业也只能在集中石油燃料的基础上发展自己的发动机技术了。就连环境政策也必须依赖石油来确立燃料质量优化的标准，并在将来减少有害物质的排放。总之，一切都建立在生化燃料这一垄断的固定结构之上。

生物燃料的问题不仅在于产量不足，因而无法吸引汽车工业为其提供适用的发动机（巴西和美国的部分地区除外）；它的困难更在于，只要各种不同的生物燃料——植物油、生物酒精、生物甲烷、生物甲醇以及太阳燃料等——都需要特定的驱动技术，汽车工业就不会对它们有太大兴趣。汽车工业从整个生产链出发进行考虑，可能是因为这涉及知名的交通工具想要保护自己的品牌。在德国，只有当柴油驱动的交通工具完全被酯化的植物油驱动的交通工具所取代时，柴油的品牌才会为人们所淡忘。另一个障碍来自于矿物石油工业，它看到自己作为供应者的垄断地位受到生物燃料的威胁，因此想要尽可能长久地牵制住生物燃料。此外还有一个障碍是社会性的，并延伸到了环保运动领域，也就是这样一种观念，认为生物质的扩建会带来食品生产和自然储备方面的竞争，并且有可能加剧农业种植的单一化趋势。矿物石油产业的从业者假惺惺地提出这些担忧——但他们却放任全世界的农业生产受到石油类化肥和杀虫剂的破坏、放任不断增加的生化能源供应给生态环境带来的压力。

最大的障碍在于价格。但价格障碍却可以很快地扫除：例如在德国、瑞典、西班牙和瑞士，最近就实行对生物燃料免税。因此目前生物燃料的价格已经低于生化燃料。这当然会让国家减少一部分税收收入，但生物燃料产业所新增的就业岗位却能让国家在别处增加税收以弥补损失，而且还能节省之前由于失业而产生的社会再分配的开支，社会环境也会因为就业效应而变得更稳定。大型种植场不再盲目追求产量增加，而是代之以多元种植模式并充分利用各种农业原产品，通过这样的生产和营销理念，人们才会打消对于生态的疑虑。此外我们还有必要讨论一下生态危机的层次结构，这一点我会在本书第二章作深入探讨。有了相关的技术动力，上述电动汽车和燃料市场领域所面临的三种障碍就能被克服，而这样的技术动力需要像发动机生产的范式一样，来一次彻底转向。我们必须将发动机的研发建立在多种燃料并且灵活地加以混合应用的基础之上，而不是像之前几十年那样将它束缚于单一的燃料。

“弹性燃料”汽车就属于必需的新推动技术范畴，其开发者为巴西最大的汽车制造商，而成本从 2004 年起就没有再增加了。它的关键技术就是多重混合燃料马达。其中生物酒精所占的比重已经达到 85%，想要达到 100%，从技术上讲也已经完全有可能了。电动汽车的燃料混合比例日新月异；汽车上的表盘会显示每一次的混合比例。即使以生化原料为主的加油站不提供生物酒精，人们也能在专门的供应商那里买到。因此矿物石油产业就失去了它的垄断地位。为了不失去更多的市场份额，传统的能源供应商也会自发地开始提供多样化的燃料。例如埃尔斯贝特发动机公司（Elsbett-Motor）就选择了这种灵活的燃料模式，它现在除了使用柴油之外，也开始使用纯植物油。德国化学工程师博德 · 沃尔夫 (Bodo Wolf) 和他的科林公司 (CHOREN) 所研制的“阳光燃料”就与迄今为止汽车产业的燃料范式背道而驰，阳光燃料的使用方法是用高温将固态的生物质气化，以便从中获得性能堪比柴油的新燃料。然而，如果整个行业都僵化地使用某一单一的燃料，即使它来自于生物质，那么这对汽车工业来说也是一个错误的决定。

为了不强行限定全世界所有地区都只能使用生物燃料，未来的希望在于生物燃料与其他燃料的混合。只有生物燃料之路不受发动机技术单向思维的限制，才能在秉持生态接受范围内，发挥出生物燃料的巨大潜力；汽车工业才会如火如荼地继续发展下去。这一过程可通过引进混合动力驱动技术而加速发展，而混合动力驱动的所需能量则可以通过汽车自己发电而逐步降低。

国民经济优势

传统能源经济认为自己具有某种不可或缺的政治、经济和社会方面的特殊地位。借此它不仅建立起了权力方面的垄断，而且还建立了交易方面的垄断。但是，并非只有能源经济才能着手投资能源供给。在高度集中和互相紧密关联的传统能源经济结构中，我们很难想象可再生能源的启动和贯彻能够得到融资方面的支持。没有一家公司愿意承担销售额下降和资本损失的风险。但我们却必须接受这样的事实，因为这是所有结构转型都必须付出的代价。对于分布式的可再生能源来说，没有交易和投资垄断。因此可再生能源的运转拥有许多潜在的投资者，以及无穷的资金来源。

相反的观点认为，引入可再生能源在经济上是个沉重的负担。但这种说法把单一产业部门的负担和整个国民经济的负担、一时的负担和长期的负担混为一谈了。当然，对于能源经济来说，转向可再生能源是一种负担，转型越顺利越全面，他们的负担就越大。这一前景对于很多参与者，尤其是初级能源经济领域内的参与者来说是性命攸关的事情。对于能源消费者来说，也可能有一些短暂的负担。但逃避这个暂时的负担，却意味着以后会付出更大的代价，因为世界能源危机最终不会放过任何人。相反，全面地从经济学上看来，转向可再生能源无疑是一个巨大的机会。为了理解这一点，我们必须从局部观察整体，而不是从整体观察局部。

可再生能源的国民经济优势在于：

- 满足国内需求，并且通过避免能源进口而节约外汇，改善国际收支平衡；
- 用没有成本的初级能源代替有成本的商业燃料，也就是说，依靠技术消除燃料成本，以及借此能够通过生产发电设备而增加就业岗位。相较于无法分布广阔的大型发电站来说，分布式设备的生产几乎在所有国家都是可行的；
- 通过在能源使用地当地进行地区化生产，避免电网等基础设施建设成本；
- 通过在建筑中开发太阳能和生物质供电，开展手工业和农业的发展，这对于中小型企业的平稳发展很有好处，并能够对地区性的经济结构起到促进作用；
- 通过形成分布式的企业形式，广泛分散所有权分布；
- 避免生态破坏产生的成本，降低健康成本和灾难事故救济和补偿的成本；
- 避免国际安全成本。

等待戈多：固步自封的原子—生化能源系统

这些沿袭至今的能源系统有一些执行者，他们很有可能像之前一样继续操作能源系统。他们的地位是无与伦比的，一切都掌控在他们手中。就像他们已经深刻认识到的那样，没有生化能源经济，大概也就没有两百年工业社会的发展，经济和社会也会萎缩。对于经济学家艾尔玛·阿尔瓦特（Elmar Altvater）来说，实际上工业时期的生化特征比“泰勒式”或者“福特式”这些描绘词语更为精确[45]。虽然说近30年已被社会学家宣告为“后工业时期”，并且已经被人们称为“经济的去物质化”时代，抑或是“信息时代”、“数码时代”了，但更有甚者，生化时期声称自己在过去的30年间仍然强盛，而且能源系统的发言者也预先宣告了人们还会进一步消耗生化能源。

假若詹姆斯·瓦特发明的不是以煤炭作为能源供给者的蒸汽机，而是以太阳抛物面镜作为驱动的蒸汽机，那么过去两个世纪的历史发展又会怎样进行呢？约一百年之后的1878年，法国人奥古斯丹·穆修（Augustin Mouchot）在巴黎世界博览会上展示了以凹透镜吸收太阳热能作为驱动的蒸汽机。这个机器在当时造成了轰动，引起了人们极大的兴趣，尤其是其时法国正好煤炭供应紧缺。不过后来随即出现了新的煤炭生产技术，煤炭紧缺便也过去了。穆修被忘记了，同样被忘记的还有他1869年出版的著作《太阳热能及其工业应用》(*Die Sonnenwärme und ihre industriellen Anwendungen*)；他的太阳能蒸汽机现在还在巴黎的工业博物馆[46]。虽然当时并没有像现在这样吹毛求疵地要求一门新技术从一开始就要“取得成功”，这个发明最终还是没能被采用。然而人们如此难以放弃19世纪以来就广泛应用在工厂、蒸汽发电站、船舶和火车上的蒸汽机和能源转换器，以至于从煤炭经济以及配套的能源工业的产品和使用中很快形成了一股结构力量。这样的蒸汽机不会轻易停止——只是因为一门更好的技术能以不同的方式满足同样的目的。毋宁说，这个机器充分发挥了它在工业完善中的优势地位以及对抗新发明的政治上的网状影响力。

能源系统也像别的系统一样会自我保护。谁更自信、权力更大，谁的表演就更令人印象深刻。还有什么能比在工业时代（其苦难史很少被提及）的成功史上被认同而传达出更强的自我意识呢？尤其是电力供应商很早就被看作是“世界的新统领”，正如物理学家菲利克斯·奥尔巴赫（Felix Auerbach）在1913年的一篇文章里写的那样[47]。还有列宁的一句名言：共产主义是苏维埃政权加上全国的电力化。在作家维克多·雨果的笔下也能找到这类句子：民主是统一的选举权加上电力。蒸汽机的全能角色最终集中在了电力生产上。直到今天，原子能及生化能源的大型发电站的涡轮机还是在靠蒸汽机推动。第二个关键性的能源转换器是内燃机，它给20世纪的石油经济带来巨大的繁荣，并使之成为世界经济的命脉。

尤其是世界能源需求一直增长，对于这种能源系统的载体来说难以想象的是：能源及其供给一直以来造成更多损耗而不是带来更多用处，而且可再生能源足以取代原子能和生化能源的位置。另外社会也可以不再将现今的能源经济撇开不加以考虑。大多数时候我们可以认为，可再生能源的角色能够满足原子能和生化能源没法再满足的能源需求。反而人们倒是把可再生能源对原子能和生化能源的替代，当成是禁忌避而不谈。因此，这个已经广泛传播的世界能源联合集团的方案在可再生能源的替换面前也毫无畏惧。例如BP和壳牌最近几年在世界舞台上赢得了一片叫好声，并且在可再生能源会议上经常被引用：他们声称，可再生能源能够在2050年之前满足世界能源需求的一半。然而这个预测是基于这样的假设，那就是世界能源需求到那时候已经翻倍了。简而言之也就是说：传统能源供应的核心存储量不会被动摇。壳牌科研部有一位对公众而言并不知名的撰稿人，他曾在公司内部做过一个百分之百使用可再生能源的方案，但显然整个康采恩是不会采纳的。

除开大型水电站之外，可再生能源的领军者并不是采用传统能源的康采恩，而是不走寻常路的地方能源企业、小型技术企业和投资集团。可能有人会反驳，说这是典型的开路者阶段，因为之后那些更强壮更有经验的马儿才能出来。所以在20世纪70年代末期美国兴起的“后撤”就是这样开始的。现在所有人都记住了能源导致的危机，也知道可再生能源触手可及，那么一切就都不一样了吗？尽管有那么多人提反对意见，还是不能打碎阻挡可再生能源发展

表2

	生化	原子能	太阳能	风能	小型水电站
是否本地可用、避免能源进口以节省和改善国际收支平衡	否，或者很有限	否，或者很有限	是	是	如地形合适，是
是否需建设发电站以便新增就业	否，或者很有限	否，或者很有限	是	是	是
避免购买燃料的开支以便提高生产力	否	否	是	是	是
减少能源转换步骤以便提高生产力	否	否	是	是	是
避免基础设施建设的开支（管理、输电、配电）	否	否	是	是，除非海上风电站	是
促进分散式的经济形式发展（农业、手工业）	否	否	是	是	是
通过私人投资促进增长	否	否	是	是	是
避免破坏气候	否	很少	是	是	是
避免损害健康	否	否	是	是	是
水资源保护	否	否	是	是	是
避免安全开支	否	否	是	是	是

相较于原子—生化能源，可再生能源的国民经济优势

大型水电站	潮汐能	太阳热	太阳能供暖和制冷	地热	能源植物	生物残余物
是	是	是	是	是	是	是
否	是	是	是	是	是	是
是	是	是	是	是	否	是
是	是	是	是	是	是	是
否	是	否	是	取决于设备大小	是	是
否	是	否	是	取决于设备大小	是	是
否	取决于设备大小	取决于设备大小	是	取决于设备大小	是	是
是	是	是	是	是	是	是
是	是	是	是	是	取决于现代技术的应用	是
也许	是	是	是	是	取决于种植理念	是
也许	是	是	是	是	是	是

的水泥墙吗？关于大型能源康采恩从现在起能够成为可再生能源的推动力这一点，反对的声音显然比赞同的声音要多。石油开采和生产许可能够一直不断给他们的投资进行回报。输油管道、大型发电站、炼油厂，这些网络能够被加以利用。大型发电站和基础设施的投资都有一个二三十年的投资回收期。每个单项投资都不会同时进行。用于新建设的前期投资的数量几乎和折旧注销的一样大。因此绝不会出现一个既可以把火车停下又可以换车的时间点。最多会出现这种情况，偶然一节车厢刚刚卸下，正好装上另一节车厢。[注]

能源康采恩所公布出来的统计数据和实际情况是两码事。他们只是不肯承认，究竟是什么东西让能源讨论变得如此偏离真实情况。由于资源限制导致的能源危机，这个系统将会继续被打破。人们越多地认识到，这列新的火车再也停不下来，就会有越多的可再生能源发展的缺口出现。但是如果能源康采恩参与进去，人们还是有可能让这列火车最终刹车、掉头或者与别的火车双轨并行。有的能源康采恩是出于公开的立法的原因参与的，因为对可再生能源下全面禁令显然不再能使人信服了。那么一如既往地，可再生能源就将没法及时进行突破。在未来也不能让传统能源系统中出来的担任可再生能源的火车司机的角色，因为假如出现这种情况的话，我们会以为一列龟速的慢车就足够了。

一个坚定的核心在推动原子－生化能源系统的前进。这一点在 2001 年美国国家能源报告中写得非常清楚，这话来自美国副总统切尼的领导班子。他们计划在自然保护区开采石油、大规模挖掘油砂、开采海洋天然气之后生成的甲烷水合物；研发那些可以把现有的储备更好地挖干榨尽的新的煤炭与石油生产技术；建

注：意指能源康采恩不肯放弃使用传统能源，转而生产可再生能源，如同停下一列火车改换另一列；而只是在一个投资项目，如炼油厂、大型电站到使用年限注销后投资一个新的项目，如同卸下一节车厢换上一节新的。

立新的核电站；推动原子氢的开发；把输电线路铺设到数十万里；建立国际能源资源的军事保护[48]。布什政府由于未签署《京都议定书》似乎在国际上受到极大的孤立，但事实上这件事使布什政府受到的孤立比我们印象中要少。2004 年莫斯科原子会议上讨论的内容，很大程度上吻合了布什 / 切尼计划的原子能部分，吻合了俄国、日本、中国、印度的观点，也吻合了欧洲原子能共同体和欧盟委员会的部分成员的立场。布什 / 切尼计划的生化能源部分很大程度上支持了国际能源署的“国际能源展望”以及 2004 年悉尼世界能源会议的声明。至于国际能源资源的军事安全，不仅是美国，还有英国的军事实践都符合了布什 / 切尼报告和欧盟安全策略，而且比我们想象中更接近。

然而在气候威胁的大背景下，这种能源系统自闭的存活试验必须要公开地合法化。这里经常被滥用的关键词是“可持续发展”。悉尼世界能源会议上用 42 句总结发言解释了在 2050 年之前生化能源的增长是一种必然，可持续发展这个概念立马出现了 10 次。非常明显，既定的能源系统已经重新形成了。他们所追求的理念就是，在仍然不向可再生能源转换的前提下，在当今的气候条件下承诺一条出路。他们尝试在气候危机的答案中去占有可再生能源的概念主权。而公开对《京都议定书》的坦白就属于这种尝试。美国政府官方表态拒绝签署《京都议定书》，妨碍了美国政府的立场。他们反对促进可再生能源发展的理念是：强调支持天然气、“清洁煤”的发电站、大规模的氢理念，以及用更确切和更谨慎的表达来说，是为了原子能的复兴。所有这些理念都与可再生能源所能提供的可能性沾不上边。为其辩护的人就好像是萨缪尔·贝克特（Samuel Beckett）的戏剧作品《等待戈多》里的人物形象：弗拉基米尔和埃斯特拉贡，他们在逝去的时光里徒劳地等待着某个人，某个他们不认识、也极可能根本不存在的人。

天然气作为可再生能源的过渡桥梁?

21世纪上半叶石油储存量已经走向枯竭的消息已经到处流传开来。反对这种说法的声音也越来越轻了。目前在经济上非常有吸引力的东西，当然会随着新的技术源源不断地从地下挖出来。然而能轻松开采到的石油储存会变得越来越紧缺从而越来越贵。这些越来越贵的也就是“非传统的”石油储存为：北极油、深海油甚至油砂和油页岩中的石油。50年前北海油还被看作是“非传统的”石油。由于这些储存并不能被看作是利于气候的，所以人们说得更多的是天然气，就好像天然气是可再生能源一样。天然气的燃烧很少直接造成环境负担，因此也一直列于许多环境政治家和科学家的优先名单之上。天然气甚至被表扬是过渡到太阳能氢时代的“桥梁”，是可再生能源的天然伙伴：今天的天然气网络就是明天的氢网络，因为现在暂时已经确定，氢就是天然气的下一步。并且，未来的氢生产中心能够正好布置在现在的天然气输入管道的地方。只有这样才能确保可再生能源的未来——这样的未来极有可能看上去不一样。

天然气在大城市里比其他生化能源更得到偏爱，这是可以理解的。天然气显著地减少了目前的大气污染。自从新德里的公交系统全部更换成了天然气之后，人们可以看出来、感受到，也可以闻到这种变化。另外，天然气也非常适用于热电联产，大型发电站的效率比煤炭和石油发电站大多了，并且建造费用更低、时间还更短。但这并不意味着我们有权排斥重大问题，这些重大问题将其生态和经济的优势都弱化、消除了。首先几乎在所有的天然气讨论中，人们都对气候威胁避而不谈，虽然已经得到公认的事实是，一个天然气分子对环境变化的影响是一个二氧化碳分子的20到30倍。而且天然气开采和运输过程中会排放出浓缩的甲烷，具体数量还不清楚，可能也没人调查过。许多人说，由于管道泄漏，从俄罗斯的天然气网，这个欧洲三分之一的天然气供给来源中溢出了数量巨大的甲烷。乌珀塔尔（Wuppertal）研究所在一份调查中为德国最大的天然气供应商鲁尔天然气（Ruhrgas）反驳了这一观点[49]。但是他们肯定没有去检查过几千公里的天然气管道。既不能被证实也不能被否定的是，甲烷对这几年剧烈的气候变化做出的“贡献”可能比我们想象的还要大。

当我们谈论到天然气的效益时，必须要考虑到在运输过程中的能源损耗，比如许多抽水蓄能式水电站的损耗。当天然气不是通过管道运输，而是必须以液体的形式（液体天然气，LNG）通过船来运输的时候，损耗可能会更大。因为天然气在零下160℃才能被冷却。使用液体天然气的趋势还在增长，因为长距离的管道开支只在“大区域”里开采时才合算。而液体天然气的运输可能性实际上更灵活，其开采和消耗量越大，它就越重要。正如朱利安·达利(Julian Darley)在他出版的书《天然气的全盛时期》(*High Noon für Natural Gas*)中写到的[50]，天然气也有走向末路的一天，其节奏可能差不多与石油相同。天然气会多快走向末路（以及如果要花钱请专家发表不同意见需要多贵），可以从美国的例子中看出来。从20世纪90年代中期开始，美国就实现了大型天然气发电站达到220 000兆瓦的总功率，但如今却面临一个问题，那就是想要全面利用这样的总功率，却已经没有足够的天然气了。

绝大部分拥有着巨大天然气储存的国家和地区同拥有石油储存的国家地区受到同样的限制。这些国家基本上包括北非国家埃及、阿尔及利亚、利比亚、尼日利亚，俄罗斯高加索地区，还有中东国家伊朗、海湾国家卡塔尔。天然气生产率已经降低了三分之二，因此越来越多的国家开始对俄罗斯及中东地区国家本身就已不足的能源潜能产生兴趣：除了欧盟之外，还有美国、日本、中国、韩国和印度。聚焦在天然气上的能源投资，与所期望的报价是非常不一致的。这项在 2030 年前 16 万亿美元的投资按照国际能源机构所规定的比例来说是过分超量的。我们没法知道，到 2025 年，当世界的天然气需求从目前每年 2 000 亿立方米提升到每年 3 000 亿立方米时，我们应该怎样做才能满足这样的需求。

甚至人们对参与可能会带来危险的环境冒险会更感兴趣，障碍可能会减少：例如从海底开采天然气水合物，正如汉斯·舒（Hans Schuh）在《时代》杂志（*Zeit*）中的一篇文章中写到的[51]，这是"从冰里取火"。这种水合物来源于藻类和浮游生物的腐化。在高水压和严寒中这些潜在的能源绝大部分经过长时间之后会转化成天然气水合物，堆积在海底，而不是从海底升起进入大气中。1 升天然气水合物中包含 164 升甲烷气体。据估计，在深海和阿拉斯加、加拿大或者西伯利亚的多年冻土区的天然气总量相当于 12 万亿吨煤炭，也是所有的石油、天然气或者煤炭储存量的两倍。这简直让人难以置信。如地球物理学家埃里克斯·米尔科夫（Alexei Milkov）在《地球科学评论》（*Earth-Science Reviews*）中所说，谨慎地估计，"只有"25 000 亿吨中的 5 000 亿吨[52]。也许应该及时醒醒，别再沉迷于天然气水合物中了，因为这样的开采所带来的危险是不可估量的。

天然气水合物大都位于上千米深的海底，而且承担着稳定大陆斜坡的功能。这些水合物一旦被开采，伴随着海啸的深海山地滑坡将导致难以想象的危险。地球物理学家猜测，大约 8 000 年前，冰岛和格陵兰岛之间由于海水变暖导致了甲烷水合物的释放，破坏了超过 5 600 立方公里的大陆架（"斯托雷噶滑坡"）。挪威峡湾就是这样形成的。由此我们可以想象，这股潮水释放了多大的力量。天然气水合物至少会扩大世界气候的威胁：

−无论是开采海里还是冻土层中的天然气水合物，都无法控制其对周围环境的影响，并且会导致甲烷急剧增多，然后排放到大气中；

- 二氧化碳的排放所导致的海水变暖总归能够导致墨西哥湾海水的可怕的改向，它所招来的后果是引发海啸，尤其是在经常发生海啸的地方。

尽管如此，我们还是狂热地致力于天然气水合物的开采技术，矿物油康采恩和公共资金都在资助这项工作。国际水合物能源（Hydrate Energy International）对墨西哥湾的态度是积极的。如今俄罗斯国家收入中有20%来源于天然气出售，一旦其传统天然气储存不再能满足今后国际上的天然气需求，俄罗斯又将怎样行动呢？俄罗斯难道会抑制自己在西伯利亚冻土层或者太平洋沿岸的天然气水合物的开采权？

零排放煤炭发电站？

据对估计的储存量与目前的年度能源消耗关系的统计情况，在生化能源中，煤炭最多能满足使用需求的年限是约170年。由于煤炭的燃烧产生的排放量也是最高的，因此在巨大的气候政治压力下，除了把发电站本身不太可能提高的效率提高之外，人们还提出了“清洁煤”这样的生存口号。

为了让煤炭变得“清洁”，就要回到在天然气开采中已经实践过了的二氧化碳分离。正如在天然气开采中运转的那样，挪威国家石油公司（Statoil）的例子表明：在北海所开采的天然气二氧化碳含量为9%，销售时必须降到2.5%。多余的二氧化碳将被分离出来，用泵打入海底800米以下的盐层里。配套设备已经花了3.5亿欧元。石油公司用这种方式省下了挪威国家征收的二氧化碳税。只要天然气开采还存在，这种操作方式就是有意义的而且相对容易操作的。正如一直在实践的那样，集中放置被分离出来的二氧化碳毕竟比向大气中排放更好一点。在上述情况下，多余的二氧化碳也被引入来源附近的沉积点位置。

实际上二氧化碳零排放发电站的情况更复杂。在这种情况下必须要通过管道把分离出来和净化过的二氧化碳带到岩层去，例如一些盐洞。要安全存储必须要确保这里的二氧化碳历经千年而无泄漏。首先要避免的是，大量二氧化碳不能突然漏出。其他可设想的方法是，消耗极高的冷却能源来液化二氧化碳，然后通过海上的油轮把二氧化碳打进深海里，这样可以让它自己溶解。然而这样也会产生危险，有可能对海洋生态系统造成无可估量的破坏。布拉德·赛贝尔(Brad Seibel)和帕特里克·瓦尔席(Patrick Walsh)在《科学》杂志(*Science*)里这样警告：二氧化碳会改变深海海水的酸度，这种酸度会对海洋里的有机物产生不好的作用[53]。

二氧化碳零排放发电站意味着在某种情况下，让煤炭使用的能源链条延长更多的环节。这类成本一直以来都比前面提到的天然气的例子更高。2003年，德国联邦政府的可持续发展委员会呈递了一份“现代煤政策”的指导方针，还提出了很多研究建议和发展要求。预测离析二氧化碳和加压（“封存”）的费用在“每吨二氧化碳20到60欧元以上，超过提高能源效率的措施的价格、许可价格和可再生能源的价格”。因为二氧化碳零排放的发电站在2020年之前技术上还不够充分，因此在此之前，煤炭发电站减少二氧化碳的效率潜能将会继续被充分利用，排放交易的许可费也会相应地往上涨。因此二氧化碳加压在“经济上”能够起作用，并且激励那些不愿意采取气候保护措施的地区采取一些措施[54]。

在可持续发展委员会主办的国际会议上，会议主席沃尔克·豪夫（Volker Hauff）在文章《发电革新技术——通往二氧化碳零排放的煤炭和天然气发电站之路》（*Innovative Technologien* *zur Stromerzeugung – auf dem Weg zu CO_2- freien Kohle- und Gaskraftwerken*）中说道："世界能源饥荒在增长，尤其是在那些拥有大量二氧化碳密集型载体即煤炭储存的发展中国家和新工业国家。他们不会放弃动用这些资源。谁又怪得了他们？"[55] 正确的问题应该是：为什么他们不应该放弃这个"从 2020 年开始可永久使用的二氧化碳零排放发电站"？仅仅只因为一个国家有足够多的煤炭存储量，新的煤炭发电站就是合理的吗？只要人们开始开采一种资源，到最后这些资源不都会被完全用完吗？相比可再生资源，只要二氧化碳有成本低的"经济原因"，那么人们还是会接受它的。可持续发展委员会的报告委婉但足够清楚地承认，这个原因不再存在了：就所引用的句子来看，如今二氧化碳零排放发电站所花的费用已经比可再生能源高了。如果现在可再生能源就比假设中的二氧化碳零排放发电站划算的话，那么在 2020 年的时候它就会更划算。尽管如此，人们如今决定用煤炭发电站而不是可再生能源也"怪不了别人"？尤其是后者也能带来其他的生态和经济上的利益，例如大量节约水使用量和水循环的重新建立。

据卢安武（Amory Lovins）所指出的，要避免二氧化碳的排放，唯一现实的可能性就是：从煤中制造氢[56]，在矿山所在地将煤矿中的氢成分分离出来，而非让它与煤一起燃烧掉，之后要么贮存，要么用来当固定的工业原材料。然而这样的开始方案也要考虑到可再生燃料是否有我们之前所提到的各种可能性，而且也要取决于氢的导出。但这个方案仍然比可持续发展委员会一直推荐的零排放煤炭发电站更实际一点。

尽管可持续发展委员会承认可再生能源的好处也推荐它，但是他们还是同意让现存的能源系统尝试生存下来，尽管这种尝试已经没有道理可言了。他强调了他说法的正面结果。可能是：即使已经有二氧化碳零排放的发电站了，可再生能源还是会更经济一点；因为它能带来附加的生态利益，这一点是首要并在利益方面值得向每个国家推荐的。

氢经济？

最近数不清的“专家”都热衷于认为氢的使用会是解决所有能源问题的最优选择。大部分人自动地把氢跟可再生能源联系在一起，以此设想出“太阳能的氢”。就在最近，关于氢的讨论掀起了一股热潮。杰里米·里夫金(Jeremy Rifkin)出版了他的著作《氢革命》（*Die H2-Revolution*）[57]。欧盟委员会 1999 – 2004 年间在任的主席罗马诺 · 普罗迪（Romano Prodi）在 2003 年 6 月布鲁塞尔召开的氢经济会议上解释道：“氢是能源改革的中心点。”他又补充了一些没那么自夸的话：“理性的解决办法可能是坚决转向可再生能源，前提是我们可以提供氢的储存方法。”对此氢就是最好的选择[58]。氢并不是初级能源。它存在于水、生化能源和植物中。氢以及氧可以通过电解水分离出来，或者通过分离生化能源或者植物。而分离出氢也总是要消耗能源的。如果用可再生能源处理的话，其过程是零排放的；如果运用原子能或生化能源，仅仅会导致排放物在空间位置上的变化。

然而并没有充分的理由，以一种次级能源给一个时代命名，并且可以预见，这种能源既不能也不会扮演它所应当承担的角色。假如氢要从可再生能源中取得，那么可再生能源本身就可以扮演主角了。每一种不绕氢的弯路投入使用的可再生能源，都将以有效热能、以电、以燃料的方式直接投入使用。只有一部分有效使用的可再生能源确实无法立刻投入使用而需要被储存起来。正如我们看见的，氢绝不是唯一的存储可能性，而是很多种之一，而且在这些方式之中氢并不总是最有经济魅力和最有效益的。因此使用“氢时代”这个大概念并不合适，因为氢已不再能作为可再生能源发展的功臣了。在这个时代里，通过可再生能源生产出来的氢能扮演或大或小的角色，那么我们应该可以根据实际担负能源基础的能源为之命名：对于整个未来的文明史来说，现在应该算是一个太阳能时代。

哪儿流行了一个概念，哪儿就少不了一些半吊子的加入，他们总想从这个概念中开发点新的东西。比如他们建议为石油或沼气中的氢辩护，或者是赞成从生物发电站和水力发电站来提取氢。可是要把一种已经储存好的并能持续供给的能源再一次转换成另一种能源，这从系统上来说完全就是胡闹。存储并不是目的本身。或许这样说更清晰一点，人们一直草率地忽视了氢的实际供给问题，也许是尽可能地不顾现实情况而只去考虑遥远的未来，并且放弃推动目前的能源转型。

用唯一不自欺欺人的方法从可再生能源里面制造氢，首先需要的是电。假若电也需要通过很远的距离运输的话，例如从撒哈拉沙漠或者海岸的风电站，运输到氢生产地，那可能最起码产生10%的能源损耗。在已有的电解氢中，电将水中的氢和氧分开了。以今天的转换水平预期会产生35%的能源损耗。如果氢需要以提纯的形式供给能源，那么就必须被液化或者以特殊的压力加以压缩。这两种方法都只能在以后的转换阶段实现。液化需要-253℃的温度，在小装置里会导致50%的能源损耗，在大的装置里也会有30%的氢丢失。而用200巴压缩氢意味着8%的损耗，800巴时有13%。

把氢运输到能源消耗地不仅需要一个单独的基础设施，还会附加进一步的能源损耗，要么是运输工具所带来的能源消耗，要么是液态氢在管线或者运输船上的挥发，这么长距离带来的能源损耗累积可达20%～30%。要是运输之后再转注入加油站，就会产生更多的能源损耗，而且在燃料电池中的氢转化为电的过程中会再一次产生损耗。在最佳的情况下，原先存储进去的电力里也大概只有其中的20%～25%可以最终转化为新的电重新输出，而如果用的是液化氢，这一比例还会更小。出于这种原因，欧洲燃料电池论坛的组织者乌尔夫·博赛尔（Ulf Bossel）谈及“氢幻想”时，以及迪克·阿森多夫（Dirk Asendorpf）在《时代》杂志中都这样说，“国家元首和经济空想家”都对氢很热衷，但从物理的角度看，这样的开端是“纯粹的能源浪费”[59]。罗伯特·谢伟思（Robert Service）在美国科学杂志《科学》中提到，这个方案一开始就是被鼓吹起来的，没有经过深思熟虑。他批评了刚刚才为此挥掷了几十亿美元的美国和日本政府以及欧盟委员会[60]。

氢的运用领域之一在于储存这些可再生能源，毕竟可再生能源不能被储存起来供给发电，或者不能以更便宜的方式来存储。在尽量只进行初级能源转化、并且尽可能不要求建设新的基础设施的条件下，氢确实是一种特殊可行的储存方式。然而氢必须尽可能直接从技术和空间上与可再生能源的装置相连接：也就是说，在这种条件下生产出来的氢，来自于富余的太阳能或者风电，也会再次转化成电的形式。有趣的是，从生物中也可以获取这种氢，如从植物中的碳化氢中分离氢；大部分人自动地把氢跟可再生能源联系在一起，以此设想出“太阳能的氢”[61]。

燃料是讨论中另一个最重要的运用领域。但只有在极其苛刻的条件下生产出来的氢才适用于燃料。这个运用领域是不绕弯路将氢就地合成为上文所述的“太阳燃料”。在电解之后将不再产生进一步的能源损耗，也不再需要附加的基础设施。因此生物燃料的供给会扩大。另外作为“纯燃料”必须要依照进一步的转化和避免运输的方针，这个指导方针只适用于船队或供应于一些特殊领域。如氢作为飞机燃料从机场就地通过太阳能或风能发电站制造，然后装进贮氢库并直接为飞机使用。

能够正确理解氢、也就是对氢进行系统分析和观察的人，必然会得出一个结论，那就是：要极度集中式生产氢并进行远距离运输，这样的概念纯属空想。正如卢安武推荐的那样[62]，人们要么分布式地生产和使用氢，要么接下来对那些能源经济利益集团来说就是完全的失败，他们在其中看见了避免调整能源供给结构的机会：氢能拯救传统的大型结构的能源经济。如今如果有人只谈论伟大的氢的前景，而同时对太阳能和风能发电的即刻扩建避而不谈的话，那么他只可能有三种动机：

- 他们认为氢是好的，但对相关信息的了解还不充分，或者是他想得太简单了；
- 他们想拖延传统能源系统的所有变革，在几十年之内安抚社会敷衍民众；
- 他们计划用核电制造氢，但不想公开承认。

最近数不清的关于氢和燃料电池的会议大多首先服务于以上最后一个动机：要利用氢的吸引力和对氢的普遍好感再次推动原子能。氢被作为未来的选项描绘得越令人激动，太阳能和风电的建设被成功地拖延得越久，具有环保意识和爱动脑筋的公众也就会更迅速地洞察到这一点：核氢是绕不过的。因此目前许多人给氢投的赞成票就有了支持核的作用。工业国家的领导人唯一公开发表言论并明白处理了这件事的，是在这方面有着"诚实的外表"的乔治·布什。他的17亿美元的氢项目表示是明确服务于核氢的，他为核氢的开发转移了投入在可再生能源里的研究预算。氢运动是由传统的原子能和石油游说者主导的，正如鲁道夫·瑞克斯坦格（Rudolf Rechsteiner）提及的，他们"为了达成自己的目的而绑架了氢"[63]。

这句话不仅适用于美国，也适用于欧盟。罗马诺·普罗迪

（Romano Prodi）在提倡可再生能源的“氢经济”的欧盟会议上的加入，只是表面上掩盖住了问题。会议以一个非常有前途的标题“未来的视野”认可了被欧盟委员会任命的“氢与燃料电池高水平团体”。其中涉及到可再生能源是氢制造的最重要来源。档案更具体的地方是提到“零碳氢”，其中就包括核氢。这个论断说，到2020年所有新的运输工具中将会有5%是以氢驱动的，2030年将会是25%，2040年达到35%。首先他们推荐将“改进核能”投入到氢制造中去，从2040年起使之成为“新核能”。在2020－2030年间将会形成一条遍及各处的网状管线设施专门供氢的传输。欧盟委员会为此已经提供了12亿美元。

欧盟的理念与布什政府的理念有多相似，2003年6月在华盛顿商定的一项与氢经济（氢经济国际合作伙伴计划IPHE）的国际合作中也体现出来了。达成合作的有美国、英国、德国、法国和意大利政府，还有巴西、中国、印度、日本和俄国。核氢在行动清单中完全得到统一肯定，只是在欧洲比在美国和日本更少提及。如果我们仔细观察这个欧盟的“高水平团体”的构成，就会发现他们代表的是19个成员国和14家企业的利益，其中有明确积极支持原子能的汽车公司、矿物油康采恩、电力康采恩、技术康采恩，还有意大利核物理学家诺贝尔奖获得者卡罗·鲁比亚（Carlo Rubbia）以及法国原子研究中心（CEA），然而却没有来自可再生能源领域的科学家、研究机构和企业。时任欧盟委员菲利普·比斯坎（Philippe Busquin）在一家杂志《核经济》（*Atomwirtschaft*）采访时解释道，人们将在“很长一段时间内”使用高温反应器（HTR）来制造氢，也就是用一种热化学方法来代替电解[64]。IAEA也参与了这个项目。

当然并不是所有参与组成“氢共同体”的成员都有意走后门以让原子能复兴。这个“高水平”的概念明确追求的是集中化生产氢。“原子能共同体”一直以同样的观点要实现他们的想法，他们说根本就不能从可再生能源中生产出足够的电。这个共同体一向惯于为自己的项目投入数十亿美元的公共资金，却没有做出什么成果，而只是在浪费金钱。他们通过把自己扮成氢的潜在的制造者，期望具有环保意识的公众反对原子能的声音能少一点儿。因此，对许多还没有注意到这一点的人来说，这个共同体就是许多氢会议背后的驱动力，而这对于氢的建设性前景来说是很糟糕的。

原子能复兴？

多年前我与一位著名的原子物理教授在奥地利电视台进行了一场电视辩论，该节目就叫“太阳或者原子”。这位教授并不属于业内那些粉饰原子能风险的人。但他被原子能可能会有进一步发展的说法给说服了，并首先是被原子能的不可或缺性给说服了。生化能源使用的风险目前并不能一下子承担，可再生能源可能并没有足够的使用潜力，不足以满足人们的能源需求。这位教授所做的报告，就是一堆荒诞的偏见，统统都可以用经验事实轻松反驳，例如他宣称，太阳能装置的生产需要的能源比其能源收益更高。这位教授被他极度信任的“学术”材料弄糊涂了。在节目之后他说了一些激动又动人的话：“要是按照他们所说，那我的职业生涯就得结束了。”

在20世纪50年代的时候，几乎整个年轻一代科学家都相信未来会出现物资匮乏，只要确保用“和平使用原子能”来取代原子弹爆炸的危险就可能克服。在第一次核反应之后就会有快中子反应堆出现，快中子反应堆能制造自己的原子燃料。之后随即就会出现核聚变，只要核聚变顺利进行，就可以在任何时候，无限制地为人类，以及所有的时代，提供其所需要的电力——成为地球上的太阳。哲学家恩斯特·布洛赫（Ernst Bloch）在他的书《原理的希望》（*Das Prinzip Hoffnung*）中写道："几百磅的铀和钍已足够让撒哈拉沙漠和戈壁滩消失，让西伯利亚、北加拿大、格林兰岛和南极洲变成里维埃拉（Riviera）。"[65]他没有考虑到，极地融化的这些水会流向哪里。1958 年哲学家卡尔·雅斯贝尔斯（Karl Jaspers）在他的著作《原子弹和人类的未来》（*Die Atombombe und die Zukunft des Menschen*）里写道："当原子不带来毁灭的时候，它才有新的理由存在。"[66]原子能诱导了一种过度的幻觉，即我们最终能够越过所有界限，解决为存在而永远斗争的危机。1954 年发布的《罗素－爱因斯坦宣言》（*Russell-Einstein-Manifest*）由多位著名的人文和自然科学家签名，他们强烈要求放弃使用核武器，其中有这样的话："回忆你的人性并忘掉其他所有。当你能这样做的时候，进入一个新的天堂的路就敞开了，如果不能，那就是所有生命的终结。"现在只能在核地狱或核天堂里选择其一，也许是为了面对核物理在 1945 年的广岛和长崎带来的景象让自己重新回到心理的平衡。原子能的承诺是生产力的无限发展，从而让所有人过上富裕的生活，并且从根本上缩短从必然王国到自由王国的道路。自从自然科学把统治自然为人类服务作为自己的任务以来，就可以在原子能中看到自然科学的伦理职责的完成。人类对自然的统治这个精神传统来自于弗兰西斯·培根的乌托邦小说《新亚特兰蒂斯》（*Nova Atlantis*）。

与原子能共同生活?

如果肆无忌惮地预测的话，与原子能共同生活，可能最后没有什么东西能留下来。由于切尔诺贝利事件，这些猜想已经变成了噩梦。然而该事件之后还是有国家和国际的核工业结构留了下来，这些核工业在为自我保护而斗争，按照 1957 年成立的国际原子能机构、欧洲原子能共同体的水平来看，他们将不会满足于完成原子能进展中的剩余任务。大型原子能研究机构也保留了下来，这些机构不仅位于俄国、日本、法国、中国、印度或者美国，也位于德国（当时有别的名字）。此外还有给原子能研究提供的预算优先权，以及在经济史上绝无先例的特权：即每个国家自己承担大型核事故。因为对私立保险公司来说风险太高了。这样的印象，没有原子能发电站的未来，对于很多人，尤其是对自然科学家和技术工人来说，显得很不真实。因为人们不能抛弃现有的认识，所以原子能是一个不可或缺的事实。因此世界必须学会长时间与原子能共同生活。

关于核武器有如下讨论：正如那些提倡者一样，这也是一个不再能被抹去的事实，因为人们必须要“同炸弹一起生存”。于是就有人尝试给核弹授予和平保障工具的称号。核的威慑力一直被解释成一个伟大的阻止战争的工具，未来人们应该放弃在战争中使用核武器。这个论点的中心论据就是，在意识形态对立的两个超级大国之间的数十年的“冷战”并没有形成激烈的战争，接下来是苏维埃政权的不流血瓦解。而没有人可以证明其反证：没有互相的核威慑也就不会爆发第三次世界大战。因为从一个不存在的事情中，在核武器不减裁的情况下，得不出一个逻辑推论。然而通过这些辩论，我们也尝试着去号召和倡议，取消世界范围内控制下的事后裁核是不合法的。核威慑无论如何不能阻止的是，在 20 世纪下半叶依然爆发了数不清的代理战争[注]。引起的后果就是，历史上史无前例的军备竞赛以及资源的全球错误导向，还有极多的意识形态妖魔化。核武器需要一个基本的敌人。我们是宁愿死掉也不愿接受革命，还是宁愿死掉也不愿接受资本主义？接

注：指发生冲突的两个或多个军事大国之间并不直接发生军事冲突，而是将冲突引入一个或更多个第三国。这些第三国表面上看起来是交战的双方，但其实它们都受到军事大国的幕后控制。

下去还要问，是西方好于伊斯兰，还是反过来？

然而尽管许多人强调核武器也可以有维护和平的作用，但其目的是阻止其他国家发展核武器。这样的政治工具就是在1970年6月1日生效的《核不扩散条约》。这个条约尽可能长期阻止更多核武器国家的形成，从而铺平了一条世界范围内的“和平使用原子能”之路。拥有核武器的国家在这个条约中应该履行裁核义务，但这项义务自此也就再也没有规定更多具体的义务了。没有核武器的国家有义务放弃使用核武器，但是他们同时也有权在核能民用方面得到其他国家的支持。《核不扩散条约》第四条称：“所有缔约国承诺促进并有权参加在最大可能范围内为和平利用核能而交换设备、材料和科学技术情报。有条件参加这种交换的各缔约国还应单独地或会同其他国家或国际组织，在进一步发展为和平目的而应用核能方面，特别是在无核武器的各缔约国领土上发展为和平目的应用核能方面，进行合作以作出贡献，对于世界上发展中地区的需要应给予应有的考虑。”人们应该贯彻一条在军事和民用核武器之间清晰的分界线：一方建立围墙，另一方就扩张。这个条约基于国际原子能机构的工作，应该要在世界范围内被遵守，防止任何生产核武器材料的泄露，警惕无限制支持另一些政府发展核电站项目。

原子能和平使用与军事使用之间交错的分界线

国际原子能机构的历史表明，谈论原子能而对核武器保持沉默是不可能的。因为正如之前所提到的那样，在原子能的军事使用和民用之间保持一条清晰的分界线确实越来越难了。在1990－1991年间的时间转折点，人们根本没抓住这个唯一的机会去尝试世界范围内的全面核裁，冷战的获胜方也没有去尝试一下。他们的理由是，由于核武器制造方式已经在全世界传播，因此全面核裁是不可能的，但这只是借口。毕竟还有一个非法使用化学武器的条约更难执行，因为化学制造比核武器制造有更多的可能性。还在2000年的时候，在纽约的《核不扩散条约》（*NPT*）评论会议上，这个当时还有时间限制的条约就被无限延长了——但也仅仅如此，因为克林顿政府已经解释了他们会结束所有的原子弹实验。这个决心又被克林顿的接班人布什给废除了，他甚至还促进小型核武器的研发。与此同时，新的意识形态的世界冲突以伊斯兰-世界的文化冲突的形式正在酝酿，这增添了伊斯兰国家使用核武器的动机。

核武器之路如今总是越过了民用范围：根据《核不扩散条约》，人们可以掩饰自己的核武器装备，并从中获利。据说在国际军备控制的讨论中，人们总是首先关注国家的潜能问题，而不会去评估当权政府的意图。前者可能是值得信赖的，他们也丝毫没有意图想要把民用的核项目转换成军用项目。但是后者呢？如果后一种政府掌握了核设施军用的技术潜力的话，他们会怎么做？除了五个安理会责任理事国之外，未来的核武器国家算上以色列、印度、巴基斯坦和朝鲜，巴西和伊拉克也差不多是核武器国家了，伊朗很可能在未来的时间内成为核武器国家，它们只需要效仿别的国家所做过的就行了。罗兰·科勒特（Roland Kollert）在他的著作《暗增殖的政治》（*Die Politik der latenten Proliferation*）一书中描写道，“核和平”项目已经成为一场政治骗局，或者自我欺骗。除了美国和苏联之外，还有法国和英国如今都开始拥有核力量，他们在“最后一分钟”才承认核武器过渡到了军事目的。[67]

因此鼓吹原子能复兴已经是一件令人震惊的不负责任的事了。原子能使用的最低前提是国内和国际关系之间的稳定。在世界上多少国家，在哪些世界区域能确保这种稳定，又能长期维持下去？世界环境已经极不稳定了。核历史的尖酸嘲讽绝对能从中体现，20世纪50年代的愿望——对核武器说不，现在却变成了所谓的和平使用——绝对是朝着相反方向走了：核电站越来越少并且最终不会再有，但拥有核装备的国家只会比今天更多。

毫无疑问核物理是要求最高的科学原则。核通往核聚变的路走得越远，对科学和技术的最高效能就越该尊重，因为核聚变必须由效能提供——尤其是尝试将在太阳内部的原子聚变实际照搬到地球上来、在一个封闭的技术系统里完成。这个尽管毫无社会价值的技术奇迹工程，看上去却是难以想象的。这也许就是为什么直到今天，对原子能的批评丝毫也不影响核聚变吧，因为核聚变看上去跟原子能没什么关系。但这也许也正是核物理学家和核机构能够至今不断宣布新核技术的成就和承诺的原因，但没过多久他们就会说没法解决。然而多半是未来现实主义，比已经雄心勃勃的功能适用的可再生能源的未来项目更能证明他们的话。

1993年社会学家乌尔里希·贝克（Ulrich Beck）描写过一种心理主义的作风，即每隔一段时间，他们就尝试推动一次原子能的复兴：也就是说“冒着高风险排除竞争”，促使“风险戏剧”的上演。人们可能“不再能否认核危险——但别的风险可能会更大”。[68] 因此使用原子能又变得比较容易接受了，“情况可能已经成这样了：过去是对手的环境运动，明天就会变成无意的盟友”。在这样的心理背景下，原子能的复兴运动一直在进行，还持续给政治机构和媒体施加压力。该运动的三个特点是：一、承诺将新反应堆的事故风险降到最低；二、气候灾难；三、宣称原子能是生化能源的唯一代替品。

新的反核运动表明了，如果不能公开表明过渡到可再生能源的目标和可能性，那么在公众和政治经济决策层的意识中会有哪些致命的后果。结果就是正如德国《星星》杂志（*Stern*）的作者在2004年6月的一篇文章《回到原子能？》（*Zurück zur*

Atomkraft?）中所作的论断："通过原子能快速解决能源问题根本就是不可能的。原子能过去所带来的问题不会消失，它们所设想的未来的概念也不会渐渐实现——它们只会如承诺的那样运转下去。但永远完全放弃使用原子能又显得过于专断。于是留下来的就只是瘟疫和霍乱：即大气的温室效应和核技术的危险。于是亟需寻找一种治瘟疫和霍乱的药。比赛就这么开始了。"[69] 这篇耸人听闻的文章在"2004 可再生能源"会议之后的两周发表在德国第二大政治杂志上，该杂志在 20 世纪七八十年代正是反核运动的平台。而他还在"寻找"一种治瘟疫和霍乱的药。显然这个会议并没有说服这本杂志，让杂志相信可再生能源就是治瘟疫和霍乱的药。杂志认为这样的劝说本身只是一种敷衍。

危险增长而非减少

原子能在 20 世纪 50 年代得到了广泛的支持，因为当时原子能被作为历史的前景——人类工程——描述得五颜六色。还在 1974 年国际原子能机构就承诺，到 2000 年已经运作的原子能总功率将会达到 445 万兆瓦。那差不多就是现在用来生产全世界电力总功率的两倍了。"原子能共同体"并没有给予什么限制，既没有限制预测数据也没有限制能源输入速度。之后他们不得不一再降低他们的预测。1976 年只有 230 万兆瓦，1978 年只有 80 万兆瓦。然后在 1986 年 4 月 26 日发生了切尔诺贝利事故。实际上今天全世界有 439 座核电站在驱动着大概 30 万兆瓦的总功率，由 32 个国家分摊。至于原子反应堆的"高阶"快中子增殖反应堆，1965 年仅卡尔斯鲁厄的原子研究中心就为德国传送了 8 万兆瓦有效功率，1974 年美国核能局为美国输送了 45 万兆瓦——至 2000 年每年如此。核聚变反应堆也陷入一个永远也实现不了自己推测的循环。1955 年联合国在日内瓦召开原子会议的时候，我们被告知第一个核聚变反应堆在1975年建成。如今50年过去了，我们又被告知要等到2060年。尽管承诺的目标越来越遥遥无期，可是资金却依然大量地且毫无间断地流入。[70]

国际原子能机构的新计划，根据他们在原子能复兴的概论里宣布的，已经比以前的计划保守很多了。这可以通过他们具体的决定和计划证明：在芬兰建一个新的反应堆；法国预计在2007年建成一个新的反应堆并运作60年，这之后所有的原子反应堆都会被更替；届时全世界将会有27个新的核电站建成，其中18个在亚洲；美国将会把102个反应堆中的56个的许可年限从40年延长到60年。

与此同时切尔诺贝利反应堆灾难造成的后果被大事化小了。葛罗·冯·兰道（Gero von Randow）在很有声誉的德国《时代》周报里只报道了45人遇难，“仅有”2000例登记的甲状腺癌症。[71]而且这些数据还来自一些利益相关机构。独立调查如慕尼黑放射机构（München Strahleninstitut）查出包括因绝望而自杀的有70 000名遇难者，同时预计之后还会有上万人因放射性污染而死去。出于将事态最小化的策略他们还故意算错采煤和生化能源排放的受害者。[72]如果长远地来看原子能可能的经济优势，那么就应该注意到这样一件事：原子能带来的经济发展，过去和现在都建立在政治上一级资助和特权机器的基础之上。除了核能燃料免税和免除法律义务，核电站的建造还享受不明数目的优惠贷款和各处投资援助。法国电力集团（EdF）生产的电85%来自核电站，这个电力集团算得上是世界上负债最高的企业，主要是因为“核”。为了研究和发展原子能，经济合作与发展组织成员国政府在20世纪50年代到1973年之间投入了超过1 500亿美元（按今天的价格），而可再生能源一分也没有得到。从国际能源机构公布调查数据之后，他们在1974－1992年之间又投入了1 680亿美元，而给可再生能源投入的仅有220亿美元。欧盟对原子能的大量开发并没有被计算在内，而法国的数据目前都还是保密的。在非经合组织国家的支持下，尤其那些以前的东欧社会主义国家，全世界总的国家资助达到了至少一万亿美元，而在最近30年间投入可再生能源的费用最高仅400亿美元，包括市场流通项目。单在德国，原子能从20世纪50年代起就得到以下资助：研究反应堆的建造约200亿欧元；已失败的项目如快中子增殖反应堆、高温反应堆和再加工设备共90亿欧元；关闭、后退式回采、岩层重组和材料的最终储存共145亿欧元；由免税延期带来的遗失税收约200亿欧元，而这笔资金原本是用来处理核废料的。此外还有难以计数的警力安全措施和给大学研究机构以及研究中心的基础资金。

由于原子能越来越遭到公众的反对，自20世纪70年代中期以来，虽然投入越来越多，原子能的发展仍然越来越慢。从那时起，扩建就越来越难。据估计铀的存储量最多只能再满足60年，这与运转设备的消耗有关，也就是说，其使用年限必然还要对半开。不立即过渡到快中子增殖反应堆，国际原子能机构所计算出来的增长就根本没法实现。快中子增殖反应堆能够让裂变物质扩展到60倍大小。没有增殖反应堆，就根本没有全面的原子能扩建，在SPD代表莱因哈特·郁伯霍斯特（Reinhard Ueberhost）领导下的联邦议院调查委员会在1980年就暗示了这一点。然而增殖反应堆的历史就是一场失败的表演。高成本和易受干扰都让它至今不能投入商业使用。20世纪70年代德国快中子增殖反应堆发电站项目的领头人克劳斯·特劳伯（Klaus Traube）和一位已成名多年的德国核能批评家记录了快中子增殖反应堆野心的失败：

“在经过19年建造时间，鲸吞70亿马克（最初建议的25倍）之后，1972年在德国喀尔卡（Kalkar）开始的3 020兆瓦增殖反应堆于1991年被放弃了。类似的美国计划根本就没有执行。法国、英国和苏联在20世纪70年代投入运转了中等性能的增殖反应堆试例，但是在走向90年代的时候就瘫痪了。在日本的平行计划开工期间，也就是1995年发生了一起严重的事故，自此这些增殖反应堆发电站就都瘫痪了；也不清楚是否还会继续。世界上唯一一个1 200兆瓦增殖反应堆大型发电站‘超级凤凰’(Superphenix) 1986年在法国开工，1997年瘫痪；它在十年服役期间生产的电量只相当于其总功率的7%。剩下的就只有俄国的600兆瓦的增殖反应堆发电站了。此外在80年代中期乌拉尔地区也开始了两个商业用的800兆瓦增殖反应堆，计划在2000年投入使用，但是实际上也被中断了。投入了庞大资金的巨型增殖反应堆比赛的可悲结局终究还是归因于庞大技术难题和对增殖反应堆概念缺乏安全技术保障。这个特点导致一方面成本极高，另一方面连续的失败已经带来了很多灾难性的实验结果。所有大型工业国家40年的发展把这个增殖反应堆概念导向了荒谬的方向。”[73]

反对原子能的未来能力还有六个理由：

- 水问题：反应堆的蒸汽循环和冷却所需的极大用水量正与全世界居民不断增长的用水量相竞争。
- 低效：核电站的余热很难用于热电联产，原因是从中心发电站区远距离传热需要花费高额资金。因此原子能本身就是效率增长可能最低的能源。
- 危险系数高：伴随着“新型战争”的危险[注]，这种战争不是发生在国家之间的，世界性核恐怖主义的危险也增多了。恐怖分子不仅仅可以通过飞行器（还可以使用其他方式）袭击核反应堆。
- 错误的能源经济概念：核电站本身就是特殊的资本密集型投

注：恐怖分子的袭击。

资，因此核电站修建与短期内要回收投资的电力市场自由化相矛盾。

- 最终储存的时间展望：核垃圾必须要安全堆放上十万年。哪个政治系统有能力面对不断增长的社会动荡风险对此进行担保呢？
- 潜伏的放射性污染：没有人能评估放射性物质长期小范围排放到自然和人身上的危险。运转的核电站越多，危险越大。

把核聚变当作最后一根稻草

核聚变的未来前景，即它今后是否还能够继续顺利运转，是没有人能够知道的。反应堆的功能原理是：两个氢原子（重氢和氚）在高温气体中聚变，气体必须被持续几秒加热到1亿摄氏度，也就是“比太阳火焰还高”的温度，核聚变研究者热布罕（Rebhan）曾以此为自己的书命名。[74]点燃甚至需要4亿摄氏度。即使没有产生别的环境威胁，我们也会根据核聚变研究员估计的成本想到：所有核研究员的成本计划最后都在实践中被证明一直是少报了的，对于这样的反应堆的发展和引进没有任何经济上合理的原因。

所以日本的聚变研究声称其结构成本在2 400 ~ 4 800美元每千瓦，价格可能是14 ~ 38美分每千瓦时。[75]后一组数字高于如今德国在风电上的平均成本；前面的数字比南欧的太阳能光伏成本更高。马克斯·普朗克研究所等离子体物理学的负责人和德国核聚变研究所学术带头人亚历山大·布雷肖（Alexander Bradshaw）在德国联邦议院听证会上给出了德国核聚变的成本数据：7 ~ 12欧分每千瓦时。[76]他自然没有同上述日本研究一样提到，反应堆的壁必须每五到八年更换一次，而且更换耗时一到两年。而且这些可能是有放射性的部分，必须作为核垃圾储存。由于长时间的停工又必须要为两个或三个运转的反应堆建造至少一个代反应堆，会让成本快速消耗。

欧盟委员会委托依曼努埃尔·内格罗（Emanuele Negro）起草了一份并非来自核聚变研究员的报告：按 30 年计算，太阳能光伏发电的成本比一个原子裂变反应堆的成本高七倍。他比较的是太阳能光伏发电与核聚变的成本，然而在 2050 年之前，太阳能光伏的成本会一直递减，而在此之前核聚变还不具备理论上的可操作性。他得出的结论是太阳能光伏的成本可以与如今生化电力生产的成本拉平，尽管“据我们所知”核聚变成本是其五倍之高。[77] 这证实了马萨诸塞州技术机构等离子聚变中心的前任代理负责人 M·L·里德斯基（M.L.Lidsky）在二十几年前就已经说过的话：没有人想拥有这些他们自己建造起来的反应堆。[78]

另外，核聚变反应堆可能不会产生环境威胁，这种说法根本就是无稽之谈。在服役期间反应堆内部的材料会有放射性，必须要成本高昂的费用来清除。这种材料同核裂变反应堆的原子燃料棒相反，其有效期约为一百年，而且需要的量明显还要更大。聚变所需要的氚能渗透固定的结构，还能与空气接触形成氚化水，如果进入水循环可能会导致严重的生态破坏。且核聚变反应堆所需要的冷却水量是极大的。出于上述原因，在这种反应堆技术里已经形成了一个趋势，那就是核聚变要在高度集中的生产中心进行运作。人们现在甚至在设想和讨论 5 000 ~ 2 000 000 兆瓦量级的反应堆。

在 1974 – 1998 年间，经济合作与发展组织成员国投入核聚变的全部成本已经达到 283 亿美元。据估计，国际热核聚变实验堆（ITER）计划为测试反应堆的建造成本达到 35 亿美元，这个国际计划预计在 21 世纪 20 年代中期完成。紧接着他们会投入 80 亿美元去兴建示范性反应堆。核聚变研究员被训练得非常称职，也必须专业地进行工作。但当他们谈到可再生能源的时候，他们的意见就不那么专业了。尽管可再生能源其实很久以来就已经达到了很高的生产效率，他们还是指责可再生能源技术上的欠缺在很长一段时间内都无法克服。他们认为发展能承受超过1亿摄氏度的材料很可能会成功，比可再生能源的广泛引入更现实。

如果把核聚变反应堆令人瞠目的技术发展效率和核聚变研究人员对可再生能源的低评做个比较的话，那核聚变好像真是大获全胜了。亚历山大·布雷肖（Alexander Bradshaw）在上文提到的联邦议院意见听取会上提出一个问题：在可再生能源面前，核聚变究竟是不是还有必要？“托钵修会在中世纪盛期的布道主张寻找一种简单和贫穷生活中的幸福，但现在已经很少有人会追随了。”[79] 原子能复兴的先驱一点儿也不缺乏认识力，凭借这一点他们无论如何都能掌握可再生能源的知识。如果他们对此有所准备的话，就一定会以支持核聚变的那种积极态度，集中注意力优化可再生能源的技术。因为他们没有选择可再生能源的道路，所以他们保留下来的仅仅只有对核聚变研究的政治态度。

既定能源系统在作最后的挣扎

今日世界必须做出对于后生化时代的能源供应来说性命攸关的一个决断：选择“太阳的”还是“原子的”。小说家卡尔·阿莫瑞（Carl Amery）将原子能的未来前景称为“魔法学徒的偷懒魔法”。即使没有人提出异议，原子能的未来前景也不乐观。因此与原子能相关的项目就扮演着十分重要的角色：它们为传统的能源系统作为对抗可再生能源转型的有力手段服务，特别是在世界气候问题的背景下。因此大型生化产业对原子能的偏爱已经让他们相信他们能够维持能源权力。如果原子能只以分布式的形式、可再生能源只在大型发电站有用的话，生化能源提供者早就拒绝了前者，而会更偏爱后者作为他们的备选了。

原子能复兴鼓吹者的动机可能是策略性的，或者也是出于纯粹的傲慢。策略上可能是，力争以目前的水平长期维护现状，他们非常清楚原子能的时间慢慢在流逝。为了成功，“原子能共同体”不得不系统地夸大他们的意义并且把备选项贬得一文不值。也许是他们太自负，希望快中子增殖反应堆能够起到合适的作用，在此之前能凭借目前的核技术和最后几吨铀最终到达核聚变的避风港。中间的过渡时间就由生化能源来填补。卡尔·阿莫瑞在与《时代》编辑克里斯蒂安娜·格雷弗（Christiane Grefe）和我的对话［我们当时的出版物标题为《气候转变》（*Klimawechsel*）］中描述了这些愿望：这就类似于一个身无分文的人，坐在餐厅里一道又一道点牡蛎，为了想从牡蛎里找到珍珠，来为自己的饕餮大餐买单。[80] 只要能阻止系统转换到可再生能源，所有的成本都是区区小事。他们的秘密格言是“除了可再生能源其他都好说”。

然而原子－生化能源系统并不能在预计的危险面前保护自己了。尝试阻止可再生能源的实际重新定向几乎注定会失败。技术上使用可再生能源的可能性并不会被长期隐瞒和低估。人们只能一如既往地拦截下去，正如之前一直所做的那样。事情不会一直平静下去，因为既定的能源系统马上面临着衰落，而且很可能将整个社会吞没到深渊里，而发生此事的危险系数太高。

所有社会问题都能通过学术和技术解决，建立在这样一个希望之上的世界图景导致了后者的独立，也造成了这两者之间的分歧。哲学小说家君特·安德斯（Günther Anders）20 世纪 50 年代就在他的文章《人的怀旧》（*Antiquiertheit des Menschen*）中描写过这个现象，那时核技术还未开始发展：“在完美的技术和人类一直都有的缺陷之间存在分歧。这些分歧已经产生多久了，伦理社会学家汉斯·皮特·杜勒（Hans Peter Duerr）在他的五卷本关于《文明进程的谜团》（*Mythos vom Zivilisationsprozess*）的著作中已经讨论过了。”[81] 没人能保证文明的步伐一直向前，倒退到远古的危险一直存在。没有什么比一眼看上去就对立的当代主要矛盾更能证明这一点：自然科学知识的洪水已经不能阻止人类以全球规模持续对自然造成人为的破坏了。君特·安德斯认为，人类的“普罗米修斯之耻”以面对技术生产不断增长的无力感的形式存在着。人们相信技术更胜于相信自己，人们培养了一种对技术的无所不能的无限制的信任。人们“就是个把头埋在技术沙子里的鸵鸟”并且屈服于技术的力量。[82]问题已经不再是应该如何有意识地选择哪种技术或者是否停止那些重复的技术，而涉及到如何通过继续发展来调整和重新确定技术。

如果自然的、社会的和经济的循环反对某一事物的线性发展，以至于它不再继续回馈、也无法自我调节的时候，这种发展就会停滞下来。如果一个系统是强有力的，那么它自己就能通过投入费用在一定时间内延长自己的寿命。然而随着越来越多的企业加入能源供应的行列，他们的地位将会越来越稳定，这正是因为他们拥有雄厚的资金和组织力量。他们违背负责人更好的判断或知识，尝试进行自我保护，如果能有突破点也是藏不住的。能源系统还能一直无视世界气候法律规定的限制，《京都议定书》也没法阻止他们，这一点我们以后还会说到。能源问题并没有直接造成气候变化，从未产生一系列恶果，但是其他与能源相关的危机确实是造成了那些后果。因此在资本市场上，对大型设备和必要的庞大基础设置建造的数十亿美元的信用投资将会越来越谨慎。全球能源经济的内部会议也在担心这个问题。这样的担忧让全球能源经济的内部会议，也就是说世界能源会议一直不得安宁。它们要求通过公共关系，让公众接受对能源系统进行完善。

2004年世界能源会议总结陈词的第一句话是：“所有的能源选项都必须保持开放，不应把技术当成偶像或魔鬼。”意思是，人们不应该崇拜可再生能源，而且不应把原子能和生化能源妖魔化。

换句话说：原子能和生化能源在公众意识中应该是与可再生能源等价的。但是这种等价只有通过将原子能和生化能源的问题和危害最低化，并且在系统上缩小可再生能源的技术经济可能性及其多重社会优势来实现。于是他们就开始进行广泛的说服运动，他们试图说服人们，原子能和生化能源提供系统在与能源有关的危机中是无辜的，并且劝说政府和社会不要使用可再生能源。基于他们声称原子能和生化能源与可再生能源是“等价”的，那么市场价格就会起决定性作用：他们一旦控制了能源供给结构，就可以控制可再生能源的消费成本了。尽管他们自己的发展都还不够稳定，并且对新的技术毫无想象力，他们还是深化了自己对可再生能源的技术－经济上的偏见，他们希望以此断了人们能源转型的念头。这些都是为了替自己辩护而撒的谎，其目的是让既定的能源系统继续存在下去。这一切对于可再生能源的理性发展来说是一个坏兆头。最近他们又采取迷惑战术，不仅否认可再生能源有代替原子能和生化能源的位置的潜能，还否认它在环保方面的优势。

问题不只是当资本市场和保险公司完成风险分析之后多久开始着手，还在于有多少政府和议会会继续支持既定能源系统的自保策略，如果他们支持的话，是不是还有财力，再一次把国库交给原子能复兴去鲸吞。还有一个问题是，公众还会被愚弄多久，能源系统还有多少力量来长期维护他们自欺欺人的集团精神。

我们现在没有别的选择，必须要打破既定能源系统的结构权力，封锁他们人为延长这个系统运作的道路，让可再生能源独立运转起来。然而政治、经济和社会的行动又以哪种方式进行呢？参与者有哪些人？从迄今为止规定了我们行为的基本假设来看，要打破这样一个结构权力将是不可能的，正如本书第二章所说的那样。他们让已有的参与者停滞不前，还阻止其他想要向可再生能源转换的参与者的加入。

第二章　行动障碍：单向思维的力量难以动摇

如果人们能批判性地思考目前的能源供给及其结果，并知道可再生能源的可能性，那么他们一定会很奇怪：是什么阻拦着那些与既定能源系统毫不相干的人行动起来呢？尤其是当问题一直没有被解决的时候，为什么人们还不打破单向的思维和行动呢？对新事物的害怕究竟从何而来？哲学家赫伯特·马尔库塞（Herbert Marcuse）在他的文章《单向度的人》（*Der eindimensionale Mensch*）中解释了什么是“对经验主义的极端接受”。人们只承认“被给出的只是事实而不是事因”。但这个“经验的世界”只是“一个有限经验的结果，这种限制相当于对大脑的实证主义清洗”。[83]

在能源系统内部，他们也很少去思考他们所确定下来的事实。然而这种狭隘的做法与物质能源在所有人类切身问题中的核心地位非常矛盾。因为人们只是孤立地观察到问题的因素而忽视了之间的关联，所以他们还不太清楚这种矛盾；这也是一种社会所有领域都能看见的发展，这种发展导致了当他们在面对片面的意识形态的时候，只有碎片感和之后的单向度眼界。多样的社会功能领域已经突变成了密不透风的亚系统，这个系统由于外部因素的不断变化而极少能再自我反馈了。能源系统有一个特殊的从外部被孤立的独立存在和特别自闭的行为范畴。但其他的参与者，包括那些自己就在为能源转型工作的人，大部分在他们的亚系统中同样拥有单向的思维和行为方式。他们这样做对自己是不利的。

针对可再生能源的行动障碍不仅来自能源经济，还来自政治、经济和环保领域的单向度眼界。丢掉这样的鼠目寸光，是他们克服自己单向度眼界的前提。最好的解决方案就是搞清楚这一眼界形成的原因和具体的后果。

现存能源经济占文化统治地位

依赖别人或者感觉到自己在依赖别人，就变得卑躬屈膝了。能源经济管理能源供给的形式有多排外，人们对能源经济的依赖性就有多大。人们对这种依赖的第一印象确实是积极的，因为它赠予他们前所未有的轻松、经济增长和收入增长。这种依赖不一定是强迫形成的。家家户户都能得到能源而不必自己辛苦操劳，电力供给如此轻松又广泛——全社会都感受到轻松了许多。因此工业国家的能源供给系统至今还被完全当做是增长模范，在那些大部分人都还要辛苦地每天补给燃料的发展中国家也是如此。

“主场作战的优势”

尽管有着数不清的垄断利益丑闻、政治贿赂或者环境危害，主场作战的优势还是把能源经济移到了得到社会承认的权威地位。即使发生严重错误，导致上百万的投资损失，他们的地位也只是在短时间内受到威胁。他们有主场作战的优势。足球运动中，允许主场队员犯规次数多于客场队员。只有当主场队员表现不好或者是行为严重不公平时，裁判才会吹哨。实际上客场队员被允许犯规的次数更少；一旦有攻击性行为就会出现起哄。只要能源经济能保证能源提供并且承诺以后会做得更好，就可以一直被原谅。“能源供给”这个概念为他们获取了一个心理学上的预先信任。能源经济依赖于公众的信任，他们相信：那些能够削弱他们并因此威胁到总能源供给的事情是不会发生的。他们可以想当然地把自己的利益同公众利益等同化。即使当这个产业已经被组织成私有经济，还是大致能起到国家机构的作用。

传统能源的角色是通过人们的习惯优势被巩固的，在未知新事物面前，已经存在的东西就会有一种习惯优势。其辩护者总是有证据，证明他们的项目实际上改善了现有的状况。政治科学家马丁·葛来芬哈根（Martin Greiffenhagen）把它描写成所有保守者都有的一种心理学优势，也是对所有改革力量的阻碍。只要大部分人觉得现状还可以接受，那么保守力量就总能说服大家改革的目标是危险的。他们通过引导一些“适当”的改变，试着给人们留下这样一种印象：东西只能在他们手里被小心地保管着。已建立起来的能源供应的系统还会获得广泛成功，他们的修修补补和适当扩建会被看成是负责任。他们似乎不太可能倒下。他们太害怕自己走到末路，因此反对所有备选方案，不允许别人跟他们竞争。

在这样的能源经济的霸权态度下，他们用一股暗示性的力量把人们吸引到自己那里去，因为他们意识到了传统能源系统已不堪重负，而又不肯坚决转向。无论什么时候谈到能源这个词，总是像巴甫洛夫的条件反射一样，与能源经济原则性的“责权”联系起来，这等于在精神上认可能源经济对所有能源问题有唯一排外的权力。当事情关乎能源的时候，政府委员会和经济媒体通常第一个就听能源经济的、有时也只听能源经济的意见，他们唯一尊重的，也只有能源经济的意见。

用能源语义学作为思想引导

概念铸造了思想和行为。当一个概念被用于某种具体的活动、并在这一意义上变成普遍的用语时，就会产生无法预见的思想优势。能源语义学的作用有多大，下面这个例子可以显示：有一位业主，他刚建造了唯一一个太阳能供暖的办公楼，就叫嚣“房子无需供暖”。这种说法其实无意识间就将供暖的概念单独交给了生化能源，从概念上贬低了太阳能的全功能性。熟练无差地运用一些配合的能源概念，的确帮助他们模糊了可再生能源及其特质。

他们已经开始给“能源经济”的概念进行总分类。甚至在传统能源供给中这个概念也用得比较专断：他们认为能源经济只包括传统能源以及其他兴建发电厂或促进能源设备的企业。这一概念并不包含汽车工业，虽然汽车工业同样只生产动力设备，再者就是，汽车司机能独立供给能源效率或者说自行服务。小动力设备自主能源供给即使有再多样的可能性也大都不在探讨能源经济选项的范围之内。因此概念上对“能源经济”进行修订，也极少能传递到可再生能源上来，因为可再生能源的设备像汽车一样都是分布式的。

如果可再生能源能在多方面实现运转，那么能源供给者和能源使用者之间长久以来的社会分工就消失了。而且人们应该更严格地定义“能源市场”的概念了。这个概念刻意忽视了可再生能源的选项，而可再生能源关乎的不是能源的商业供给，而是例如就地获取太阳能之后进行直接使用。

还有“能源消耗”这个概念也只适合传统能源。能源消耗这个概念指的是，能源首先被分散到暖房，被人们使用之后变成其他废气、灰烬或者核垃圾。而根据定义，可再生能源能够不被消耗掉；它的名字隐去了它的核心优势。面对多样的能源形式，只有“能源使用者”这个概念还是中性的。相关术语都在语义学上模糊了可再生能源。

另外人们也总是试图从边缘来描绘可再生能源，把可再生能源说成是一个新的总称的一部分，是为了弱化可再生能源的优势：“未来能源”“清洁能源”或是国际上最常使用的“可持续能源”。正如语言学家乌威·伯克森（Uwe Pörksen）所说，这些分类都是

“造型词汇”，听上去悦耳、内容上却是可以“随意调整的”，并且说得千篇一律，这些词汇都抽掉了可再生能源的具体支架。[84]在概念上牵扯到可再生能源，是为了让传统能源悄悄地过关，从概念上赢得同样的生态学上的权力。但是，如果未来这种能源就会枯竭，那么这种并不可再生的能源怎么能被称为“未来能源”呢？如果排放仅仅只是降低，怎么能称之为“清洁”呢？

“可持续发展”这个概念已经在世界范围内取得成功，而这个词的流行一开始就是为了放烟雾弹。这个概念是自1992年里约热内卢的世界环境和发展会议之后开始广为流传的。在那次会议上,可再生能源几乎是一个禁忌。那时候被看作是“可持续”能源的，不仅有可再生能源，还有其他所有能源，只要它们都满足提高能源效率、降低污染发散物的要求。就这样“可持续发展”的概念就变成了家常便饭，虽然它其实明确意味着两点：首先是持续地与自然循环保持长期平衡；其次如果不能以同样的方式回馈给自然循环的话，就不能在经济使用中利用自然循环。因此只有可再生能源才是真正意义上的“可持续”能源。然而为什么甚至许多环保人士都不肯明明白白直截了当地直接提出可再生能源呢？

在《外交世界》（*Le Monde Diplomatique*）报纸上刊登的一篇名为《谈可持续发展》（*Das Gerede von der Nachhaltigkeit*）的文章中，法国经济学家让－玛丽·哈利贝（Jean-Marie Harribey）写道，这个概念“被许多人当成是救命的言论：其中包括许多政府——他们同时还在大力推进密集型农业发展，多国康采恩的老板——他们盲目开采自然资源、生产余下的废料加重了环境负担，无政府主义组织——他们并不真正知道自己该干什么，以及许多经济学家——他们觉得自己在过度开发自然时被逮个正着”。[85]

还有一个例子：通过有效的技术发展和竞争行为，在产量上获得的每次进步，都被封为“经济效率”的提升，甚至当产量的提升已经多过越来越低的能源和物质的使用需求。在专业广告代理商的帮助下，能源康采恩娴熟地运用着他们通过策略掌握的经济学流行语。在美国，为了混淆并破坏针对生化能源进行的环保倡议的场景，他们建立了许多组织，这些组织的名字听上去完全是以生态的名义："环境和资源联盟""环境公民""环境保守主义组织""全球气候联盟"。美国虚伪地从这个领域偷取一些生态学的概念，我们必须要说他们是在"胡扯"。最后尤其重要的是还要安抚并没有识破这个诡计的全体公众。人们要阻止一些人给生态学概念硬塞进别的内容或污蔑其名声，有两种方法：第一种，揭穿他们，虽然这会形成冲突；第二种，在与这些语言打交道的时候要注意警惕、准确和创意，这样才能用这些明确的纲领性的概念清晰并有区别地表达出内容。

另一个有问题的例子是"生态税"：这牵涉到制造环境污染的税收，尤其是生化能源。但因为对人们来说每一份税都是负担，因此这个概念把人们对环境负担的感受转移到了税收负担上去，并消极地使这种税收负担转换出了积极的效果。因此用"污染税"来代替"生态税"会更精确一些。反对生态税的运动是很容易发动的，因为可以将它与降低税收负担联系起来。而反对"污染税"的运动反而应该是更难策划的。人们会觉得想要做这种尝试的人根本不在乎人民的负担和污染。

"消极使用太阳能"的概念，也就是"消极房屋"的概念也同样成为了障碍。这里指的是在建筑物里直接使用太阳能，而不是通过特别的转换技术间接使用。"消极"这个概念总的来说是贬义的用法。每个广告心理学家都会尽可能多地使用"积极"的词汇。时下的生态学语言里面，还有两个并不可靠的概念，那就是"排放权"或者"污染权"，这两个词给"排放权可交易"打下了基础。其中使用了积极的"权利"的概念，它将合法的个体诉求的意义赋予这个贬义概念“污染”，这样就从概念上让“污染权”变得更容易接受了。

“能源正确”带来的自卑感

PC 作为“政治正确”（Political Correctness）的缩写是一个时髦词语，它批评了对“主流”统治秩序的主动配合。相同的词语还有“能源正确”（Energetical Correctness，也可缩写为 EC），其标准是由各处进行表演的传统能源专家“共同体”设定的。这个“共同体”决定了在他们的视线之外还有哪些东西可以讨论。谁想要被他们认可，就必须尽可能地不向可再生能源靠拢。如果有人不仅为可再生能源的开采辩护，甚至还认为非可再生能源也可能进行全面接班，那么根本不会有人拿他的话当真，他还会被打上天真和意识形态的标签。人们越少参与或支持可再生能源，承受的痛苦就越大，因此就被认为是“理性的”。能源经济环境所等待的是，其成员承认传统能源供给的优势并作为长期的前景，并且只将可再生能源看成备选方案。持有这个“EC 密码”的人，即使认同可再生能源，也必须要将其带来的自卑感藏起来。他们显得很谨慎，而且很快他们就发觉：要求非可再生能源大力快速进行接班是一件很尴尬的事。

事实上，既定能源系统的利益相关者描绘、忽视可再生能源实现所有能源供给的可能性，或者认为这种可能性并不够资格被讨论，这些都不会让人惊讶。要是他们公开承认这种可能性，那么他们就无论如何都没有调整传统能源供给的充分理由了。如果所谓的独立科学家没有注意到可再生能源方案的话，他们可能有如下的投机理由：他们关心的是，还会不会再得到研究或者鉴定的委托，或者他们害怕“学术的”能源共同体不再引用他们的话了，这相当于是将他们开除出学术界。政治家和环保机构也怕公开主张实现可再生能源全面供给，会被认为是出于无知或者出于强烈的认同需要的表现。

石油康采恩壳牌和BP出版了他们的研究成果，认为到2050年之前，可再生能源能够分担世界能源供给的50%，自此这个预测就成为替可再生能源辩护的唯一标准了。这在心理学上是可以理解的，因为这份研究已经超越了所有之前的能源环境的“官方”表态，因此可以被看作是一个时机，让人们能够更好直面可再生能源受到普遍低估的情况。因此人们很随意地就忽视了，实际上这份研究预测了世界能源的消耗将会翻倍，并以此为继续过多使用传统能源找到了理由！人们以为能源康采恩“终于”要严肃对待可再生能源了，还为此欢呼雀跃，然而事实上却是人们必须同时接受在长时期内，继续使用煤炭、石油和原子能，而且以同样高的消耗量！还不仅如此：这份康采恩的研究实际上更经常被可再生能源自己引用，用来为可再生能源能对传统能源进行全面取代的证据。如果赞同可再生能源的人不去尝试扩大可再生能源适用的前景范围的话，那就只能保持一种防御的态度了。要反对非官方的能源正确，前提就是自己先要说服自己。这在心理学上具有重要意义。因为只有这样才能取消原子能和生化能源为时下扩建所提出的策略的合法性。

只要现存的能源系统还能成功地给传统的范式披上可持续发展的外衣，并且给出一幅有生态效益的蓝图，那么这个系统就还维持着讨论主权。他们到底是不是出于轻率、怯懦或者精神上的懒惰而故意这么做，并不是很重要的问题。反而是，可再生能源代表了一个新的范式、一个有学术基础的能源供给的新视野，因此无法用旧的范畴阐明它的含义。只要人们还想要使用旧的范畴，能源提供的范式转换就卡在那里。

言行不一的能源政策

保证社会的能源供给是现有的不可剥夺的基本政治任务。没有一个政治系统能强大到忽视能源供给，并将它独自转让给所谓的“市场力量”或者政治上无法控制的跨国企业。然而这种情况越来越多。

工业国家的能源政治史开始于两百多年前开发煤炭储存的时候。为了开发煤炭储存，人们制定了还在持续扩充的法律。在“采矿权”中，为更好地开采能源原料，不动产受到了限制。例如1865年问世的“普鲁士国家统一采矿法”，其实际内容至今在德国还以联邦采矿法的形式大致不变地起着作用。这部法律规定了煤炭和矿砂的勘探权，这项权利使得煤炭和矿砂的勘探合法化，并且土地所有者不得不忍受这些勘探不经过任何征用过程。实际上所有拥有相应岩层的国家都宣称他们的开采目的是为公众利益服务，所以人们必须放弃私人财产权的保留。根据对法律的普遍理解，对私有财产进行征用只能是出于对公众福祉的考虑，并由地方和国家机构出面进行。但为了能源的供给，从“采矿权”开始，许多国家已经开始引入一种特殊的法律体系：允许为了私人企业的利益、由私人企业出面征用私有财产。这也是为了给私有的商业能源经济安排出一个不寻常的特殊位置。

在能源供给进一步发展的过程中，人们为“能源道路”，也就是为电力、石油、天然气和热力管道引入了一种地役权。能源设施和管道的修建在法律上是有优先权的。在电力化的进程中，电力供给企业实现了供给垄断，这算是一种对他们普遍供给义务和公开的价格控制的回报。许多欧洲国家在电力领域都实现了国有化：1946年法国借助国有化法组建了法国电力集团，它由1 700个生产商和17 000个本地分电企业组成；1962年意大利所有发电商和电网提供商合并成为国有企业意大利国家电力公司

（ENEL），其中不包括大型国有部门和小的能源自给公司。社会政治和经济政治的意图都是基于这样的发展：无论人们住在哪里，都要促进电力化、电价人人平等、家家通电；无论矿山或发电站建在哪里，都要广泛促进经济增长。无论是国营还是私营，能源供给都已经成为经济和社会基础设施的一个完整部分。毫无疑问，确实是政治潮流推动了这一针对社会的发展。法国的国家康采恩法国电力集团和意大利国家电力公司的成立首先就是得到了左翼阵营的推动。

虽然德国并没有实施国有化，但1935年的能源经济法却让电力供给企业得到一种至今仍在起作用的特权：他们可以拒绝为令人不愉快的能源自给者提供联网服务，以及拒绝给他们备用电供他们储存电力，从而迫使他们断电。[86]

这种在经济生活中并不常见的特殊地位已经扩展到基础设施建设领域了，他们的地位也使短时间内普遍的能源供给自由化暂时幸存了下来。尽管实现了自由化，私企也保留了建造电力和天然气网络的优先权。他们其实是普通企业，但却拥有国家权力，这个矛盾的身份居然并未受到质疑。此外，能源供给在早期阶段就已成为工业国家帝国外交政治的一个元素。第一次世界大战之后法国军队占领德国鲁尔区，就是由于那里的煤炭储存和其重工业地位。柏林至巴格达的德国、土耳其间的铁路修建在战争之前就已经开始了，这是当时最大的基础设施项目，目的是获取美索不达米亚地区（现伊拉克地区）的石油储存。随着伊拉克和科威特的建立，吃了败仗的奥斯曼帝国被英国和法国基于各自的石油利益瓜分。同样欧盟的形成也要追溯到20世纪50年代初期煤炭和钢铁的共同市场。为了保证生化能源的供应，1951年建立了煤炭和钢铁欧洲共同体（欧洲煤钢联营），这个共同体直到2001年才停止活动。这个共同体有足够的跨国力量，从易化投资到促进研究、从固定开采率和价格到得到卡特尔的许可都可以实现。

人们就此一贯是这么简短评价的：这种发展说明，一种宽泛的、有策略的政治创造力在长期保护着能源经济。相反，可再生能源至今也没有在任何地方取得相应的政治支持。与自20世纪50年代以来那些目标明确的本国的、国际的核政治相比，与所有时代雄心勃勃的技术项目相比，可再生能源在政治上的无助太明显了。20世纪50年代，所有的工业大国都颁布了核能法，条约第一条内容：欧洲原子能共同体的建立就是为“核工业的快速成立和发展”服务的，目的是“致力于成员国提高生活标准并发展同其他国家的关系”。共同体的其他任务还有促进和传播技术知识、易化投资及自由资金流通、打造一个核燃料的共同市场、确保付税优势和海关优势以及确保自身的信用条例。与欧洲原子能共同体一样，国际原子能机构也立刻收到了一笔慷慨的资金援助，用以支持成员国扩建自己的核电站。1949年成立至1990年解散的前东欧社会主义国家阵营的经济互助委员会（COMECON），也以负责原子能、煤炭、石油和天然气，以及能源设施修建和运输的“永久委员会”的形式，将原子能和生化能源的开采机构化。

1973年第一次石油危机之后，为了共同解决生化能源的安全问题，国际能源机构在经济合作与发展组织的背景下成立了。1991年欧洲的能源许可也服务于同样的目的，后来从中形成了“能源许可条约”，其成员国包括欧洲国家，以及苏联、日本和澳大利亚。这项合约的主要目的是确保能源开采和运输线路中的能源贸易自由和投资安全。世界银行和欧洲大陆的发展银行数十年来为超过90%的能源经济提供能源投资信用贷款，至今几乎不曾改变。

原子能和生化能源作为世界经济史上最大资助项目

此外还有给原子能和生化能源的数不清的资助，总数目至今难以统计。能源科学家安德 · 德 · 莫尔（Andre de Moor）提交了一份总计 2 440 亿美元的年度资助预算，其中 530 亿用于煤炭、520 亿用于石油、460 亿用于天然气、480 亿用于电、160 亿用于原子能以及 90 亿用于可再生能源的使用。经济合作与发展组织成员国得到总资助的 34%，其余 66%用于别的国家，其中给可再生能源的资助只占总资助的 3.7%。[87] 当然资助并没有平均分配给每个国家。但是无论它们被分配到哪里，都维护了原子能和生化能源系统的长期存在。这导致了全球有效成本的递减：人为抬高了生化燃料的供给数量，降低了能源价格水平，而运输基本设施的生产能力利用率也得到了保证。

这其中还不包括全球实行的航空和海运燃料免税，这也是另一种形式的资助，每年约 2 500 亿美元。因无法精确计算，这个数字还不包括给许多国家电力和天然气管道的资助。所有直接和非直接的能源资助总额非常有可能高于每年 5 000 亿美元。

再加上国家用于原子能的研究和发展资金，关于这一部分的资金量我在本书第一章已经估计过。从中我们可以看出，为原子能和生化能源供给的政治权力运作之多令人惊讶，而用于可再生能源开发的政治权力运作堪称寥寥无几，几乎只有传统能源资助的五分之一。这样的双重标准竟也被视为理所当然。原子能和生化能源的供给是世界经济史上最大的资助项目，这一切是怎么发生的？

习惯和软弱给出的能源共识

随着能源行业的发展，其对政治的影响力也在增强。在能源问题上，经过一段时间表面成功的基础运作后，政治就退化成为赤裸裸的行业“能源政治”，而这种“能源政治”在所有能源供给的实际问题上都给予了能源供给企业优先权。传统的能源经济在其中扮演了一个类似于政府部门的角色。政治减少了自己在能源经济发散的利益中所起的调节作用。这说明了为什么近三十年可再生能源很难出现政治上的助跑，要么卡住要么就被搁在路边。

能源经济和能源政治数十年的工作划分顺利地达成了一个能源共识。这个共识被20世纪70年代出现的反原子能的抗议打破。突然间，不相干的人也插手了能源讨论。面对批评和干涉，能源经济和能源政治变成了盟友。互相配合无间的传统能源系统力量有一个隐秘的怀旧的希望：排除不同的声音，以便让全副武装的荒漠旅行团继续前进。“回到能源共识”的呼声意味着：能源供给还是应该继续友好地交给传统力量来负责，以便让他们的交易顺利完成。

共识这个关键词有一种普遍巨大的心理学作用。共识符合对和谐的渴望，而且听上去是出于理性的折衷。而冲突是令人精神衰竭的、不确定的；其出发点是不确定；冲突还会树立敌人。由于能源危机频发，人们越来越能够公开地讨论危机的原因、指出它的始作俑者以及明确表达相反的立场，这就使得要在能源经济的政治－经济封闭系统中维持或重建原有的共识变得越来越困难。尤其是当政治行为系统中出现了反对派：即在政治公众中，在党派、议会和政府中更难达成原有的共识。

这就要求新的政治创造力，这种力量必须超越能源经济的框架。这意味着，能源政治和能源经济之间数十年的密切关系必然要被瓦解。如果要求可再生能源的政治促进与能源经济之间达成共识，是注定会失败的，因为人们只满足于以类似的小规模去开发可再生能源，并仅将可再生能源作为传统能源供给的“附加物”。我们不能期望能源经济能够认同可再生能源广阔的行动力，因为可再生能源的成功会令能源经济走向终止。

近年来德国对于可再生能源崛起的政治决策，并不是通过与能源经济达成共识，而是通过持续不断的激烈冲突实现的。于是我们就不难理解，为什么可再生能源的启程不是通过政府引导，而是议会的倡议在引领。在欧洲机构的层面上也出现了相同的情景：欧盟议会要求和实施了所有在欧盟层面通过的、进步的可再生能源的倡议，给委员会和内阁造成了压力。他们要求将政治上的优先权给予可再生能源，而非能源经济。人们再也不愿接受能源经济作为第四个国家权力的角色。在德国，电力产业由于违反宪法被告上联邦立法院、欧洲法院，且抗议无效。

要制定基本的决策，只有当所有相关利益机构一致达成共识才是可能的。用共识来定位，也是基于这个目的形成的。在许多问题上都可以运用否决权，就像这些利益相关者在立法机构中有一席之位和选票一样。实际上这种共识态度只是给个人行动力或勇气的缺乏找的借口。为了避免一些正在酝酿中的激烈冲突，政府实施了许多指导性的决策，这些决策只勉强得到了议会中的多数支持，遭到媒体的炮轰，甚至民意测验中大多数人的反对。与许多受到公众广泛批评的极端昂贵的新武器或者技术项目相比，可再生能源进行突破这个策略性的政治倡议更可能会得到众多人口的支持：正如美国的太空武器计划、英国的核三叉戟潜艇计划或者英国、德国和意大利政府的欧洲战斗机狩猎飞机项目。对启程进入太阳能时代产生的热情比 20 世纪 50 年代进入核时代的热情更大，这并不是件难事。

在如此大的挑战面前，政治上仍然对可再生能源畏畏缩缩，这简直令人震惊。冷漠和被动的另一个原因是工业国家政治系统的疲乏和僵化。当然，这些政治系统造就了半个世纪的成功发展和经济的持续增长，随之而来的是政治系统进行扩建、变得更加社会化，然而，这些都伴随着机构化从各州利益中区分开来。没有人能理解相关的政治草案，也没有能力去完成转换。政治机构总是混乱而官僚的，他们的行为也是无法检验和非民主的。国家生产率明显降低，意味着公共财政投入为社会带来的国家绩效更少了。这是国家机构的行动力在萎缩的明显标志。同其他领域内所表现出来的一样，这就是面对大规模利益时明显缺乏改革力和抵抗力的表现。

已有决策带来了哪些作茧自缚的苦果，可以通过核聚变研究的例子来说明。德国1998年之后的执政政府中没有任何一位部长、社民党和绿党的议会党团(联邦议会中二者加起来占大多数)成员中也没有任何一个人支持这个项目，只有几位内阁成员算是支持的，然而这个核聚变项目还是并未缩减任何研究经费。以马克斯·普朗克研究所为首的大型研究机构坚持这个项目，他们将机构自身的利益以著名的高调与科学伦理责任以及公众的未雨绸缪绑在一起。由于这个项目有欧洲原子能共同体在大力推动，关于建造尝试性和示范性反应堆的国际合作条约也已经签订了，因此没有回头路可走，这也是为了避免由既得利益引起的冲突。这涉及到运作体制本身，正如生产新武器技术的大型项目那样，人们常常假装是出于军事需求，但又经不起批评审查。事实上它涉及的是高昂的、国家性质的、为技术企业和机构提供的存活奖金，这暴露了政治在技术性的优选转换问题上的极度缺乏想象力和勇气。

政府为了克服能源危机带来的后果，必然还要采取更多行动，无论涉及环境后果或者是经济或政治的“间接损害”。单就能源冲突管理的直接花费就已经比克服能源危机的缘由所投入的资金多了。如果我们仅仅满足于管理危机，而不致力于彻底消除危机，那么就连“管理”也会变得一天比一天更难、更贵。无视这些系统转换带来的冲突和辛苦，只会收获更多不堪承受的风险和更多辛劳。

通过军事手段来确保能源安全是变态行为

人们采用鼠目寸光的、在任何层面都非常昂贵的危机管理，是试图用军事的方式确保日益枯竭的石油资源。这种政治权力的运作直接导致了避免行为的迅速溃败。自20世纪90年代以来，历届美国政府都以军事化的方式密切关注能源安全，并且想要把别人也卷入这个充满风险的策略中来。1973年世界石油危机首先在美国造成了石油妄想狂，危机爆发之后，人们就一直在讨论是否要用军事化方式来保障能源安全。然而当时必须首先考虑如何开发资源的问题。1973年，尼克松总统在报告他的能源独立计划时，呼吁大家重拾曼哈顿计划和太空项目的精神。1979年，卡特总统在倡议节能和太阳能项目之外，还提出了一个为煤炭的气化和液化大量生产人工燃料的计划，为此他要求国会投入880亿美元。这一计划最后没有实施，同样未实施的还有西德总理赫尔穆特·施密特（Helmut Schmidt）在20世纪80年代初提出的“煤炭转换项目”，当时也是出于同样的目的。

1981年里根接替卡特担任总统之后，军事能源安全在策略上的转变就开始了。这并不取决于里根是一个石油工业者，而首先在于1979年伊朗沙阿的倒台，伊朗在伊斯兰教什叶派宗教领袖霍梅尼（Khomeini）的领导下转向了一个以伊斯兰教为基础的政权。自此问题就不仅存在于遥远的石油资源，还涉及到“敌对的石油”。人们首先试图用代理战争的方法来解决这个问题。伊拉克的独裁者萨达姆·侯赛因（Saddam Hussein）在他与伊朗的八年战争中得到了大量支持。人们知道他是一个“恶棍”，但是人们把他当做“我们的恶棍”。这第一次大型石油战争中有100万人成为牺牲品。然而后来人们发现，萨达姆·侯赛因不仅修建了一个反伊朗的壁垒，而且随着伊拉克对科威特的占领，也力争到了一个石油世界权力的角色。从那时起美国就亲自用军事涉足战争：1991年的海湾战争成为了第二次大型石油战争。

根据华盛顿美国国防大学教授唐纳德·罗斯曼（Donald

Losman）的估算，虽然 1992 – 1998 年间从海湾区域向美国供应的石油总量价值仅接近 100 亿美元，但是自那时起美国大概每年会投入 600 亿美元给它在阿拉伯半岛的军队。[88] 其次，美国开始在所有 1991 年瓦解的除俄罗斯之外的原苏联石油和天然气开采国投入军事力量。在美国的领导下，1991 年在罗马召开的北大西洋公约组织（NATO）峰会通过了一项“新联盟策略纲领”。这份纲领起的作用可能是阻止“中断性命攸关的资源供给”，在 1999 年春北大西洋公约组织成立 50 周年声明中又再一次得到巩固。2003 年的伊拉克战争可以被看做第三次大型石油战争，在这次战争中，人们还没有尝试把北大西洋公约组织包括在内，因为没有得到大多数人的同意。欧洲的大型抗议表明北大西洋公约组织提出这样的纲领是注定要分裂的。

2003 年 6 月，欧盟的外交安全政治联合代表哈维尔 · 索拉纳（Javier Solana）在欧洲理事会上提交了一份名为《更好的世界中更安全的欧洲》（*Ein sicheres Europa in einer besseren Welt*）的文件。在关于“新安全环境中的新威胁”中提到，“能源依赖是另一个令人担忧的理由。欧洲是世界上最大的石油和天然气进口地”，不应当倡议军事干预（能源安全）。但在接下来 20 年之内，欧盟也没有具有说服力的纲领来克服这种能源依赖性。目前只存在一项建议，即在 2010 年之前使生物燃油的比例提高到 5.75%，并以一些百分比的氢作为补充。但以此想要阻碍一场由开采国的政治发展而导致的石油供给危机是不够的。如果因为石油开采国的政治事件导致石油供给中断，不仅一些欧盟成员国，欧洲的其他国家如英国就会倒向危机管理的“美国阵线”，并且参与对开采国的军事占领。毕竟，德国国防部长彼得 · 施特鲁克（Peter Struck）已经在 2004 年 11 月的一次演讲中提到：今后的任务可能是要用军队力量来确保能源安全。

如果我们继续推迟能源转换、尤其是拖延燃油领域能源转换的时间，现在就不可能向前发展了。毕竟在20年前人们原本是可以阻止一个民主国家发生能源危机的。虽然血腥的独裁者本应被铲除，但人们不能一直把这当作发动战争的理由。当一个大型石油开采国出于合法的个人利益，为了保护自身的石油储备而限制自己的开采量时，会发生什么？或者由于能源的普遍枯竭，石油不足以供所有人使用，怎么办？为了满足自身最少的资源需求，当领土被占领，而与此同时别的国家还要凿那些已经空空如也的管道时，又会发生什么？当美国、中国和欧盟都分别有野心互相竞争时，会出现哪些紧张的国际关系？

以军事来确保资源安全只会使传统的能源储存更快地消耗殆尽，导致公共财政被挥霍，而领头的欧洲大陆权在世界范围内进行军备升级。道德上的后果将会是灾难性的。能源安全的军事化是能源策略的倒置。为了能源安全所投入的军事力量只是继续减少了确保社会性的能源供给的政治力量，而社会性的能源供给最终必须要落到理性运用能源和向可再生能源转换上来。

回避政治责任的运动？

这也适用于其他三个在国际上颇受欢迎的能源策略构想：

- 传统能源供给的世界范围内的自由化。意味着为了现存必须的社会性能源安全问题，必须让政治责任继续私有化；
- 试图通过达成共识的全球协商来解决世界能源问题，并将责任全球化。意味着使问题笼统化并削弱问题的严重性；
- 基于《京都议定书》保护世界气候出发，为降低能源排放而实施经济刺激。能源排放在广泛的社会政治的挑战中制造出一个单因素问题，同时也引导出一个单因素构想。

政治机构有了以上这些构想，就可以在现行策略面前逃避正在酝酿中的冲突。构想不能用愿望的想象来判断，因为愿望是构想的基础；构想必须要通过其经验结果和可预见的发展来判断。冷静地观察会发现：聚焦在这三个构想之上，意味着对于正在加重的能源危机只是纸上谈兵，同时不会使可再生能源及时得到运用。

能源市场的虚假自由化状态

“能源市场的自由化”从 20 世纪 90 年代起成为所有能源经济和能源政治决策的标准，而且人们好像把它当成了从生态学的角度治疗能源交替的万能药。所有要可再生能源变现的政治倡议从此都必须证明，它们是否符合这个标准，结果可能是不会令人满意的。与此相关的自由化概念涉及的首先是与电力和管道相关的天然气领域，因为其他能源供给领域被认为已经实现了自由化。

自由化的核心理念听上去很有吸引力：那些电网拥有者和他们的企业是“自然垄断者”，同时是电力生产者，又是电网运营者，他们就不应该再滥用作为“能源供给者的特权”，以及不能将自己的各种特权无限膨胀。发电、输电、配电都应该分配给不同的企业。这个观念在美国被评价为是“对系统的震撼”；未来资源研究所（RFF）将这个标语作为一项研究报告的题目。社会的调节任务应该限制在输电和配电的功能性，以及电网使用的价格控制问题上。电价来自于供应商的自由竞争。于是就产生了生产者和供给者之间可以直接接触的关系。

自由化能带来所有可以想到的好处，如下述承诺所说：能源价格的下跌会减轻电力消费者的负担，这会促进经济增长并优化经济竞争力。能源服务行业将会更加灵活；电力消费者可以自由选择他们的供电商。电力康采恩的权力将会被架空。在环境运动中这个进步也多半是受到欢迎的，因为环保组织多少曾与私人或公共的供应垄断商打过一些不愉快的交道，而那些供应垄断商把自己封锁起来，拒绝所有环保的能源供给的要求。在大多数人的印象中已经不能更糟了。

澳大利亚的社会科学家莎伦·贝德（Sharon Beder）在她的著作《权力运作》（*Power Play*）中分析了在不同国家自由化产生的实际后果。[89]她得出了这样一个结论：自由化短暂的历史就是一部无法兑现承诺的历史。普通家庭和小型企业的电价几乎到处都在上涨；因为他们忽视对管理和培训工作的投资，所以服务的可靠性被破坏了；断电现象增多；环境的平均质量下降：人为延长以较低转换效率工作的发电站的运行时间，大幅缩减对能源效率更高的设施的投资；给由热电联产所发的电和由可再生能源所发的电制定不同的电价，人为地让人们更偏向于使用对环境有害的电力供给；那些没有各自开采法的国家，降低了给可再生能源的投资。与此同时企业对研发新技术的投入也减少了。

自由化的发展，赢家是大型工业消费者，并且首先是那些已经发展成跨国企业的电力康采恩，他们可以用他们的消费权去协商更低的电价。自由化让他们实现了迄今为止史无前例的集权化过程。欧盟委员会甚至还曾经要求：人们明确表示想要更大的电力康采恩；在人们一致追求的欧洲共同电力市场里，小型供电商没有足够的行动力。一个奇特而且非常矛盾的理念是：在电力企业领域内，人们要通过土地重划占领“更多市场”，因为大型企业是“更具有市场能力”的。这样一种自由化已经沦为既得能源利益的工具，因而是虚假的自由化。电力领域的自由化发生了这一转折，原因首先在于以下三点：

- 武断地把自由化的概念同电网私有化等同；
- 自由化开端的矛盾，是因为没有考虑到能源经济的实际交叉因素，并至今还未理清；

- 将目前的能源市场价格绝对化，就像市场经济的概念只涉及低价并仅限于此。

教条地把自由化的理念与电网私有化等同

在前东欧社会主义国家阵营解体及其计划经济崩溃之后，人们就在世界范围内把东欧所有社会经济制度及其直接或者非直接形式，都看成是无效率的、不灵活的、官僚的形式，它们都被当作过时的政治遗物而被抛弃了。国家、计划经济、垄断、干预、官僚、死板、无效、束缚都是消极的同义词，而自由选举、市场、反干预、自由化、私有化反而都是积极的指导概念。这种时代精神随着 1990 年起草的《华盛顿共识》（*Washington Consensus*）成为占主导地位的经济学说。国际金融机构如世界银行和国际货币基金组织从那时起就普遍将所有原则上无国家限制的民间经济调整为世界项目。社会服务性企业的私有化，及这个领域向国际固定资本的开放是获得信贷的条件。电力领域也成了其中一块肥肉。然而新自由主义的辩护者并没有考虑到，在私营产业系统内部也能够形成计划经济。如今新自由主义已经毫无争议地成为了主导思想，尽管对它的批评已存在多年。实际上新自由主义在跨国经营的大型康采恩那里转变成了新封建主义。这些大型康采恩处于一个有限的寡头竞争中，他们只允许国家和国际机构做一件事：向他们打开所有市场。因此他们已沉醉在一种市场经济的想象中，而这种想象与作为社会管理结构的市场经济的概念是截然不同的。把自由化与私有化等同起来，大大有利于传统能源在自由化的帮助之下如凤凰涅　般崛起。其中最重要的杠杆就是他们无限制的国际化，以及许多国家已经接受的电网私有化。

一个公共资产拥有的经济企业的合法性：最重要的、唯一的、不可放弃的因素是公共利益。公共利益不像私人企业，是追求盈利，以及有竞争性的风险投资。如果社会企业的活动方式被证明起到了负面的社会效益，比如已经明显破坏了环境，那么这种社会效益就是值得怀疑的。因此公共推动的、污染环境的发电站的私有化甚至也极大鼓舞了政府更坚定不移地为更环保的能源供给方式投资，因为那样他们就不会被各自的企业利益所阻碍了。与此相反，人们应该完全重新打量电网的功能。电网以一种广泛普及的基础设施的意义存在，是一种现存的社会利益。电网在何处被私有化，何处电力康采恩的力量就会更强大，他们就有能力阻止向可再生能源转换，尽管要继续损失他们区域垄断所带来的利益。

这首先适用于那样一些国家：官方已接受将电业的发电、输电和配电三个功能领域拆分为由不同企业经营、而同时不拆分发电站和电网运营的所有权。后者在欧盟范围内至少已经在英国、瑞典、荷兰、西班牙和葡萄牙有了示范。在已经放弃这种方式的地方，如德国，电力康采恩试图将电网的自然垄断——正是电力供给的传统社会任务的一部分，尽可能完全地置于他们的控制之下。电力康采恩用他们在供给垄断时代填满的腰包几乎狂热地在购买区域和地方的电网。通过直接跟政府和乡镇合作的方式——这些政府和乡镇或者出于意识形态的原因或者是想短期内改善财政状况，他们已经随着自由化的开始打开了自己的企业化之路。

虽然自由化的法规要求电力康采恩必须越过独立电网公司来运营他们的电网，因此当只有一个国有的管理当局在监管所有市场参与者的电网需求是否遵循了同样的条件时，乍看之下电网属于谁这个问题就被置于第二位了。然而电力康采恩想要掌控所有电网还有其他原因。一个是在电网租费由社会控制的情况下，电网运营也还是唯一一个比较安全的收入来源。只要在与政府继续传统合作中“确保”了唯一的社会控制是松散的，那么继续毫不费力地赚取高额利润就是轻车熟路了。这在德国的电力康采恩那里达到了最好的效果：通过在输电网的级别上设置过高的租费，他们获取了高达数十亿欧元的额外利润。2003 年输电网运营商在德国创造了 190 亿欧元的营业额。其中只有 18 亿欧元用于电网投资；利润是 60 亿欧元。

但即使成功地在管理当局的帮助下避免了这种弊端，并且确保了对所有市场参与者无区别的电网运营，电力康采恩还是会因为拥有电网的所有权而具有策略上的优势，这也是最具决定性的优势。谁拥有越网的权力，谁就占据了关键性的位置。电网的布局会影响发电站的投资决策。只要不提供足够的、新的电网容量，就可以阻止或者拖延竞争者的投资。正如对可再生能源来说，哪里需要新的生产场所、哪里现有的电网容量不够，哪里就有可能存在阻碍。拒绝电网扩建有可能是为了不给或者晚一点给可再生能源发展的机会，或者是为了在“所有电力消费者的利益”名义之下推卸掉提高电网运营费用的责任。人们公开责难可再生能源的附加电网会增加国民经济的负担。然而相反，现有的为传统大型发电站量身打造的电网已满载，这就可以作为“必须”用同样大而新的发电站来取代可再生能源的“国民经济的”理由。电力康采恩从来不谈，如果完成了从传统向可再生的电力生产的转变，哪些电网容量会变得过剩、哪些又能节省下来。

有网的人当然能宣称需要用大型发电站来维持电源电压和电源频率。谁掌控电网，谁就可强制提高备用电源的价格，从而制造人为的电力供给短缺。2000 年 11 月至 2001 年 5 月，美国加利福尼亚州就发生了蓄意断电：电力康采恩安然公司（ENRON）宣称他们遇到技术负荷问题，关闭了发电站，以此“合适”的理由使其子公司的备用电价格在短时期内净涨到 10 倍到 50 倍。哈佛大学经济学家保罗 · 克鲁格曼（Paul Krugman）在《纽约时报》

（*New York Times*）上评论这是“300 亿美元的强盗行为”。能源科学家 W · 伍德罗 · 克拉克（W. Woodrow Clarke）和泰德 · 布雷肖（Ted Bradshaw）猜测这是有针对性的政治演习，目的是在加利福尼亚挑起一场政治危机。[90] 德国有四个已拥有输电网并同时在推动大型发电站的康采恩，其中的一个（或多个）很可能早晚都会针对《可再生能源法》进行大刀阔斧的打击运动，并为了能够谴责风电设备而在主要电力供给区域策划断电。这也可能只是反对风能的“断电演习”或是在议会面前进行的“断电勒索”，目的是抹黑《可再生能源法》的声誉，再从政治上给予一击。电力康采恩出于能源供给安全性的“社会责任”对可再生能源进行封锁的另一个办法可能不是以个体案例、而是大规模地拒绝可再生能源的合法强制的电力供应。

无论如何，他们就是要从通过传统型发电站建立起来的电力网络的“逻辑”中，找出一个维持老发电站结构的逻辑来。尽管目前在德国，可再生能源每年都有 3000 兆瓦的发电增长率，电力康采恩还是宣称，大部分经济杂志和多数“经济政客”都坚持称有必要用新的发电站彻底更换那些日益破败的大型发电站，就好像可再生能源根本不在可考虑范围一样。电力康采恩甚至向联邦政府要求“投资保障”，这是一个完全违背市场经济原则的企图。其意是保证新发电站在未来数十年都能达到一定的利用率。工业联合会赞同他们，大部分经济评论员在媒体上都表示了理解。要是汽车工业同样向联邦政府保证产能利用率并要求新的生产中心的话，他们就会被谴责说是想要用计划经济来取代市场经济了。可能只有通过重建区域垄断和扼杀《可再生能源法》，新的大型发电站才能得到投资保障。显然电力康采恩指的是后者。他们故意在自己举办的会议上、在与电力产业相关的媒体报道中给《可再生能源法》树立了一个在竞争中毫无信用的性格形象。

披着市场经济外衣的计划经济

市场经济已经展示了什么是有限的自由化，并且运转中的市场可以证明：投资大型发电站将会有难以预估的风险。正好这些投资也欠缺专门适用于核电站及其高昂投资成本和与之不相符的长期投资回收期一类的东西。然而电力康采恩对于可再生能源的抵抗一点也没有减少。除了之前谈到过的理由之外，还有一个反对可再生能源的主要原因是自由化法律的非连续性，至今我们还没有涉及这个话题：因为一个经过深思熟虑且自相连贯的拆分概念，目的应该是要让发电和燃料运输在不同企业之间分离。那些同时经营煤矿或者天然气矿的电力康采恩不会自己从煤炭、天然气发电站转换到风电设备上来，即使后者的用电成本更低。在互相交织的能源经济中绝不会有孤立的生意，而是企业内部的多样化经营，可以说是“内部生意”。在一家企业内部，燃料供应和发电站驱动的双寡头垄断是能源经济保存结构的硬核。

某些可再生能源辩护者的想法是很天真的，他们以为电力康采恩会理所当然地转向利用大型海滨风电场或者撒哈拉沙漠建立的太阳能发电站来发电。他们以为，当用这种方式比传统发电站成本更低时，康采恩就会为此而自愿修建上千公里的新输电线路。而事实是，即使只为一个风电场修建十公里的接通线他们都会拒绝！让电力生产者去投资数十亿美元，结果不仅使得他们自己的大型发电站停产，也导致他们的煤炭、天然气或者原子燃料的生意结束，这种期望是很不现实的，与其原始利益背道而驰。

虽然矿物油领域比其他所有能源经济领域的垄断更严重，但这个领域甚至完全不在自由化卫士的考虑范围之内。在这个领域内，从开采到分流泵都存在着生产控制。矿物油产业的世界康采恩仗着相应的开采许可开采大部分石油；他们维护管道和炼油厂，组织石油的分配并垄断加油站。他们仅授权航运，大部分时候是交给不可靠的船舶公司，那些公司可以更方便地避开油轮破损的责任风险。矿物油产业主要使用的自由化形式其实早已存在许久了：即能源原料关税豁免。然而人们完全忽略了的是：矿物油领域早该采取拆分制了，原油供应、炼油厂运营和加油站应该分由不同企业管理，这样才能例如让每一个加油站都能独立决定他们自己的供应商。

还有一件事更能证明矿物油领域被排除在普遍自由化发展之外：自由化的实施首先在于不妨碍一些人的既得利益。自由化的发展主要是从老百姓身上渔利。掌权的产业玩家吵着要在利益与他们相符的时间和地区实现自由化；如果他们的利益被妨碍到了，他们就开始破坏那些造成妨碍的事物。因此，听上去无论如何都很有说服力的能源市场的自由化，其实一直都面临着转变为虚假的自由化的危险，面临着转变为披着市场经济外衣的、国际化私有化的计划经济的危险。

传统里，计划经济的思维在政治上是安全的能源供给的基础，这种思维正是原子－生化能源经济坚固的系统标志。原子－生化能源经济是如此依赖于广泛的国际资源流、如此交错和庞大，以至于根本无法改变自己的行为。他们还有合适的配套设施能够保护他们的市场部门。即使能源康采恩在策略上已准备迎接可再生能源了，最终还是要视康采恩策略的总利益的时间点、地理位置和模式的选择而定。而他们的利益可能与国家和世界环境的利益不相一致，同样也几乎很难与分布式生产的可再生能源新推动者的利益相符。因此德国的电力康采恩意昂电力公司（Eon）在英国——也就是在其传统市场范围之外——大力推广分布式设备，但这个康采恩在德国本土却极力阻挠分布式设备的发展。因此BP和壳牌对可再生能源的贡献首先就不在他们传统的燃油供给领域，而是在太阳能设施领域这种陌生的市场区域。虽然他们已经做好生产生物燃油的准备，但暂时只在那些制定好相应政治条件的国家出售，甚至只在那些能分一杯羹的、新供应商按计划进入的地方出售。

同样，全球化经营的汽车康采恩从 20 世纪 80 年代起就在巴西提供用生物酒精驱动的汽车了，但并没有在欧洲推行。德国联邦议会曾通过一项决议，即从 2004 年 1 月 1 日起所有生物燃料免税；通过这样的方式使生物燃油的价格比生化燃油更低，打下使这种燃料快速广泛引进的基础。联邦政府委任了一些工作小组制定“燃油策略”，在这一策略中，起主导作用的是内阁官员、矿物油产业和汽车工业的代表。而其中有个工作组对此直接提出了异议，他们在 2004 年秋天表达了这样的观点，即生物燃料及相应的汽车引进只推荐用于特定的世界区域如巴西或者运输工具队，而不适用于所有的市场。

所有这些例子证明：每一次想要让大企业的利益同社会利益“和谐相处”的尝试，最终都无一例外地搁浅于已然根深蒂固的计划经济结构。计划经济结构直接或非直接地阻碍了自由化能源市场的概念和实践，即使人们一直在呼吁自由化。简单地、扭曲地想象市场经济的形象，也帮助了传统能源结构的维护者，这种想象让固定目前能源市场的价格成为唯一的标准。这种短期和单向思维的价格标准成了他们打击可再生能源的最后一击——无论如何社会都要为所有人买单。

能源价格的虚伪辩论

在真正的、无歧视的竞争条件下提高产品价格，成为一种促进所有经济参与者理性规范自己市场行为的精确标准。现存的市场经济并不单只按照这一标准运转，产品的外部形象、品牌和产品广告就是明证。为了从心理上刺激消费冲动，每一个企业都会在这上面花钱。如果人们的消费行为单只围绕着价格转，那么统一公布一个商品价格比较表就完全足够了。在其他消费刺激上的支出可能是一种不必要的花费。广告业可能是一种巨大的合理化储备，正如在给产品进行包装的职业一样。无论是供给者还是需求者，每一个市场参与者都知道，当市场经济的程序只按照供给和需求的原则运转时，就存在着不止关乎价格的决策标准。如果这种情况发生的话，那我们的社会可能就会变得毫无教养可谈。

就市场中单个参与者的行为而言，将所有的问题都彻底简化为单纯的价格因素，是一种完全不现实的做法；如果涉及的是对一些诸如能源使用之类的基本社会问题的考察，这种简单化就更是错上加错了。这会导致极端地降低成本：这种极端主义被誉为最高理性，然而其后果却是高度非理性的：即只考虑当下，而忘记了未来。这种单向思维已经成为现代经济思维的身份证，这也是经济学所要求的结果。经济学在追求所有问题更高的精确性这一过程中，试图将一切货币化并僵硬地固执于抽象的数学模型，让经济和社会都按照这个与其对象无关的模型运转。人们尝试人为地为每一个政治目标定义一个价格，让它在市场上能够被交易。因此从中出现了很多不现实的、缺乏健全常识的假说和概念。人们试图把孤立的“参数”强加到现实中去，给“参数”的概念冠以华丽的理论。正如在下下个章节会谈到的，环境经济学为了让自己得到“学术上”的认可，已经接受了这样一种构想。

让社会无视所有现存的和可预见的能源问题、只重视现时的能源价格，这样的能源讨论是致命的。每天都在变动的油价已经证明了它是不可估算的，也证明了这种已固化的讨论一点都不理性。然而在这样的能源讨论中，所有其他各种政治的、社会的、工业的，尤其是经济的成本，或者对各种能源选择的偏爱——所有这些决定性的问题都屈居第二位或者直接被忽略了。然而在如今的时代，能源安全和能源使用与环境协调问题一天天变得更加重要了，因此上述这些决定性的问题也因此显得更加重要。甚至那些花在新东西上的投资也变成了要尽可能避免的“花费”。这些花费越长期，就越会妨碍竞争。因为其经济效益并不能精确地计算，所以这些投资都在怀疑声中被搁浅了。这样一来，市场经济的概念从一个经济的秩序原则退化成了一个社会责任缺失的体制。

防止垄断和寡头、防止通过追求基础社会利益来限制经济自由权，这些都直接属于竞争规则。经济的市场作用不能违背政治和社会伦理。正如自由经济学的精神导师之一弗兰茨·奥本海默(Franz Oppenheimer)在他的经典作品《纯粹和政治的经济学理论》（*Theorie Reiner und Politischer Ökonomie*）中提到的那样，为了实现“和平竞争”而不是“敌对竞争”，必须剔除那些干扰性的竞争和肆无忌惮的竞争。[91]

市场经济的另一位精神导师威廉·洛卜克（Wilhelm Röpke）向人民警告了“理论的完美主义”，这种完美主义使竞争须取决于那些“从一开始就设定得很难符合经济现实”的条件。他在市场经济学经典著作《供需之外》（*Jenseits von Angebot und Nachfrage*）中强调，不能再听凭竞争来操纵市场了，正如他所期望的那样。因为竞争既不能一直恰当地运用市场经济的秩序功能，也不能创造出自己的“道德支点”，而没有这个支点，竞争将会“面临一直变坏的危险”。市场参与者的市场行为会被政治规则“强迫”去照顾社会利益，这种市场行为可能在他们自己的经济计算中被忽略了，而这样又会强制其他竞争者进行“普遍破坏性的边界行为”。如卖家的既得利益和消费者的价格优势与成本不成比例，那么社会必须为这一切买单。在这种情况下，洛卜克明白，限制市场经济竞争是非常有必要的。他认为，竞争原则的限制，即制定“市场交通秩序的例外规则”，在市场经济秩序下就是非常有必要的。[92]

奥本海默和洛卜克关于市场经济秩序的观点已经说明，这些以竞争名义提出的、让可再生能源“进入市场”的要求是多么虚伪。让可再生能源“进入市场”也可以，最低前提至少要给可再生能源以与原子—生化能源均等的机会，以及社会要对所有能源选项在涉及到环境负担和未来供给方面都一视同仁。然而即使立即取消所有给原子—生化能源的资助和特权，他们也不会给可再生能源均等的机会。

只有强迫原子—生化能源的供应方把之前收到的资助还回去，对可再生能源来说，这才可能谈到单一经济的市场平等问题。然而要他们还回资助，这又是不现实的，因此参考市场标准，对可再生能源进行嘲讽和表示不满，这要么是虚情假意，要么就表现出他们实际上没有明白其中的关联。纯粹的市场分析基于能源形式的中立性，但事实上绝不存在这种中立性，在涉及其他某些产品时，鼓吹中立性甚至会引起抗议：包含有害物质的和不含有害物质的婴儿食品应该取得同样的市场机会吗？

没有机会平等就没有市场平等

绝对化目前的市场价格，是反历史、反政治和反经济的，尤其违反了市场经济。说得尖锐一点，原子能和生化能源供给毕竟是与全功能的市场经济秩序不一致的。我们刚才已经说服了市场经济秩序概念的辩护者，所以他们必须要马上转换到可再生能源上来。只有基于此才能出现自由的供给和需求条件，这样才不会造成（自身的）破坏性后果、才不会导致计划经济干预生产率竞争。能源转换的条件是给可再生能源提供市场优先权，因为可再生能源不仅过去没有与传统的能源供应方均等的市场，而且在可预见的时间内也得不到均等的市场。数十年来以非市场行为的方式给予传统能源系统的市场优势和特权并不能收回去，还有甚至上万亿的补助也收不回来了。机会平等本来是市场平等的前提，但它从来没有实现过，也不可能实现。可再生能源可以满足人们的能源需求，但是它其实是另外一种在许多方面都与传统能源不一样的“产品”。公众不能期待传统能源系统达到极限却不带来毁灭性的后果。

市场可比较性是市场平等的前提。而市场可比较性也不存在，因为在单一的经济分析下，甚至在传统能源和大部分可再生能源之间还有根本不同的核算因素。前者有能源设备和生产基础设施的固定成本，还有以燃料成本、能源运输和清除废料的形式给予的多种成本，以及由于能源设备安装期长、而投资回收相对较晚产生的高昂资金成本。而可再生能源的设施成本是固定的，可以快速收回投资，而且除了生物能源之外不会产生燃料和排污费，能源运输成本也几乎很低或者根本没有。没有哪种计算方式能精确算出这些不同之处，能比较不同的能源并且放到市场上去对比。计算的时间越长，牵涉到的“外部”因素越多，这种只关注当下成本的、片面的价格计算方式就越没有意义。

如今传统能源以旧设备进行投资回收了，而可再生能源刚投入一些新设备。然而能源经济很看重这两者之间价格的比较：这样的比较没有任何说服力。而他们闭口不谈可再生能源投入的新设备与传统能源所投入的新设备的成本。如果要这样比较，那么情况就对可再生能源有利，可再生能源可以通过技术优化和产品提升的标杆效应来使价格递减。当人们考虑到通过分布式的能源生产完全可以避免技术设施和运输成本时，情况就更不一样了，更别说可再生能源那些可以避免的外部成本。可再生能源关乎的是未来，是从传统能源供给被打上不祥烙印的当下，继续前行。

通过全球谈判解决问题是个幻想

"全球化思想，本土化行动"，世界范围内诸多热心的环保行动都把这句话当做他们的格言。但在政治上有另一种主导思想：全球性地谈判，一旦达成协议马上交由国家来实施。正如人们所讨论的那样，因为最大的生态威胁是全球性的，所以这种威胁也许也只能通过全球性的、融洽的协商来解决。这种环境政治行为的多边原则，不仅成为大部分政府的信条，同时也为国际上许多积极活跃着的非政府组织所认可。多边主义的目标是让所有的或尽可能多的国家达成一致，让它们达成伙伴关系、在国际上相互配合，并共同遵循达成的条约。相反，单边主义则是一个或几个国家的单独行动，这种只顾自己的行动全然不理会其他国家的赞成与否，也不理会与之相关的协议。

自从布什政府根据单边主义学说破坏了环境协议，并尝试为预防性军事战略找到合理解释，该学说在欧洲就基本没有可讨论的价值了。美国国家安全顾问罗伯特·卡根（Robert Kagan）在他的著作《权力与无能》（Macht und Ohnmacht）中写道：单边主义是强势的标志，比如美国，而欧洲国家更青睐的多边主义则表现出它们的软弱。[93]

卡根的观点指的是军事行为能力，美国就是这么理解单边主义的。美国同英国以及一系列紧随其后的政府，在并没有联合国授权的情况下，在2003年的伊拉克战争中实践了这种单边主义。从那时起，单边主义本身就变得肆无忌惮，演变成为一种破坏世界稳定的军事行为。

但情况并非一直如此。在东西冲突下展开军备竞赛的时期，出现了许多和平运动，和平运动的经历是：关于军备控制和裁军的多边谈判往往要经历数年时间，甚至经常性反复中断，即使这样仍然鲜能达成。即便达成了，事实上也不能够阻止一些国家在提升技术的同时进行军备竞赛。这样的经验给和平运动打下了基础。罕见的是，许多来自和平运动的环保志愿者，并不怀疑多边主义是在努力争取达成环境协议。

比较一下单边行动的两种相隔甚远的动机，就可以清晰地看出，要评价一种国际行为，不能够仅仅局限于观察其形式。一种方法是否有意义，取决于它的内涵，如果内涵能在当下的情况和结果中实现，那么这种方法就是有意义的。当多边主义的行动方法明显行不通，且不能得出任何令人满意的解决方案时，人们被迫采取单边行动。当然，单边行动的必须是受到普遍认可的合法行动目标。

回顾一下全球环境政策中的多边主义方法就很清楚了，现在拿这种方法做实验或是单单指望它都已为时太晚。这种方法主要是为了解决那些目前能源供应带来的世界性问题。希望通过全球谈判让可再生能源在世界范围内实现突破，这只能是个幻想。所有与之相关的实践尝试都证明了这一点。全球谈判与其说是解决能源问题的一种方法，不如说它本身就是这个问题的一部分。我们必须质疑的是，已经变成家常便饭的多边行动是否不再能解决问题反而是引发问题，或者是否已经弊大于利，同时，为之所付出的精力和注意力是否还能带来事实上可以实现的结果呢？全球谈判对于绝大多数的参与者而言，难道不是已经成了一种行为借口，成了一个问题推卸处，难道不是已经成了再一次延迟行动的廉价借口？自己行动而别人不行动，就是所谓的只行动了一点点，意味着全球谈判拥有继续不行动的特许证书。在这种情况下，我们首先要问：单边行动能改变什么？必须如何采取单边行动，才能克服能源问题中行动力瘫痪的问题？

无论是 1972 年在斯德哥尔摩的联合国环境会议，还是 1990 年联合国在挪威山区举行的题为“我们共同的未来”的会议；无论是已成为传奇的1992年联合国就环境和发展提出《21世纪议程》（*Agenda 21*）的“里约会议”，还是2002年在约翰内斯堡举行的关于可持续发展的联合国会议，包括其各自的筹备会议及其指定的各种委员会，以上这些会议都阻止不了生化能源的消耗前所未有地加重、阻止不了人们对热带雨林毫无节制的砍伐，也阻止不了越来越多的地区水资源匮乏、贫困继续蔓延、因环境和贫困而流亡的情况加剧。为此耗费了长久的时间，人们才大致以一种相关的方式，把目前的能源使用当作全球环境损害的最重要的原因列入讨论主题。就连在里约会议上，也就是在《21世纪议程》中才第一次触及到可再生能源的问题，那时能源问题还只是一个边缘话题。2002年4月在纽约举行的约翰内斯堡会议的“筹备委员会”提交了一份最终声明，但里面仍然没有提及可再生能源在全球可持续发展战略中的关键作用。最后在联合国秘书长的干预之下，才邀请了一个小组到纽约拟定建议，以填补这一空白。接下来在8月举行的约翰内斯堡会议上，可再生能源和水资源成为了讨论最多的话题。从那之后，也就是不久之前，才终于不再避谈可再生能源了；之前数十年，人们一直把可再生能源当作一个谈话禁忌。

然而这些世界性会议大多只是说要建立网络、成立新的委员会和举行后续会议。他们讨论的总是：“人们”应该做些什么；他们没有讨论的是：什么是刻不容缓要做的，并且该由谁来做。从这些会议中形成了一个全球性的“共同体”——其中有：国际性的政府组织和非政府组织的代表，各国政府的专业技术人员和科学家。这些人相互认识并且常常碰头，发展出一套共同的专家行话，时时刻刻都生产出更多的相互援引的论文，以花费数月推敲自居：为了尽量使每个人都能同意。由此已经形成以自己为参照物的系统，一个虚拟的、自给自足的世界，并且将他们在纸上的进步与现实相混淆。这种会议越大型，产生的幻想越多。这些会议变成了环境外交孤芳自赏的庙会。他们不断夸夸其谈地做出解释，一次次唤起新的希望。我们提醒过他们，人们不能再继续负担他们的拖延了，然而他们总是一再拖延。他们遗忘那些最终声明所花的时间比撰写的时间还短。

共识与加速之间不可调和的矛盾

出现这种状况不能直接归咎于所有谈判参与者，当然也不能直接对他们进行指责。多边谈判的逻辑和工作原则是寻求共识。然而寻求共识与快速解决问题之间有着不可调和的实际矛盾。必须快速解决的问题，基本上也不能使用多边共识这种方式。凡是快速解决问题绝对必要的地方，达成多边共识的倾向就不应该是主要的行动方案。总归，只有当人们都奔着达成具有国际法效力的协议这个目标时，国际谈判才是必不可少的。但是为了解决问题，这样谈判是否真的必不可少，又是人们无法明确回答的问题。

只要是涉及到所谓的反军备竞赛条约，即放弃起草的军备计划，那么在裁军和军备控制的谈判这方面达成共识还是比较容易的，毕竟这些计划还没有开始执行。比如关于太空协议以及禁止使用生物武器的协议能够达成，都属于这种情况。关于反对核武器人们也做出了类似的努力，比如 1946 年提出的所谓“巴拉奇计划”（Baruch-Plan），但这个计划实际上已经太迟。之前讨论过，《核不扩散条约》对那些还没有核武器的国家来说，首先是一项放弃军备的条约。当问题涉及到限制已有的武器时，实际上更难以达成共识。因此成功的先决条件是，谈判需要分别聚焦于问题的局部：例如 1963 年签署的终结地上和水下核弹试验的协议——但留下了一个空白，即没有终止地下核弹试验，结果地下核弹试验直到今天也没有被禁止；或者是在数量上限制“战略核导弹”

的协议。而这样的协议不能阻止军备在其他方面的扩充，以作为“补偿”。这些都是“单一重点”的谈判，不能从结构上把握问题。美国外交家乔治·凯南（George F. Kennan）对这些现象进行了长达数十年的观察，他在 20 世纪 70 年代的一本名为《核弹的阴影》（*Im Schatten der Atombombe*）的著作中提出了针对这些谈判的根本性问题，即是否允许继续“精确平衡”的裁军方法。带着这样的想法，人们会不停走上“那条灾难性的老路，正是这条老路，把我们带到了我们今天所处的位置上。无论如何裁军，大规模的杀伤仍会存在。”[94] 凯南的批判并非笼统地涉及谈判，他的意思是说，如果这些策略与因此发展出来的结构保持不变，那么谈判就不会取得预期的效果；并且，如果人们能够为结束军备竞赛升级而做点事，就不应该把一切寄希望于谈判。1987 年欧洲达成了全部裁减中程导弹的协议，导弹数目不再被清点，这个协议带来了结构的改变，后来也成为具有重要政治意义的军备监督步骤。在这个步骤展开之前必须在政治上做出原则性决策，并以合约的形式固定下来。

将之前的裁军和国际军备控制的谈判与全球化的环境谈判放在一起看，可以看到两个方面：一方面后者也涉及要降低它大规模的杀伤能力[注]，另一方面各自相关的谈判对象又产生了一些相似的问题。如果政府能达成统一，避免开发那些还没有开始开采的资源，那么就更容易取得一定效果。南极条约就是一个例子。这个条约还没有形成影响很大的工业利益。当涉及到在全世界范围内召回危险产品时，对话就变得艰难，就像保护臭氧层的《蒙特利尔协议》中涉及的氟利昂（FCKW）使用问题。这项协议对于多边环境政策的维护者来说是一个成功的证明。要达成一个谈判结果是相对容易的，因为对象是逐条逐项的，并且没有触碰到

注：这里作者的意思是环境恶化和武器泛滥一样，都可能造成大规模的伤害。

广泛分散的结构利益。因为这是用同一个生产商生产的材料去替换另一种材料而已。虽然如此，要使这个协议成为可能，也需要花很长的时间。

与此相反，全球气候的谈判还需要协商总体上的能源消耗问题；他们开始注意到结构性问题及其广泛的影响。这里相同的初始条件和等价的义务都缺少所有的前提条件。能源需求量的差异反映了不同的经济、科技发展水平的差异，而且这种差异是巨大的。能源出口国和进口国之间存在差异、气候之间存在差异，国内或者国际组织的利益集团实力大小也有不同。1995 年至 2002 年间总共举行了十次全球气候会议，这数年来的谈判成果被评价为全球范围内的功绩。然而唯一要受到指责的问题是，美国作为目前最大的温室气体排放国却拒绝参与合作。事实上，《京都议定书》——先不提美国的立场，完全是出于另外不同的原因——不单是一种远远落在行动需求与行动可能之后的一种构想（我们将在下一节详细讨论这个问题）。这份议定书受“谈判技术”所限有一定的一维性，这种一维性不适宜形成一种影响广泛的行动动力向可再生能源转型。在一维性之后其实隐藏着偏见，即认为这种发展将会给所有人带来国民经济的负担。但是由于“负担前提”的反面才是正确的，也就是说，采用可再生能源和采用更高的能源生产率将给社会、同样也给经济带来显著好处，因此我们必须要质疑这个战略的意义所在。谁发现了其优势，那他即便在没有国际共识和条约义务的约束下也能占据主动。

在经济史上，想要在世界范围内造成广泛影响的技术革命，还没有一次能够通过国际谈判，达成有配额的引进义务和共同的结算规则。这些谈判甚至大多不是由政府发起的，而是建立在个人倡议的基础上。假如在这场最新信息技术的革命一开始，各国政府就找理由来进行制止，说信息技术浪潮（IT-Boom）将带来沉重的负担，因为它将中断此前的产业分支，取消许多存在已久的就业岗位，假如当初各国政府真的叫停了，那么专家圈子里会如何反应呢？因此，信息技术只能在“国际性一致协调”下，至少在所有工业国家的“协调”下被引入，并且是遵守有严格规定的采用配额的国际协议的基础上才能被引入。要求“协调”可能真的会被取笑，因为在其他所有的技术领域，这意味着：只有比别人快才能提高竞争力。但它在可再生能源的技术这儿是行不通的。唯求快，这样一种僵化的思想在经济史和技术史上都是绝无仅有的，它证明了评估可再生能源的标准是何等离奇。所有人都赞成单边的积极行动，以此来推动能源转型——同样也通过那些自愿参加的政府约定好积极行动，而不是首先花费数年时间把那些不愿意参加的政府召集到一起来，然后放着各自的主动性不管白白地等待着他们。

将自身的政治责任进行多边的“集体化”，是所有行动办法中最不适用于能源转型的方法。这种多国协议式谈判的做法并不是从一开始就毫无意义，但是只有当它针对的对象可以界定，且这些对象使得前进一大步成为可能时，只有当谈判伙伴们愿意朝着同一个方向努力时，谈判才能取得相应的成功。只有在谈判能够帮助各个国家加速必要的发展时，谈判才是合理的。当客观上不允许拖延，谈判却为拖延找到理由时，那么谈判就是在帮倒忙了。协议式谈判要力求达成共识，这一点是不言而喻的。达成共识的条件是——例如谈判中达成了阶段性的结论——这些协议不能代替参与国的进一步计划或者阻碍这些计划。

如果牵涉到一套国际法律秩序的建立，诸如国际环境法庭的设立，那么以共识为导向的国际谈判就不会没有其他的选择。对于开创性技术的贯彻来说，协议式谈判并不是一个合适的行动工具。协议式谈判更多地运用在那些根本不是协议式谈判的联合国世界会议上，而且也没有授权产生什么具有普遍约束力的决议。因为谈判结果缺乏约束力，那么为了至少提升推行贯彻的力度，就必须更多地依靠共识，这是有根据的。这里必须要由完全不同的主题来确定议程，而不是围绕着共识的条款来讨价还价：这些主题不仅要包括全球性的危害；而且要包括辨认出危害的原因和始作俑者，但这种辨认不能包装在外交里面；也包括对战略进行不加修饰的评估，以及首要的，对国际组织的工作进行清算。这意味着以下的问题：这些做法能为问题的解决做出什么贡献，怎样才能克服这些主题各自的以及相互间的矛盾，它们的优先顺序是怎样的，以及它们为此需要什么样的布局？然而外交的惯例却不能满足这些要求，与之相同的还有设置了大部分活动框架的联合国以及世界银行，它们都缺乏行动的决心，也因为自己的所作所为受到责难。

这类会议的其中一种特征就是，停滞在笼统的和基础性的东西上，反反复复兜圈子。有一个小小的进步，那就是2002年夏天的联合国可持续发展大会自己提到了这个问题。大会的最终声明警告说：鉴于数十年来徒劳无功的会谈努力，人们可能会“对他们的代表和民主的体制都失去信任”，并且可能会“视他们的代表为只会发声的铜管或者作响的铙钹罢了”。这样的坦白会有实际效果吗？抑或是只是在口头上批判自己，实际上还会继续下去？

“2004可再生能源”会议是一个错失的良机

约翰内斯堡会议中提出的两项动议应该可以起到补救的作用。第一个是德国联邦政府邀请其他政府机构来参加波恩举行的“2004可再生能源”会议，借此超越联合国会议约束性的框架共识，并生成一个国际化的动议。我曾在2001年7月向联邦总理施罗德进行了汇报，建议将一些有远志的政府邀请到国际会议中来。另外还涉及到带动其他一些政府协作建立一个可再生能源的国际机构。另一个动议是，欧盟委员会发动的建立一个“约翰内斯堡可再生能源联盟”（JREC）的声明，有超过80个政府机构签署了这一声明。第二项动议并不支持第一项动议的意图，这从一开始就很明显：这些签署了声明的政府，之前之后都没有对可再生能源采取过主动。有些会议大部分支持“约翰内斯堡可再生能源联盟”的国家甚至一次都没参加过，迄今为止也没有公布过他们官方的“目标”。除开这些会议之外，他们也没阐明，凭借当时可采取的措施究竟能不能达成所制定的目标。这些“目标”有何使用价值，相关的政治行为并没办法体现出来，反而可以从35年来联合国会议上再三所要求的“悲悼剧”体现出来，会议要求“西方”工业化国家应提供其经济产品的0.7%来援助发展中国家的发展。然而只有三个国家满足了这个要求，而其他的国家提供的一如既往地远低于这个比例，其中大部分国家甚至比他们最初所提供的比例还要低。

但是“2004可再生能源”会议也违背了作为惯例基础的国际环境外交的根本意图。尽管仅通过这次会议的举行，对于解除国际政府组织对于可再生能源的精神封锁就做出了很大的贡献。因此完全没有必要模仿联合国模式来达成共识，因为这种模式下的共识会好坏不分，让人辨别不清方向。而在《政治声明》中，所有参与国都想再次尽其所能合理行动，从而伪装成统一联盟，布什政府的代表团、欧佩克（石油输出国组织）的代表也包括在其中。宣言文本中并没有说到，这种“合作”是被“认可”的，可再生能源对于可持续发展做了何种“显著的贡献”。这次会议，应扩大范围说是里约会议和约翰内斯堡会议“重申”了强调可再生能源这个结果。各政府也注意到，有一些国家已经设定了扩建可再生能源的目标。在这种情况下，还畏畏缩缩就说不过去了。宣言“支持”扩展可再生能源机构的能力，不用提哪些可再生能源可以或者应该扩建，宣言强调的是有必要设定一些研究和开发的附加目标——更廉价的原则总是不会错的。代表团们都同意建立一个“非正式的全球政策网络”，其中包括议会、地方和地区政府、学界、私人领域、国际机构、行业协会、消费者、“公民社会”、妇女组织还有“世界范围内相关合作组织”——总之，包括一切。最后，这次大会的意图，是克服联合国世界会议在达成共识问题上的麻木不作为的毛病，处理甚至是官方搁置的事务：联合国可持续发展委员会（CSD）需要做出“可把握的步骤”，即针对2006/07年度（！）关于能源问题要采取哪些措施作出说明，并提出“进一步的展望”。每个人都同意，不这样做的话后续肯定会陷入消极状态。但究竟做到了吗？

宣言附加了一些一开始提到的“政策性建议”，而这些建议不再集合那些随意的无足挂齿的行动萌芽（“决策者们的选项菜单”），而是指出问题在于，迄今为止政府都缺失了一条信息通道。“2004可再生能源”是一盏“联合国大会之明灯”——一些被邀请的政府出于缺乏勇气而感到恐惧。大会最后所提交的“国际行动计划”被盛赞为创举。实际上，它只是少数几个国家目前或是已计划好的倡议，以表格的形式被呈现出来。一项民意测试的结果：中国公布的情况是，2020年之前中国的能源供应的17%将由可再生能源来满足，而其他一些国家将开展关于可再生能源的研讨会，并编写与此相关的文献资料。这些“计划”已被一致通过。但为什么一个国家的代表会投票反对其他国家为自己谋利益呢？在154个参与国中仅有58个国家完整地填写了表格。几乎三分之二的国家代表没有义务性地采取任何具体行动就离开了会议。

国际猛犸会议主要是通过参与者众多产生了心理学上的影响力。因为大家的印象是有重要的事情发生，为了不错过这些新闻，人们就会趋之若鹜。参与者越多，希望就越大。实际上，会议的大小和它的有效系数是成反比的。为了不破坏会议气氛，证明各方的良好意愿是比较好的形式。这样的形式掩饰了所有的问题，因为如果要触碰到问题的本质，必须要揭开负责人的面具并且批判那些虚伪的活跃分子，他们都在场。自从1992年在里约召开的联合国会议之后，非政府组织本身基本上没有破坏过上述那种良好的形式。被大会邀请的人觉得自己是享有了特权；对他们来说，参与会议比观点争论来得更重要。非政府组织的论坛是以“多方股东对话”的形式展开的，那时候这种对话是联合国会议的会议规矩的固定组成部分，并且这种对话形式也作为典范出现在“2004可再生能源”会议上。随后一些强大的经济利益集团也加入了这个对话，因为根据联合国的规定，这些集团都是非政府组织，其中包括从“绿色和平组织”到代表着原子—生化能源经济“中坚”利益的世界能源委员会（WEC）。这样一来，那些根本性的不同就被大事化小处理成了简单的意见分歧，就好像人们原则上还是可以统一去追求同一个目标，而只是不采用那些可以选择的步骤和工具而已。“2004可再生能源”会议上递呈的一份“利益集团对话的结果”中提到：“与会者在很多问题上达成了一致，在其中一些问题上还存疑……对话的进展是清晰的，对于最重要的问题，与会者的意见保持着高度的接近和一致。”对于参与了讨论的利益集团来说，这种高度近似是值得注意的。这种意见的高度近似显而易见是由普遍的政治决心所要求的，而且也可能取得相应实质的、快速的进步，可能不会产生行动力的问题。普遍存在的针对可再生能源的冲突都好像消失在空气中了，当然这仅发生在会议的几个小时内，如同纠纷不曾发生一样。

因此计划的会议不断兜着圈子，就好像开会的目的就是为了开会一样。“2004可再生能源”会议的导向是达成“联合国和谐”，因此它没法超越联合国会议的模式。因为与此相反，政府的参与并不是义务性的，他们不想使人害怕，甚至这个共识性原则在联合国会议上还更强一些，以至于《政治声明》一点儿也不比2002年在约翰内斯堡会议上通过的促进可再生能源的转型计划更加具体。是的，这个“宣言”要追溯到1981年在内罗毕举行的关于可再生能源的联合国会议的结果，会议建议成立一个专门的促进可再生能源的联合国机构。这一点在会议决议的概要第174页中也说明了。为了尽量争取所有政府的参与，组织者不敢提出新的问题。新的问题本来是可以有其合理性的，因为一般在德国提出的政治倡议特点就是能得到国际认可，为其他倡议树立榜样的作用。对于一个领跑者来说，与其寻找一种全民和谐的共识之声来掩盖真正的问题和冲突，不如打造一个“自愿者联盟”来得更加有必要。在战略清晰的会议上，参与国的数量如果能够少一点，那么具有推动性的碰撞可能才会多一点。

政治机构层面上的国际会议也可以换个方式来举行，与“2004可再生能源”会议并行举行的关于可再生能源的国际议会论坛也证明了这一点。[95]对此，德国联邦议会从所有的党派中邀请到了一个小组的成员来为此次会议做筹备。70个议会中的350名代表参加了会议。会议从一开始就不打算寻求全民和谐的共识之声。即便参加者已经提交了解决方案的草案，这个草案也是可以作出补充提议的。但是，接受的草案只是那些在编辑委员会的帮助下，丰富了其内容，而不是很平淡的草案。之后每个参与者都可以自己决定是否签署这项解决方案，部分议员没有签署，但给出了行动建议，其中包含一些新观点。并且那时曾有一个政治讨论，这个讨论也涉及到了针对可再生能源的冲突，而且人们能够直率地面对这些冲突，不在外交上迂回。因此，英国下院议员德斯蒙德·特纳（Desmond Turner）说：“我是英国执政党的一员，没有什么比发展可再生能源更加合理的做法。我站在这儿是作为一个可能会对此做出巨大贡献的国家的代表。技术我们已经有了，可问题是，政治上并没有考虑到这一点。到目前为止，我们只能表示我们对还未达到的目标所存在的不安。”卢森堡绿党欧洲议会议员克劳德·图尔姆斯 (Claude Turmes) 认为：“欧洲最大的问题是我们有七个电力公司，它们控制了 60%的电力生产、70%的欧洲网络，掌握着 95%的欧洲电力平衡。那些掌控着火电站和核电站的操作者们，并不被允许轻易地向可再生能源转型。”德国国会议员米歇尔·胡斯塔特 (Michaele Hustedt) 说，许多联合国机构“促进可再生能源发展的力量还不够强大，并不能给予那些在石油、原子能和生化燃料方面的游说者以压力”。日本自由民主党众议院议员河野太郎 (Taro Kono) 直言不讳：“腐败的政客、无耻的官僚和肮脏的供应公司形成了一个铁三角。每一次尝试提高可再生能源的比例都被他们看作是对他们既得利益的威胁，即是对促进核工业发展的威胁。”瑞士国民院议员鲁道夫·瑞克斯坦格 (Rudolf Rechnsteiner) 建议政治家们“自己首先不要去当错误的参谋”，国际能源机构“应该被解散”，“因为它给我们指导了一条错误的路”。巴西国会议员费尔南多·保罗·加柏伊拉 (Fernando Paolo Gabeira) 说，他在可再生能源背后看到了一个“人类的梦想”，一个“实现政治独立的梦想”。这是政治上的另一种旋律。

国际可再生能源机构的争议是国际可再生能源政策的试金石

议会论坛得出的解决方案在很多方面都符合《世界可再生能源议程》的要求。这个议程是由世界可再生能源理事会提交的，该理事会在“2004 可再生能源”会议之前就直接举行了世界论坛。这个世界论坛涉及到了议程的核心：要求成立一个国际可再生能源机构（IRENA）。该机构的成立应该是一个国际性质的方式。其实这样的建议在 1990 年欧洲太阳能组织的时候已经提出过了。当时的联合国秘书长佩雷斯·德·奎利亚尔 (Perez de Cuellar) 任命了一个工作组，即由瑞典能源和环境经济学家托马斯·约翰逊(Thomas Johannson)主持下的联合国环境与发展方面的太阳能工作组，建议1992年的里约会议成立这样的机构。然而这个提议在准备阶段就被筹备委员会否定了——参照现有的联合国组织，这本来可能是促进可再生能源发展的最好一张牌。在国际社会对发展可再生能源完全不够积极的情况下，2001年欧洲太阳能组织开始了第二次尝试，并在柏林举办了一次国际性的促进会议。国际社会要积极行动起来促进可再生能源发展，这样的动机是2002年德国红绿党在缔结联盟时的一个组成要素，也是联邦议会提出的多种解决方案的要求。

尽管如此，人们还是谨慎地避免在“2004可再生能源”的准备阶段谈到这个主题。这也首先说明了，为什么这次会议最终是一个错失的机会：会议太缺乏勇气，而不能承担起实际领跑的作用。当时如果有什么观点出现异议、妨碍了达成共识，或者给联合国组织与世界银行的合作造成了困难，那么就统统被抛掷脑后。个中原因就是这些机构之间互相竞争的念头，与会议的意见相左。理事会把对解决方案的要求看成是对他们自己工作的批评。因此，尽管德国发展部长海德玛丽·维乔雷克·措伊尔(Heidemarie Wieczorek-Zeul)曾多次公开提及，德国总理格哈德·施罗德在议会论坛的讲话中也强调议会论坛提出的这一要求是“重要推动力”，然而在“2004可再生能源”的会议上，人们始终未曾提及国际可再生能源机构。德国环境部长尤根·特里廷拒绝了这一要求，甚至一些来自多种环境层面的非政府组织也对此表示了强烈反对，并提出了一个用国际性的“非正式网络”取而代之。用这样的一个网络来代替国际性政府组织显然是不合情理的，因为这就像在要求用非正式的网络去取代现有的联合国组织一样。

一个国际机构有怎样重要的意义，国际原子能机构和现有的

表 3

	新能源和可再生能源的联合国会议 内罗毕 21.08.1981	2002 可持续发展首脑会议 约翰内斯堡 05.09.2002	可再生能源 2004 波恩 04.06.2004
国际机构措施	建立一个政府间的机构，监察内罗毕计划的实施 联合国经济及社会理事会和联合国大会执行情况的报告	职权中心关系网络的建立 在 CSD-9 框架内采取的措施 促进建立起同步的国际金融机构环境的	建立民间《全球政策网络》 报道／监视可量化联合国可持续发展委员会的步骤
新的国际协议的目标	协调一致的行为在能力建设的领域。研发，信息传播和技术转换		

可再生能源领域国际会议的政治诉求—纲要

可再生能源国际会议论坛 波恩 02.06.2004	WCRE 论坛 波恩 31.05.2004	能源促进发展会议 诺德维克 14.12.2004	
国际机构可再生能源推动可再生能源和节能技术在发展中国家的非商业的技术转让 在 WCRE 议员的网络和“电子议会”的框架内连续性议会的经验交流 国际议会论坛的延续	国际可再生能源机构作为以资源入会为基础的国际政府组织 建立以硕士研究生教育为重点的可再生能源国际大学	每年两次的随访小组 在可持续发展委员会 14/15 个别领域的进展报告	国际机构措施
能源和节能技术链，或者根据世贸组织全球产业的规范和可再生能源技术的标准，在总的能源供应链采取低税或免税	在 WTO 的框架下，可再生能源扩散条约针对可再生能源－和节能技术作为废除核不扩散条约的补充 注重针对可再生能源全球化工业规范和准则，在京都议定书的框架下的整个能源供应链的节能减排排放权交易		新的国际协议的目标

表 3

	新能源和可再生能源的联合国会议 内罗毕 21.08.1981	2002 可持续发展首脑会议 约翰内斯堡 05.09.2002	可再生能源 2004 波恩 04.06.2004
国家层面的政策建议	促进可再生能源总体形势中的发展 关于可再生能源潜在的信息 欧盟机构的设置／加强 加强研究和开发工作 建立培训计划 对可再生能源投资的政治激励	减少扭曲的市场 逐渐去除有弊的补贴；税务重组 在能源范围中阐明工作的促进 能源生产者和消费者之间的对话的论坛 加强研究和开发工作	连贯的可再生能源政策框架 出口输送机构的形成 针对可再生能源建设人力和机构能力 研究和开发新的目标
可再生能源的融资	额外的金融中介通过联合国，国际金融机构，世行额外资金 支持投资（金融和非金融的方式） 对南南贸易的国际支持	利用全球环境基金 财政援助（比如：个别程序）	扩展对可再生能源的世界银行和区域开发银行信贷额度

可再生能源领域国际会议的政治诉求—纲要（续）

可再生能源国际会议论坛 波恩 02.06.2004	WCRE 论坛 波恩 31.05.2004	能源促进发展会议 诺德维克 14.12.2004	
对于可再生能源的政治优先 在教育，研究和开发，建设，农业，交通和发展援助等领域的可再生能源和能源效率的法律义务	定向可再生能源的模式 免税生物燃料 在建筑中使用可再生能源的义务 在农业中对生物能源和原材料方向的激励 重新为可再生能源分类对石油的改造和核能的补贴 各级别的 宽度培训计划 对核能和石油能源补贴的拆解	不同政策领域的整合 农村能源供应的私人服务框架 加强与能源供应公司的合作 发展当地可再生能源项目的利用 外部收益的内在化与优势 来自能源服务的慈善部分的补贴	国家层面的政策建议
针对可再生能源，国家和国际开发银行，特别是对小额信贷的贷款项目的支付	所有开发银行对可再生能源的信贷项目的支付 项目发起人根据有效的利用对可再生能源的发展进行认证 结合可再生能源确定的部分进行发展援助	扩大在能源领域的公共和私人投资 利用出口信贷 支持本地机构对小额信贷项目的发展	可再生能源的融资

国际能源机构现在就能够证明。国际原子能机构是国际“原子能共同体”的庇护所，它每年都举办数百个会议和研讨会，在世界范围内以一个国际权威机构的名义和数千合作者和协约伙伴的关系来为原子能打广告，帮助各国政府制定原子能计划，并且劝告他们，可再生能源并无可能取代原子能。没有国际原子能机构，就没有世界范围内的原子能复兴运动。同时国际能源机构也在着重强调原子能和生化能源从长远来看是不可或缺的。他们提出对生化能源还要扩充，甚至阻挠大部分《京都议定书》规定的成员国政府必须承担的目标。这两个机构都是国际能源讨论的重头机构，并且会对联合国组织、发展银行、政府和公众的意见发挥重要影响。只要在国际可再生能源机构中没有一个与前二者相抗衡的团体，那么可再生能源沦为装饰物就没什么稀奇了。

对于成立一个关于可再生能源的国际性政府机构，人们表现出来的是漠不关心，环境非政府组织例如世界自然基金会（WWF）甚至公开拒绝，原因都在于他们认为这样一个机构与政治无关。这就正如国际原子能机构和国际能源机构向原子能和生化能源所证明的那样。另外，如果非政府组织认为他们有能力承担这样一个机构的责任的话，他们也很有可能低估了这样一个机构的价值。重要的事情是，非政府组织本身已经适应了国际环境外交的习惯，它只需要在这个层面上保持共识能力就可以了。实际上，要在“2004 可再生能源”会议上追求建立一个国际可再生能源机构可能也是不太现实的，但是在这样一个会议上，应该让人们可以公开谈论这样一个机构的必要性，并去探究一下，为什么在德国议会的决议支持下，德国政党决定在他们的项目中立即积极行动起来发展可再生能源。如果“2004 可再生能源”会议都对此避而不谈，那么这个机构的成立要在哪里谈呢？为什么会议东道主德国——首当其冲的是环保部长——一直在背道而驰，并且在会议上对于国际可再生能源机构也缄默不语？其原因在于它一直固着于全面多方主义和联合国机构的一贯行事风格这个大前提。认为很可能有单边的国际推动力来促进这一机构的建立，这样的想法一开始就是错误的。尽管在许多别的领域有非联合国组织形式的国际性政府组织了，从经济组织到军事联盟，人们认为迟早都会公开建立一个这样的机构，这种想法也是从一开始就是错误的。通过单边行动来推动可再生能源在国际上的动员，是多边环境外交的掌玺大臣根本不会考虑也不会做的。

京都综合征和现代能源经济学与环境经济学之哀歌

2005年2月16日，人们热烈庆贺《京都议定书》的生效，尤其是环境政策的制定者、环境组织和环境科学家们。人们再次认为，一个“新时代”已经拉开了帷幕。德国联邦政府的报纸上刊登着“西伯利亚还是寒冷的”，就好像全球气候已被拯救一样。德国联邦议员的绿党议会党将《京都议定书》称为“国际环境保护的里程碑”。环境部长特里廷赞誉其为“环保路上最重要、也是最正确的一步”。出于对生态问题尽传播义务的自我意识，《日报》的大字标题是:“人类迈出的一大步,却只是气候上的一小步。”这个标题中的两个半句是互相矛盾的，这个矛盾表达了《京都议定书》进退两难的窘境：人们都知道，这对于世界气候保护来说还远远不够。德国气候研究人员也在声明中提到了这个两难境地:《京都议定书》是一个巨大的胜利,但它归根结底什么都没有带来。

一般的观点是，《京都议定书》将在未来涉及到，对美国的不参与行为进行劝阻，同时尽可能让所有的国家，尤其是中国承诺减少温室气体的排放。接下来的步骤，是要增加各参与国的义务份额。毕竟这份议定书受到各国欢迎，那么凭借它就有可能成功地开始能源决策的共同规则，并且甚至用市场经济的手段实现。

这个概念被称赞为一个榜样，被称赞为是广泛而普遍的能源革命的基本战略。只有少数人在会议当天对此进行了批判，比如联合国环境计划署负责人克劳斯·特普费尔（Klaus Töpfer），他要求“新的解决方案，且越快越好”。

《京都议定书》得到认可，并不只是因为它包含了给各个参与国的最低义务配额。它包含了特别是以上两节我们谈到的、对于全球能源转型来说，缺乏行动力的、排外的，尤其是缺乏指导的所有政治和经济的行动：偏执地固着于全球共识这一解决方案和“市场手段”，这些都没有比较对象，并且强化了传统的能源供应结构。这是一个“新自由主义”能源思维的值得商榷的构想，虽然这个构想的实施仍要伴随不断增长的官僚作风。

2000 年年底还是克林顿执政时期，继任者布什当时已当选。在这一年年底的海牙会议关于美国诉求的一轮谈判中，出于议定的安排，提交了一份没什么实质内容的草案。欧洲政府拒绝了这一草案，非政府组织这样赞成这次会议的失败：“比起糟糕的协议，不签协议反而更好。”在 2001 年 7 月于波恩的下一轮协商中缔结了一个现在已经生效的协议，然而这个协议也是打了折扣的，也许是为了让美国之后更容易加入。此时人们又极力赞扬：“有一个糟糕的协议总比什么协议都没有好。”当时在场的非政府组织代表也为此欢呼。

《京都议定书》传达了错误的平静，而在这种不加批判的态度胜利之后，现在一切正走上正轨。

由于美国政府和美国国会参议院拒绝协议，积极参与环保的政治决心已经成了一个象征、一个区别善恶的标志。当一个事物成为了象征，大部分的人都不再去批判它了。如果美国同意了签订《京都议定书》，很可能很早就能对议定书的短处进行一场广泛的批评性讨论。这就是为什么美国的拒绝有双重危害：它一方阻止了《京都议定书》发挥出它微不足道的积极作用；另一方面也阻碍了人们观察《京都议定书》的消极效果。事实上，协议本身是非常复杂的，很难进行另外公开的讨论。有一些人对于环保政策是基本拒绝的，为了不得到这些人的“错误的称赞”，许多人害怕受到批判。问题究竟出在哪里？

最小即最大

《京都议定书》规定，到2012年工业化国家的温室气体排放量要较1990年平均降低5.2%。由各个国家的气候科学家组成的政府间气候变化专业委员会（IPCC）认为，在2050年之前排放量减少60%是非常急迫的要求。如果在2012年之前，减排没有超越议定书所规定的量，那么在全世界范围内又会增加50%的温室气体排放，工业化国家则增加11%。这个数据来自于议定书秘书处和德国伍珀塔尔研究所的气候学家汉斯－约阿希姆·卢曼（Hans-Joachim Luhmann）的估算。[96] 这些数据的出发点首先是基于《京都议定书》真正的贯彻，而连这一点也完全是一个问号。如果人们只在《京都议定书》的背景下去设想后续解决问题的方案，那这些人是从哪里来的乐观主义精神，认为在这样的道路上走下去，在2012年之后也能逐渐接近达到政府间气候变化专门委员会的减排目标？2004年12月，《京都议定书》第二阶段谈判在布宜诺斯艾利斯启动，讨论还是一如既往地艰难。

已加入议定书的国家有三组：工业国（附件I缔约方），他们拥有大致相同的减排义务；新兴工业国家（附件B缔约方），其中包括大部分的前东欧社会主义国家，他们有不同的温室气体排放量上限，比照1990年的数据，差异范围从少于8%到多于10%；发展中国家（非附件I缔约方）没有减排的义务限制。就议定书包含的各项义务而言，主要针对的是国家层面。他们怎么履行义务，议定书都不管。如果《京都议定书》的这些义务目标都实现了，那么我们给出这样的评价就是合理的:最小的妥协本身比没有妥协好。每个义务国必须要制定自己实施纲领。具有问题意识的政府和议会,并不一定出于气候动机,可能会越过所承诺的国际性义务,而环境运动会给它们施加压力。可能还会形成纲领竞争从而互相促进。

然而作为补充，该协议还包含了一个附加方案，也就是三个所谓的“灵活机制”：

- 排放权交易：

  每个国家都有“排放权”，如这个国家的排放没有超过指标，它自己也不需要，可以向其他的国家出售它的剩余“排放权”，其中每个国家的排放指标都包括许可证（一个许可证用于一吨二氧化碳或其他相关同等的温室气体的排放）。如果一个国家的排放超出了它的配额，那么它也可以向其他排放未超过指标的国家购买“排放权”。每个国家也可以通过固定程序，将“排放权”转让给私有的企业运营商。而没有用完它们排放权利的人，可以按照自己的意愿再次出售这项权利给那些更愿意购买排放权，而不是为降低排放投资的企业运营商。

- 联合履约（JI）和清洁发展机制（CDM）：

  采用联合履约（JI），义务国之间或者义务国的企业之间可以互相转让与获得碳信用额。采用清洁发展机制(CDM),可以通过让发展中国家的项目不减排来赢得碳信用额。

采纳这种“灵活机制”对官方来说是自愿的。由于这种机制包含了在国际上结算的可能性，利用这一点各个国家和这些国家的公司就能够自由买卖排放量，因此没有国家可以或者想要从自己的政策中抽离这个机制。企业会坚持，也没有国家会放弃让相关的项目给它们这样积累信用额。

这种“灵活机制”使得《京都议定书》广受好评。但实际上这正是它的问题所在。这个机制引领的不是市场解决方案，正如它所展示的那样，而是一个官僚化的、僵化的全球投资操纵。这个机制增加了能源系统的寄生虫的数量，因此它增加了成本，而不是低成本的解决方案。这个机制并没有易化向可再生能源转型，反而是打击了那些已经采取了政治手段，能够在自己国家内启动可再生能源的国家的积极性。该机制强化了传统能源经济的结构，并帮助它们也在发展中国家扩张：这样一来这些发展中国家面对全球向可再生能源转型也犹豫了。

《京都议定书》的最小妥协将通过“灵活机制”在事实上达到持续到 2012 年的二氧化碳减排量的上限。这种“灵活机制”间接地展现出一种经济上的刺激，从而使得减排量的义务份额不超过平均 5.2%。其结果是，要求超出当前承诺义务的提议被推迟到 2012 年之后了。因此，要求这些义务国超过它们的最小目标这样的提议本来就面临阻力，因为这样做会伤害到自己的利益。如果没有获得超额完成任务的奖金，人们将承受着额外的“京都逻辑”之重。“排放权”的国际可交易机制导致了排放量不再像《京都议定书》要求的那样减少。这种机制涉及到的更多是《京都议定书》的“效益”，而不是让二氧化碳有效地降低。因此考虑到实际的环境危害，这种机制是不负责任的。它实际上将排放量的最小变为了最大。这表明，如果《京都议定书》限制了减少“温室气体”排放的义务，并且放弃使用“灵活机制”的办法，情况会变得更好,这样每一个国家都可以用自己的方式来履行这些义务。

统治多过机制，更多的排放权交易而非减排

德国 2005 年有 1 200 家公司认可了“排放权”交易，交易次

数为 1 849 次。这使得专门的排放权交易所出现，其初始阶段已雇用员工 120 人，三年的时间里每年分配的二氧化碳有 4.95 亿吨，每吨大约 5 欧元。每年的交易额约为 25 亿欧元，价格会随着市场的波动而或高或低。没有人能说清，有多少公司会愿意将排放量控制在自己的份额内，又有多少公司更愿意额外购买排放权。“排放权”的分配是根据现有的技术和以往的减排努力情况而定的。1 849 次交易中有 799 次都遭到申诉，于是，应运而生的除了专业认证机构之外，还有大规模的律师市场。

对二氧化碳的具体计算方法也存在着缺陷。总的真实排放量并没有被公布，因为在燃料的运输过程中也存在着排放问题。如果连这都没有考虑到，那么只能说测量排放量只是气候政策自欺欺人的行为。就拿德国的火电站来说，它的二氧化碳排放量减少了，这被记录了下来，可这个值只检测了该发电站附近的煤炭量。第二年又从澳大利亚买来煤炭，在运输过程中产生了排放量，这样就增加了二氧化碳的排放，但这一部分排放却没有被检测到。在德国新出台的排放交易法案，会考虑到以上这种情况。在年度报告中，通过计算总燃料流量的所谓全球排放模型集成系统，二氧化碳的测量会发生相应的变化。这个数据必然是不准确的。除此之外，这个测量方法还不太可能在所有国家都实行，因此在类似情况下就造成，燃煤电厂看似遵守了减排规定，但实际排放的二氧化碳比数据显示的要多。

从目前的状况来看，随着联合履约机制和清洁发展机制的实行，全球二氧化碳减排的情况实际上更加糟糕了。现阶段俄罗斯由于经济状况的问题而减少排放了约十亿吨的二氧化碳，乌克兰减少了约四亿吨的排放量，和《京都议定书》中所规定的一致。但很难预期，在未来几年的经济发展过程中，这两个国家会不会行使“排放权”而卖出大量的排放许可证。如果俄罗斯仅仅卖出五亿吨排放量，平均每吨有 7 美元的收益，那么到 2012 年为止，它将获得 35 亿美元的进账。俄罗斯和乌克兰是不会错过这项业务的。通过这种交易，一些没有用完排放量的国家就能通过转让排放权而使得别的国家可以在很大程度上，甚至是完全随心所欲地排放，而不是去降低二氧化碳排放量：尽管大家都履行了《京都议定书》的规定，但实际上都是在“记假账”。卖家能够给出 2008 年到 2012 年的潜在销售量。甚至在 2008 年之前，各国就能够有相应的购买选项，而且目前已经形成了购买狂潮，日本、意大利、荷兰和英国就是积极的购买者。这种联合履约机制同时也是吸引美国在 2008 年前加入《京都议定书》的诱饵，有了这种期望之后，能源公司以及对排放权交易感兴趣的银行就开始推动美国政府和参议院的加入。

清洁发展机制又如何呢？假设在印度，一个新的生化能源发电站建成，它的二氧化碳排放量明显少于“参照发电厂”，那么清洁发展机制理事会就会将它定义为基础数据。如果这个发电站由一家本身承诺减排的德国康采恩建造，它就将获得一个碳信用额，证明它减少了二氧化碳排放量。新的电厂替换掉无效益的旧电站，这样就实现了二氧化碳的减排。但为了满足日益增长的能源需求，它就会增加排放量，而建设这个发电厂的德国公司则得到了碳信用额。外国投资者必须在清洁发展机制理事会登记，并且向项目发起方政府缴纳两成的利润。印度已经决定使用可再生能源，但同时又减少了对可再生能源的资金投入。发展中国家的政府被清洁发展机制所激励，但同时继续给予建设大型能源发电站和大型水坝项目的优先待遇，而不是用可再生能源取而代之。

清洁发展机制使得来自义务工业国的投资者拥有竞争优势，因为这些投资者可以就此使用这些信用额，在金融上优化他们的投资。为了在清洁发展机制的框架下变得活跃，必须要通过高额的行政和财政开支才能使得形势有利于大型电站项目的建设。为了能够防止滥用清洁发展机制的情况发生，这套办事程序就不可避免地变得越来越官僚主义。

由十个成员组成的执行理事会（EB），依靠一个机构来监督这套办事程序，机构的规模随着注册项目数量的增加而扩大。项目提案必须集中到“指定经营实体”（DOE）那里。“指定经营实体”会以清洁发展机制为标准来比较每份提案。如果提案符合标准，那么将在执行理事会注册，然后由来自专业咨询公司、工程公司、环保机构和非政府组织的专家们，依据受执行理事会认可的方法，对之进行审查。这套办事程序非常漫长，而且对投资来说简直就是一个屏障，因为人们首先要尝试得到碳信用额。

臃肿的官僚体系，同时还有高昂的财政支出，使得大型项目越来越强大。项目越大，审计工作产生的所谓“交易成本”相对而言就一越显得低廉。据目前运行中的认证机构所述，每个项目的交易成本约为 25 万美元。于是，对于规模较小的项目，比如一个采用生物质作为燃料的两兆瓦的发电站所需承担的交易成本能够占到总成本的 20%还多，但随着规模的扩大，交易成本的边际成本则会下降。

“排放权”的销售者对较高的价格更有兴趣，因为这样一来手续费就提高了；认证专家也追求高额的认证费用，因为这样一来就扩大了生意。“灵活机制”采用得越多、必要的登记者与项目的抽样越多，对他们来说就越有利。这样就产生了大量新的官僚部门。如果能源经济的寄生者们参与更多更广的活动，那么他们所承诺的“有经济效益”的气候保护怎样能实现，还真是不好说了。“这种交易是那么小，可它带来的却不只是工作。”过去有一句谚语是这么说的。

与此同时，大量的气候专家也参与了“灵活机制”的实施，并从中受益。他们打造了一个以此种形式支持《京都议定书》的集团。这就解释了为什么迄今为止都没有人站出来批判“灵活机制”的可疑之处。

假设某个工业国到到2012年之前都没有履行它的义务，那么它将受到经济制裁。在此之后它的义务将增加1.3倍，然而这种书面形式的制裁只是纸上谈兵。对下一轮的义务来说，达成广泛的共识是必要的。无论如何，违反合同必须付出政治代价。

对于《京都议定书》及其机制的批判的肤浅回应是：反正我们会在未来的谈判中克服这些缺陷，相应的举措不仅包括2012年起增加义务承诺，还包括让所有的国家都参与到《京都议定书》来。国家将获得根据人口数量计算出的“排放权”。只有发达国家和发展中国家在能源消耗方面获得的配额没有极大的差异时，这两种国家才会都愿意参与合作。《京都议定书》第二阶段批准工业国拥有几倍的“排放权”，这是一个“双重标准合同”。无论如何都必须重视平等原则，这样大家才能平均——但这又会导致，给予发展中国家比它们自身排放量还要更多的“排放权”，就像当下的俄罗斯一样。可以预料到，与手续和认证数量挂钩的“假账”急剧增加，就像现在的情况一样。这种情况会因为“灵活机制”而保持不变，而全球减排率这一共识中的最小公倍数在下一个义务时期仍然不会被超越。此外，人们还需寻找修补“灵活机制”的办法，去修复那些不可忽视的漏洞。但是每一次修补都会提高行政和财政的支出，从而导致事情越来越糟糕；最终可能导致小型的能源项目和投资——甚至是所有的项目，都被并购为仅此一个全球项目。如果每个小的投资都被淹没在申请和审核程序中，全球的能源活动会由此成为绝对的官僚主义。这种官僚主义嘲弄经济的动力，并且首先不利于分布式的能源技术的发展。这种情况发生的原因之一是，例如为什么世界银行喜欢贷款给大型项目，因为这样的话贷款金额的处理成本较低；例如一笔十亿美元的贷款成本就只有一笔，而贷款给由成百上千小项目组成的大项目时，这笔处理费会自动增加。这样的经济机制实际上同“灵活机制”没什么区别。

按照《京都议定书》来做的话，解决气候问题几乎没什么赢面。大的能源消费国已经使这些漏洞正式合法化，大型能源康采恩也会获得更多的发展机会。胜利将属于卖出许多排放许可的国家，因为它们时处经济困境之中。它们已经沉溺在这种好处里了。另一个问题是，这些国家想用排放单位来做什么。理想化的预设是，这些国家用这笔收入积极投资自己的生态项目，当然这种预设完全没有必定实施的保障。如果日后想指望这些国家，恐怕它们也不会同意《京都议定书》义务的扩充。

“排放权”使排放合法化

“排放权”的概念将从前在法律容忍下的排放行为变成了公开的合法行为。如果没有别的选择，而且能源又是不可或缺的，人们容忍这种排放就是有理由的。法律史表明，如果一种法律框架不再被认为是合法的，那么它就不能长期留存。如果可再生能源能够实现零排放的能源供应，那么生化燃料将失去它的合法性。通过国际法确立的可报价、可销售的“排放权”使得法律框架以外的排放变得不合法。于是那些具有排放权的行为就被赋予很高的荣誉，它们被看作世界救援行动的一个组成部分。人们并不会立即意识到，让一个站不住脚的状态合法化会产生怎样的心理作用，在这里就是从道德上给损害许多人的排放找到合法化的理由。虽然通过可再生能源可以完全避免这种伤害。可再生能源将导致社会价值观的转变。

最好的办法是通过比较来说明这一点：生产和交易硬性毒品在大多数国家是非法的，或是被认为是非法的，那么如果人们并不立刻禁止这种行为，而是仅仅满足于在2012年之前“有效率地”遏制毒品生产，当然也是为了减少毒品交易对生产者的经济诱惑，而使之减少5%的产量，同时开放认证和交易毒品生产权——那么大家会怎样看呢？另外，如果毒品业务在国家控制下允许开展，于是它作为官方的灰色收入，还会为国库带来好处、为税收增加收益，这种情况又将带来什么后果？

不幸的经济联盟

虽然“灵活机制”也涉及到一些基于可再生能源的项目，但是动机却从多种多样减少到“减排”这一个。其他动机，比如长期的能源安全、减少能源进口的外汇储备、防止损害健康、节约用水，都退居幕后。为了减少二氧化碳，通过统一的模式采用货币化的措施——这对其他的生态倡议来说几乎是不可能的——人们几乎没有留意到这个措施，而且它已经成了一种隐藏的决策标准。“灵活机制”更有利于传统能源供应实现短期的减排，而不是通过可再生能源长期全面的零排放。时间已经证明，《京都议定书》只是为了短期的成效，而不是为了长期而努力。

通过设置全球“排放经济”，关于能源的多维问题被压缩成一维的问题。向可再生能源转化的动机减少为一个，这样一来，许多基于“灵活机制”的方法就成了系统化的指导纲领。这么做给人们留下一个印象：只要排放的气体变少了，那么在目前的能源供应情况下，世界环境就并没有很严重的问题。“一点问题”就能引发世界能源危机，而解决这个问题采用的是“一点战略”。

采用“灵活机制”在能源经济上的合理性在于，“灵活机制”能使资金投入到那些能以尽量有限的财政投入达到追求的效益的地方。这个想法源于之前说明过的“市场经济”的简化论，也就是说，一切必须围绕着降低成本而展开。这种简化论基于一种简单透明的经济理性，这种经济理性取代了所有的结构性问题和社会问题。环境经济学的基本论据是，究竟在地球的哪个位置上减少排放，对于环境保护是没有区别的。如果能够在最有可能实现成功减排的地方进行相关的投资，那么环境保护就可以以最快的速度实现。在这种理念之下，结构性问题没有得到足够的重视；此外由既定能源供应所引起的气候危机也被人们忽视了。

一维的环境经济的根据基本上和一维的能源经济的根据是相同的。这二者都可以理解为经济上的纲领，也就是说，这二者都可以理解为是割裂了其经济联系的纲领。因此，尤其是“灵活机制”的原则是如此无可争议，即使是拒绝了《京都议定书》的美国官方也是这么觉得。

这个基本思想的提出者显然已经被遗忘。从莎伦·贝德（Sharon Beder）的《地球自转》（*Global Spin*）一书中可以读到：美国新保守派（“新保守主义者”）的“智库”在20世纪80年代就试图研究，怎样才能取消环境政策和反对环境运动。[97]他们意识到，他们必须提出一些所谓的更好的环保理念，以便不再被人们认为是无知的。他们大肆宣扬的解决方案是，用“自由市场的环保主义”来反对据称为“命令与控制”的环境政策。环境问题可能完全是市场错误造成的，因为环保产品没有价格。他们的解决办法在于可交易的排污权，旨在促进可再生能源发展的措施，诸如收取更高的能源税、颁布节能法律、开展投资项目和实施各项法规，以及所有其他旨在绿化能源供应的行为都被谴责是错误的。因为美国总统克林顿和他的副手戈尔都没有机会在参议院推行气候保护倡议，于是他们就采用“新保守主义者”的方针，以便用他们自己的武器来击倒他们。克林顿政府希望通过这种方式得到拥护国际环保协议的“新保守主义者”的赞同，对“新保守主义”来说，排污权交易不仅仅是一个阻挠气候保护的托辞，而且他们还真的相信这个概念会起到实际效果。由于人们已经知道世界气候会议如果没有美国参与，协议意义就不大，因此这种趋势已经持续了很久：以排放权交易为准则，不再进一步寻求其他方法，比如取消全球免税政策，尤其是取消破坏气候的飞机燃油的免税政策。因此，新保守主义的做法是负责任的，从中产生了新自由主义，但说实话，它真正的意图却是尽量不要触及大的既得利益。

赞同“灵活机制”的环境经济学派的人都不会出于以上的动机。他们接受这个概念是出于其他原因。原因在于他们试图驳倒这样的一些言论，即环境保护与市场经济原则是水火不容的；这种“经济”所产生的成本负担是不可承受的。这就导致了他们努力想形成一些理论性的概念，而这些概念被贴上了“市场经济”的标签，并且可以被看成是特别具有“成本效益”的。因此这样人们的分析就是片面的，也因此他们的立场就会突然地，但也绝非偶然地转向了“新自由主义”。同时，希望本身很重要，因为希望能证明各自在其主导作用的经济意识形态中的“经济竞争力”。“新自由主义”环境经济学派非常支持《京都议定书》中所采取的仅关注“成本效益”的环保模式，因此这份议定书在针对可再生能源的“撤回”运动中扮演了一个关键性的角色。一直以来情况就是，他们认为，对既定生化能源系统产生的二氧化碳减排进行投资，要比给可再生能源投资更好，尤其是当发展中国家已经同意减排的时候。

滥用《京都议定书》作为反对可再生能源的工具

滥用《京都议定书》作为反对可再生能源的工具，最突出的例子是隶属德国联邦经济部的科学顾问委员会在 2004 年 1 月提出的对可再生能源进行监管。根据他们的说法，《可再生能源法》应该“出于经济理性和生态理性的原因被撤销”，这是为了便于生化能源的排放权交易。他们认为可再生能源的价格“不适合市场”。他们的监管只字未提过去和现在的常规能源得到过多少补贴，也没有提到社会的间接损失或是正在减少的资源。这种监管就是，用他们推荐的方法，只按照一种趋于荒谬的二氧化碳减排计算法，把可再生能源赶尽杀绝。而且无论向可再生能源转型怎样有理由，他们还是会这么做。

《可再生能源法》为可再生能源所构建的单独的市场框架，被认为是“荒谬”的，因为它保护了可再生能源，使其不陷入“太过激烈的竞争”。仅仅因为还存在“许多其他的方法”，而这些方法“虽不在可再生能源范畴中，却也许能更快更有效地降低二氧化碳的排放”，就认为该从政治上在不同的能源选项中做出选择，这种说法根本毫无道理。人们忽略了的是，《可再生能源法》不仅仅涉及到减少二氧化碳排放，同时也开辟了可再生能源技术的市场空间并可以为其工业格局服务。但这种技术市场不受任何保护：世界范围内所有可再生能源的供给方都可以在《可再生能源法》适用范围内自由地加入。因此《可再生能源法》中包括了明确的市场经济条件下的生产激励机制：采用的生产技术越有效率，员工的经济效益就越高。这无疑史无前例地推动了可再生能源技术在世界范围内的效率提升。对受保护市场规范讨论并不适用于《可再生能源法》。正如民意调查显示的那样，由《可再生能源法》引起的、摊到电费上的额外费用，绝大部分消费者都能接受。因此对于监管者来说，起决定性作用的并不是消费者的需求，而是《可再生能源法》与监管者的市场理论之间是否保持一致。而监管者的市场理论只单方面地涉及到能源市场。人们应该产生哪些需求，这些都将被放入讨论之中。

深受经济教条束缚的经济科学顾问委员会针对气候保护提出了建议，而这个建议的实现可能要以严格的全球计划经济为前提：

"中国发电站的现代化与扩张展现了它们在减少和避免二氧化碳排放方面巨大的潜力"，据说，"而花费比按照《可再生能源法》的方法还要便宜30到50倍"。"人们不应该给在《可再生能源法》的激励下建造的大型设备投资，而应当转向中国或者类似这样的国家进行投资。除了费用从来没有到账过这件事，这个建议还有两个误导的地方：一个是发达国家拒绝对减少二氧化碳排放进行投资。因为发达国家每为良好环境进行一处投资就会被无数的争论打上"在经济和生态上毫无意义"的标签，因为理论上总是在发展中国家进行减少二氧化碳排放投资来得更具有现实意义。换句话说：因为在非洲或者亚洲，投入的资金用于降低危害更有效率的话，人们就会继续接受生化能源的使用对于环境所造成的危害。虽然这种危害不仅会造成全球气候发生变化，还会使当地的空气、水、土壤和森林也遭到破坏。而如果在工业国就地使用清洁能源自给自足，甚至会被谴责为在环保上不负责。

另一个问题是，所有本国的能源投资都要转投到第三世界国家去，只有这样，顾问委员的建议才有施行的可能：如果《可再生能源法》被废除，那么那些在光伏电站、风电厂、生物质电厂和水力发电站方面的已经准备好的私人投资，都无法在中国或是其他地方自行到位。如果《可再生能源法》还能继续生效的话，只有具有慧眼者才能辨别出谁将在未来对可再生能源进行投资；那时政府就必须强制性撤销投资者之前拟定的投资款项，并将这些款项转移到中国去实现电站的现代化。这将成为一个全球范围内无可挑剔的能源的计划经济模式，一个基于不存在的心灵学的研究技术的奥威尔式的方案。

实际上，废除《可再生能源法》的后果将是：潜在投资者的资金有各种投资可能性，但却不会投资在中国。顾问委员会在理论上的计算例子实际上是用经济学词汇包装的虚拟的柠檬交易。

它所做的事，正是市场经济理论家威廉·洛卜克（Wilhelm Röpke）所警告不要做的："让理论上的完美主义受条件所限，受那些一开始就存在的、很难在真实的经济中实现的条件所限。"简而言之，委员会的建议是一个无用的分析，它来源于"市场经济"模式和意识形态上的盲目。尽管如此，这个委员会的鉴定除了遵循"灵活机制"之外什么都没有做，为了使他们的前提能够在思考中贯彻到底，并让这个模式能够到达其荒谬的目的。

在德国联邦环境局有关"小型水力发电站的环境协调性"的鉴定中，据称将通过建设水力发电站，"让人们接受那些因为避免二氧化碳排放所产生的高成本"[98]：这就好比一个投资者想要通过拒绝修建水力发电站，并转而将自己的资金投入到火力发电站中，来减少二氧化碳排放。许多环境机构的研究导致人们有了这样一种观念：把节约能源的资金投入到价格合理的二氧化碳减排上，而不是将资金投入到可再生能源上。如果个人将他的钱投入到家中的节能设备上，而不是在屋顶装置一个太阳能设备，这个建议对他来说倒还是有用的。他可以自由选择自己的目的，也可以控制自己资金的用途；当然除了二氧化碳减排之外，他也可以出于别的动机安装太阳能设备。但如果这个个体投资者在马达加斯加投资太阳能发电站，或是在菲律宾进行节能投资，那么他就会被认为是愚蠢的。然而包含这种推断的说法还是可以从众多已发表的环境与经济学专家报告中找到。在这一切背后都隐藏着能源投资的发起者——世界上无论哪里都是能源投资的世界部门的不现实的想象，他们能选出最佳投资地点和最优投资技术。代替这个世界部门的就是"灵活机制"。这些观点在经济社会学上是站不住脚的，并且它还傲慢地看待其他不同的动机。他们最后建议投资者和投资完全分离。除此之外，他们高度赞扬的自由市场的优点，诸如自我负责、自我决定行动，一体化思想、未来的大胆投资，都为了利于国家调控的经济纲领而被忽略了。

并不令人感到奇怪的是，在政府部门，如能源企业、传统能源科学和环境机构内有很多呼声，要求所有与能源相关的行动机制都按照《京都议定书》的“灵活机制”来实现国家和国际的合作。所有其他的形式都应该被废除。

采用这种把一切都“和谐化”了的“灵活机制”后，变得商业化的不仅仅是气候保护。在这种“气候生意”中，新自由主义能源经济学和环境经济学的各种一维方法融合在了一起。如果说所有转向可再生能源的战略突破都要伴随着传统能源的反扑，甚至在那些可再生能源已经有所发展的地方，那么全世界就还会挥霍更多宝贵的时间。

伴随着《京都议定书》以及在此基础上欧盟制定的方针，德国议会通过了《温室气体排放交易法案》（*Treibhausgas-Emissionshandelsgesetz*，简称 TEHG），这明确地说明，这个法案不应取代别的政策工具比如可再生能源和能源税的推动法，而只能作为一种已经存在的法律的补充。因此，排放交易也不用于那些在《可再生能源法》的框架下建造的可再生能源设施。在很短的时间内，通过《可再生能源法》已经减排了 3 500 万吨二氧化碳的排放，短短的五年时间内节约了 2 500 万美元。我们来比较一下：《可再生能源法》的目标是到 2012 年为止减排 1 000 万吨（从当时的 5.05 亿美元减少到 4.95 亿美元）。这意味着：德国要完成二氧化碳减排义务根本不需要排放权交易法。仅仅继续推动《可再生能源法》，就会在 2005 年到 2007 年之间实现至少 1 500 万吨的二氧化碳减排，同时还会产生许多生态、经济和政治上的效益。无需排放权交易上的官僚主义以及认证和交易成本，《可再生能源法》也能运转。

德国的能源经济首先拒绝《温室气体排放交易法案》。在该法案生效之后，德国的能源经济领域试图将京都机制变成反对可再生能源政策的工具。不仅在德国，而且遍及各处，可再生能源的先驱者都面临着这样的问题。因此对于可再生能源来说，《京都议定书》变成了京都综合征。可以确定的是，在“灵活机制”的财政资助下，可再生能源将会有一系列项目，主要是在生物质利用方面。这总是聊胜于无的。对于对可再生能源没有政治条框和财政激励的国家而言，京都机制是一个受欢迎的辅助工具。但人们不能忘记这样的事实，降低二氧化碳排放、推动可再生能源运用都要坚定减少官僚作风，采取更有效更灵活的策略；人们也不能阻止的是，可再生能源总会实现运转。

齿轮中是沙还是油？环境运动中失落的纯真

社会范围内的“运动”的概念是不够明确的。它大多指的是许多小型或大型组织与个人，在一起形成一个行动团体，更有效地代表人们去实现自己的目的。运动是在政治机构之外形成的，如果这些政治机构反对解决一个基础性问题，它们就会受到谴责，甚至这些政治机构也被看成是基础问题的一部分。运动的基础非常灵活：正式的加入或者退出是不需要的；新的成员继续加入或是成员再度流失。它们发展得很快，萎缩得也很快，它们来自很小的群众运动，又再次分散。尽管如此，一个“运动”仍然是一个“社会单位”，它作为这样一种角色——就像政治学家阿米塔伊·埃奇奥尼（Amitai Etzioni）所写的一样，“对于社会来说，这是对个体的精神分析。运动是为了解决过去积累的错误行为，而试着去打破一种联结，这种联结是在过去发生的事件压力下形成的。”[99] 群众运动在大部分情况下都是关于那些一触即发的事件，这样的事件往往会触动人们。除此之外，环境运动针对的是那些核电站和接近灾难的激烈冲突，比如 1978 年美国在三英里岛所造成的灾难，以及1986年切尔诺贝利核电站泄漏引发的灾难。这些事件不再被看作是偶然性事件，并且也由此形成了一些关于主导的增长哲学和大型工业技术的危险的根本问题。

运动首先是一种“消极联盟”：它的“统一”来源于被共同拒绝的事物。运动的背后藏着许多不同的动机，这些动机要么很难实现，要么根本不可能实现，从中也可以形成有着持续代替项目的“积极联盟”。环境运动的支持者有各种各样的动机，从对某个技术的具体批判，到对笼统的不明确的技术行为的批判；从对增长带来的生态上负面影响的批判，到对增长的统一批判；从优先按照当地自然保护的批判到针对全球环境破坏进行抗争。但是一场代表着许多“不”的运动，就只是从自己的立场出发论证上述不同的立场。这就确保了成功的实现，但也形成了一段异议和停顿增长的时期。争议性的意见往往被低估，为了使运动的“社会单元”不受到损害。这反映了在经验过程中，运动总有强烈的批判诉求，然后在要求的替代办法中又变得温和折衷，因为在形成目标的过程中，运动要么作为整体行动，要么就要受制于其最小公倍数。

环境运动毫无疑问取得了巨大的效果。它让公众对于环境问题敏感了，并且批判相应的法案。它唤醒了科学界对环境问题的重视，数不清的环境机构的成立就反映了这一点。自然产物的企业和市场的形成来自于这些运动提出的对生态农业的倡议。没有这些运动，也就没有绿党的形成。基于能源问题，环境运动还使得生态税的概念普及了，这有助于防止核技术的滥用，有助于让许多国家将经济增长与能源消耗增长分离开来。但这部分成功并没有真正阻止生化能源的力量。

在能源领域内，环境运动提出取代概念并非首先贯彻可再生能源。他们取而代之把节能作为诉求的重点，这无疑是一个重要的目标。当这种行动手段被用来反对可再生能源并且其意义被误读时，就产生了一个问题。正如我们常常引用的句子“节能是能源最大的来源”有着两方面的错误：一方面，节能并非能源来源，而只是降低了能源需求；另一方面，不可再生能源的节能潜力永远小于其消耗总量，因为永动机是不存在的。另一个目标宣传语是“负瓦特取代兆瓦特”，也就是根据尽可能地避免能源消耗而提出的。直到 20 世纪 90 年代才有一些来自环保组织和机构的环保政策建议，而在这些建议中根本不曾提到将可再生能源作为一个行动选项。虽然人们要求能源供应非中心化，但人们首先考虑的还是热电联产，及其带来的显著的可能性。

在 20 世纪 70 年代，人们也没有将可再生能源作为生态运动的重点的理由。可再生能源的发展在这个时代受到了极大的忽视，以至于只有极少的实际“证明材料”可以提出重新定位。人们实施的节能措施在过去和现在都快速而经济，而且还不影响人们在现存的能源系统中轻松地获取能源。

除了这些可以理解的理由之外，还有一些忽视可再生能源的理由是不可被接受的。这些理由来自环境运动、环境机构和许多环境政治家们。因此，例如反对建设小型水电站以及对风力发电站的建设进行长期保留——这一个词让人们时不时地回想起反对建设核电站才会用这个词。许多环保部门对于针对这些设施的许可程序怒不可遏。更不用提在世界范围内对生物能源的保留，这从属于一种同粮食种植不可避免的面积竞争，这来自有害的单一种植不可避免的约束。生物能源还面对着与扩大自然保护区的诉求的竞争，因此生物能源就一再被推迟了。以这些笼统的形式保留这些能源是否是合理的，或者这样的保留怎么会是无效的，这些问题在很长一段时间里几乎没有被讨论过。直到今天这些讨论还多半停留在表面。

没有问题级别和危险级别的环境保护

这样顽固地坚持反对可再生能源，使得社会上很多人对可再生能源是否可行报以观望和怀疑的态度。这些反对的声音在传统能源行业中最受欢迎。通过对每一个倡议的阻碍，“旧能源”还是保有了其市场地位，虽然伴随着对环境的影响。可再生能源法修订草案，即德国环境部于2003年8月提交的草案，在环保团体的赞扬声中拟定了，新的小型水电站将不再得到法案的促进，风力发电站在内陆的扩建也要受到限制。这导致了可再生能源组织和一些环保协会之间对于环保不同的想象进行了长达数月的争论，且这种情况也发生在各组织内部以及联邦议会的环保委员会内部。

很明显，对实际的生态问题和危险的轻重缓急，人们缺乏区分的意识。这导致了对微观和宏观问题的评估不合理。尽管人们搞不清楚，一种带有鱼道[注]的人工智能化的水坝与自然形成的有什么本质区别，在流水中为小型水电站兴建水坝还是因为保护水域的原因总体上被拒绝了。但即使在自然保护的意义上也有不同的区别，人们也必须认识到，这样的小电站通过零排放发电是为减排做出了贡献的。生化能源发电，其排放是沿河地区森林死亡、水源酸化的“主要”原因，排放对于气候变化的影响还会导致整片区域萎缩及河流干涸。同样不分轻重的行为还有，只因为风力发电机组会导致“景观破坏”，就反对它的建设，因为当下德国拥有15 000个风力发电机组。相比之下，超过20万的高压铁塔以及它们的管线几乎不是一个问题，即便风力发电机组显然比高压电线好看多了。只有用鹰眼才能观察到，鸟儿们是否会在盘旋时撞上旋翼而死亡，因为特大城市和工业区因为缺乏食物和生化

注：鱼道，又称鱼梯，是利用较平缓的梯状水道帮助洄游性鱼类逆流而上，克服水坝等设施造成的落差。

能源排放所造成的空气污染，早已将群鸟都消灭得干干净净。在德国北海沿岸的“浅滩国家公园”，包括其近海度假岛屿，建立风力发电机组是被断然拒绝的，尽管可以预测，经过几十年生化能源的排放会引起进一步的全球气候变暖，到时候整个风景区都会被淹没；尽管活跃的油轮会留下一直存在的油迹，这实际上比风电机组更会加重自然公园的负担。

误导性的比较是家常便饭。这种比较并不是一种对具体的景观带或不带风力发电机的恰当比较，而是安装风力发电机情况下或是常规能源供应情况下的景观资源承载力的比较——从矿山到电站，工业煤场，受污染的水域和长途运输线等方面进行比较。毫无疑问，安装风力发电机只需要更少的景观承载力，就不必提它微小的物理性“景观损害”了。

尤其是以“破坏景观美学”作为拒绝风力发电的理由，它暴露出了一种错误的评价尺度。人们不能因为认为看到风力发电机组是对视线的干扰或是对景观的污染而将其作为拒绝风能的理由。正如一些人觉得摩天楼令人印象深刻而且非常美观，而另一些人却排斥摩天楼，觉得它们令人害怕一样。人们能够觉得风车是美的，却并不需要一定是风能的支持者；同时人们也可以觉得风车干扰视线，但那只是对于风车的建造，因为人们能洞察到建造风力发电站可以零排放获取能源。需要注意的是，此处不能用个人标准来衡量，而需要以社会价值为主。当然，建议一定要注意因地制宜，使得风力发电站和当地地貌相适应。如果能做到这一点，就会是一项同时满足投资方的利益和建筑师的品位的文化成就，但情况往往不能尽如人意。事实上双方的意见很少能达成一致，因为他们没有“审美共识”。想要达成批准，就会导致一种美学上的官僚主义，也就是按照官方的偏好而建造。用这种普遍的标准来随意评估已发生的事情，将会导致几乎所有的建筑活动立即停止。

与风能一样，这样的结论在很多地方都出现了。“户外”的传统能源，也就是在住宅区之外的传统能源，具有规划和建筑优先权，但这不是一个公开的论题，即便建设风力发电站和生物质发电站的提议多次被否决。这就暴露出了一种双重标准：因为它表达了这样一种思想：可再生能源电站相对于传统能源电站来说，是不必要的。这种精神分裂能发展得多远呢？瑞士教授汉斯－克里斯托弗·宾斯瓦格（Hans-Christoph Binswanger）的话能够证明这一点。他是生态税的早期支持者、长年的畅销书作者、环保运动的发言人，他认为：在可持续发展的经济环境中，风能因其对景观破坏的影响而不被认可，甚至不被容忍。如果不这样做，人们将失去阻止自然和景观进一步被破坏的权利，比如失去反对居住地河水泛滥的权利、反对高速公路、褐煤开采的权利。所有这些干预措施对风电巨头们所拥有的所有土地都近乎是无害的。[100]

当生化燃料的危害和“排放权”交易对全球造成危害被看作理所当然时，上述的反对简直是鸡蛋里面挑骨头。一个纯粹的项目，需要99%的完美度，用罗马式哲学的经验来说，就是“最不道德的道德”（summa moralitas maxima immoralitas）。如果对新方案的要求比对旧方案要求更高的话，背后的真实动机就是将旧的做法视为理所当然的东西。这种观点导致了个别观点的绝对性而使视野变窄，它掩盖了整体性的看法。

最佳的环保行为是完全保留一切自然。但是对自然的干预是不可避免的，因为如果不利用资源，那么人们的生活将是不可想象的。工业社会的景观主要是人造的。黑森林，德国的最大林区之一，属于再造林项目——该项目主要为单一种植。在文化发展史上，它们甚至因为被看作威胁而在有段时间内被砍伐。而判断某项自然界的干预是否合理的标准在于，它会带来严重的、甚至是对整个自然界而言都不可逆的恶果，还是说它其实是无害的甚至有益的。对自然开发无限制的权利不能被一再辩护，虽然有许多人，至少是全世界的生化能源一直都在采取那样的做法。反对“自然法则”已是非常困难的，因为没有任何法律条文可以用于起诉。它需要“受托人”，就像法律学者克劳斯·博塞斯曼（Klaus Bosselmann）在他的著作《自然的名义》（*Im Namen der Natur*）中所说的那样。[101] 受托人一定不能够有一维的想象。大自然能够接受对它的无情破坏和不可预测的恶果，然后再对人类进行“反击”。

在极端自然开发和完全放任自然两者中进行妥协将使得工业消耗自然资源与建立自然保护区二者并置。但这种并置并非遥不可及的目标，它就像生化能源与原子能的使用与它们的排放及辐射共同存在那样。要做到并置不能避开自然空间。能量排放不能使地球表面拥有更多的净土，阿尔卑斯山的冰川正在融化，南北极的冰层也在融化。因此最基本也最有效的自然景观保护措施是持续过渡到可再生能源的使用，从而保护自然不受排放物的侵害。这种在自然利用和自然保护之中的折衷是一种自然经济一体化，我们只有利用可再生能源和天然材料才可能实现这一目标。这样的经济方式不会排斥在自然保护区建立农业，也不会排斥建立风力发电站。

避免排放比“避免能源”来得更现实也更不容易被误解。注重后者可以避免能源问题中产生的许多严重分歧。这样才能直接避免上述政策和排放的措施受到那些从其他立场出发的抽象倡议，以及匿名的第三方的无理攻击。这一原则不仅限于能源问题，在任何事情上，想要有所变革都得如此。

在环境的危险等级上，传统能源消耗是排在第一位的，这证明了在环保实践中应当优先考虑向可再生能源转化。节能和提高能效是两个互补的目标。然而，环境法规的代价还很遥远，对于环保部门、环境科学和环保积极分子们亦是如此。对可再生能源的“丰收地区”的需求不应与“被使用的土地”所混淆，因为后者只是表面的需要，比如在牧场或是麦田中建风车，属于地上建筑或是在封闭的景观区域进行建造。如果对景观保护所做的努力首先是反对可再生能源，并以此瞄准反对能源转变，那么将对原有的目标起到阻碍的作用。能源转变是如此重要，因为它遏制了能源危机，在文本上意味着广泛传播可再生能源的广泛发展：风能发电设备是未来景观不可或缺的一部分，它们不仅仅只存在于少部分的风电场中；太阳能设备也是景观建筑中不可缺少的一部分，如同现今的砖瓦和玻璃幕墙；同时山地景观中新的抽水蓄能电站以及流水景观中的小堤坝，或是区域内的生物炼油厂都将成为景观的一部分。现如今的能源系统对景观有影响和区别的作用。可再生能源以它的方式影响景观。伴随着新的影响烙印，旧影响将会消逝。景观也随之发生了结构变化。这种以自然保护和环境保护为名义的“代价”意味着人们并不愿意去付，大规模的自然和环境破坏仍不能停止——人们还在冒着也许不久后的将来就会付出代价的风险，发达国家也是如此，越来越多面临赤裸裸能源危机的人盲目地拒绝近在咫尺的解决方法，而一味地满足自己日常的能源需求，比如“二战”后的德国以及许多发展中国家都是这样做的。

因为传统的发电站和输电线路已经摆在那儿了，所以景观保护者们将反对目标瞄准了新建的能源电站。对于已创建的东西，人们有种习惯保护的心理。因此，人们对于建立可再生能源发电站会草率地加以否决，而对既定能源经济却抱有保守的态度。人们失去了它们对于现实存在的环境破坏的公正态度。打个比方，这就正如人们为了让已有的超市继续生存下去，而不再允许在城市中出现新的零售商店一样。无数的可再生能源项目因为自然和景观保护的借口而被阻碍。许多地区都已经或者马上就要因为这个愚蠢的原因而将风力发电站的发展扼杀在萌芽状态。间接影响则更为重要，它主要分为两个方面：许多早就该建设的设施被一再推迟，这种情况已经发生了很多年。长期多次的阻碍和推迟，将会让许多有想法的人失去最初的干劲。但最糟糕的情况还是，这种观点的传播会让可再生能源受到极大的限制，以至于既定能源供应的持续几乎变得无法打破，但这种状况显然不符合大多数人的愿望。

环境思想整体性的地方化

生态性思维必须从整体上把握因果关系。现代自然科学盛行之后人们忽视了对具体学科创造的知识的理解，个中深刻的原因是，对工业发展和自然资源不计后果的滥用。专业化从自然和科技知识向更广泛的知识领域扩散。对专业化知识的理解影响着教学和职业培训，同时也促进了行业的不断专业化。在更多的因素之中权衡是更加困难的，权衡各自的价值也是困难的。与此相反，能够整体思考应对环境危机的策略的能力则必不可少。然而通过承认这些思想和行动要求，从而引起注意的方式非常复杂。

“自然界的任何新解释”，物理学学习者、未来的哲学家、理论科学家托马斯·S·库恩（Thomas S. Kuhn）在《科学革命的结构》（*Die Struktur wissenschaftlicher Revolution*）中谈到，“首先出现在一个或多个个体的思想领域。这是第一次科学家们的思想和世界出现了差异，他们找到过渡办法的能力通过两种方式而成为可能，而这两种方式对其领域的其他大部分成员并不适用。他们的注意力高度集中在高难度问题的危机之上，除此之外，通常只有那些非常年轻且来自于新近受危机影响的地区的人们重视此问题，他们的工作较之同龄人来说不那么深刻，他们通过旧的范式来确定世界观和连结规则。”起初会有“极少的新范式支持者，偶尔有动机不纯的支持者，然而他们如果有能力，就会改造这些人。并且如果这种新范式是值得为之一搏的，那么有说服力的论据的数量和强度都会随之增加。越来越多的科学家改变初衷，最后只留下相当顽固的一些人”。[102] 有机统一的科学革命仍然停滞不前。尽管年轻的科学家们对整体化视角下的可再生能源以及新范式的要点很感兴趣，但他们之中很难产生去实践它们的人。

专业学科主宰科学系统如此之多，以至于它们能够进行整体性尝试。科学系统本身带有普遍性，但教科书中却不喜欢提到这些普遍性，因为考试题和职业都是面向专业学科的。取而代之的是一种新的全面的方法，它与之前的方法不同，不再常常尝试作为特殊注意事项的附加条件，不再迷失在“复杂性”的海洋之中。剔除了各种过分复杂的因素后，它只保留了一个最核心的关键。也就是说，将可再生能源作为一个识别的关键因素，它所要克服的不是某一个单一的问题，而是许多个问题。这似乎是具体科学操作的一个单一代表，虽然不能抵赖的是，导致环境问题的核心原因是生化能源的消耗，这也是为什么解决各种急迫的问题的核心方案只能是能源转型。但同时那些留下来的顽固的专业知识人才有着对政治、经济的特殊文化结构的兴趣，他们倚赖以整体性的方式建立科研机构。

同时，环境政策虽是一个传统的具有决定性作用的议题，但同时它也是各个有组织政策性决策的重要组成部分，成为了多个部门中的一个。这从环境部的成立就已经开始了。环境政策部门的任务确实是反映环境问题，但不是一般性的问题，而是以解决能源问题为已任，直接推动资源交换。一个少见的例外是德国环境部，于 2002 年被给予了可再生能源管辖权。这导致了环境部内部的压力，这是为缓和资源消耗后果所出现的典型症状，这样将使得资源链的开头与末尾倒置。这也不可避免地造成了下一场战争。如果只是颁布一些针对污染物颗粒治理的环境政策，而不是探寻污染源，只会在更大范围内让污染颗粒的数量不断增长，环保条约的范围也会随之增大，套用著名的刑法实践上的批判来说，这种做法完全就是捡了芝麻，丢了西瓜。着眼于细节的环保也是针对可再生能源的。当环保部门已经不能在鸡蛋里挑出骨头，那么他们就一直摇头，继续在下一个鸡蛋里挑骨头。

这样就完成了所谓的纯粹环保主义的行政手段。整体性的分析过分苛求能力范围有限的环境政策，因此它很少被环境科学研究所采用。同时企业也更愿意得到与其利益直接相关的、具有特殊性的环境科学分析。相反，环境机构坚持做全面的观察，但却缺乏对经济问题背后的政治和经济环境的反思。它们中的一半完全忽视了环境科学，另一半则又太过沉溺于环境科学，以至于将收集数据当作自己唯一的任务。关于可再生能源的专业性知识，尤其是作为还未开发好的环境知识，与许多学科相关。关于可再生能源的科学技术大会的会议报告书，已有 2 000 人参加编写，收录了数百篇科学论文，已对环境问题有了广泛而深入的探讨研究，但许多研究仍然对可再生能源完全无视，作者们可以自由地提出限制性的评论，而这些评论只是基于零碎的知识。

融合造就软弱：非政府的环保组织

非政府组织意指国际层面上的非国家、政府组织，还有一些比如私营部门的利益集团所形成的思想组织，它们自愿担任起环境保护、发展援助以及保护人权的责任，而它们的财政支援来自于收纳会费以及捐款资助。这些组织中的大部分经济薄弱，工作人员和志愿者们仅拿很低的报酬，组织运作只能靠员工的自觉。这些组织的长处在于它们能揭露隐藏得很深的问题，找出问题的根源所在。非政府组织所扮演的角色独立于政府和已建立的利益权力之中，而这两者都在争取公众的关注和影响力。

用温和的方式笼络非政府组织，属于“现代管理”的方法。如果说在早些年，发挥着环境运动代言人的环境领域的非政府组织还被看作是麻烦的制造者，现在则已经在环境咨询委员会中有了自己的一席之地。过去它们的作用主要是产生舆论压力，现在它们也参与决策过程——而这是一种政治上的妥协。温和策略使得非政府组织的变化比政府组织还多。现在许多非政府组织甚至还依靠政府，而欧盟委员会目前每年需要以直接补贴的形式或是从项目资助中抽出十亿欧元给各种非政府组织[103]。这种补贴的动机并不仅是出于对非政府组织目标的同情，还因为非政府组织的工作经常能使政府看到它们自己看不到的地方。但这不是政府方面唯一的动机：正像政治机构中从事“景观维护”的利益集团所做的那样，政府与其他公共机构在某种程度上渗透并干涉着非政府组织的工作。非政府组织的活动资金长久依赖政府资金，只要没有这笔钱就不再有继续下去的可能，从而丧失了独立性。它们从“一定程度上”的非政府组织变为了“半官方机构”。即使非政府组织的公开出资人不进行宣传，后果也是必然的，它失去与敌人正面冲突的能力，并害怕它的反对者。

为什么非政府组织机构很容易受到这种温和机制的影响，原因很好解释。在公开场合下它们所扮演的角色越大、参与的决策过程越多，它们就越需要专业化。当它们接受公开资金时，那么就显然有理由去占用这笔资金，这样使它们的工作更加轻松、使它们能够支付志愿者的报酬或是员工的工资。但同时许多非政府组织超越了自己本该遵守的看不见的界限，转向了机会主义，并因此反而画地为牢。它们曾经策划了一些有争议性的公共话题，现在却以在委员会中达成共识为最高目标。目前它们的做法是要实现世界银行的一些项目，并从贷款额中收取佣金。瑞士社会学教授让·齐格勒（Jean Ziegler）观察到，非政府组织在世界银行项目的演讲中“突然变得温和”：“这些非政府组织的行为最后如同廉价的肉体出卖者”。[104]同时他说：“许多咨询领导和非政府组织中的骨干分子在此之后将小心翼翼地踏上世界银行的高楼。”印度女作家阿兰达蒂·洛伊（Arundhati Roy）指出，已经有许多“金融家”成为机构和人民之间的“缓冲器”。“抵抗的非政府组织化”早已变成了“薪酬合理的朝九晚五的工作”。[105]

但这种变化并不让人费解。非政府组织的行动者也是这个世界的人。他们也想要他们的工作建立在一个稳定的财政基础之上。他们不能也不会永远都持反对态度。即使他们与现实相适应，曾经激进地批判而后又随大流了，也不应该受到政客们的批判。人们也没有理由给非政府组织行为戴一个光环或是高估它的稳定性。至少没有理由因为它们的代表姿态而要求它们做每一件事，人们仍然在“现实”中生活。就像在一篇关于信息技术管理的文章中所说的那样，一部分环保运动已经从非政府组织转变为成为政府和联合国机构的“齿轮中的油”，而不再是传统的能源系统的机器“齿轮中的沙”。[106]巨大的改革抱负，已变成了小小的改良意见。

所有大型企业宣传战略的细节都发生了上述变化。美国非政府组织“角落之家”的成员朱迪斯·里希特（Judith Richter）已描述过宣传策略的新方法[107]。方法的第一条规则是：“非政治化”，也就是去政治化的讨论，将政治问题阐述成只需通过技术手段就能解决的问题。其次是“疏导”，也就是说，人们只针对不重要的小事进行公开讨论。他们也邀请非政府组织代表参与讨论，只为了给他们留下他们的想法也是被倾听过的印象。当然人们要小心之前太多尖锐的批评声音。在达成共识和未达成共识之间，人们要谨慎区别“理性”和“非理性”。而被邀请者看起来正在通往成功的路上。这样的方法被总结性地称为“积极的中和”。它看上去似乎已不存在根本性的对立，而只有一些可以通过互相谅解而达成共识的小小分歧。于是，一体化的非政府组织之箭就被锁进了箭筒中，然后最终会慢慢消失不见，因为它与新时代的西装并不匹配。

“在政府咨询和反逆的意见中：非政府组织需要的，又是怎样的环境？”这是德国绿党在“2005环境大会”上抛出的问题。在这里，非政府组织的代表尝试描述自己的角色转变。“我们缺乏简单而易于管理的对象”，它在一份新的声明里宣称，电力公司在“核能复兴”的早期运动中建立了40 000兆新的大型发电站并以此对抗《可再生能源法》。几天之后，德国工业联合会（Bundes der Deutschen Industrie，简称BDI）的“原料会议”举行，会议上有关于环境政策“过剩”以至于危害整体经济的谴责性言论。尝试回顾过去，真的没有更易于管理的对象了吗？“新自由主义的话语是占统治地位的”，言论谈到并解释为什么环保运动是处在防守状态中的。但为什么没有一个新自由主义的领导被非政府组织看作管理对象？原因是它缺少了一种认识——对我们的环境政策“不能再只做简单的要求，因为它处在一个高度复杂的政治领域”。但是向可再生能源转变是一个非常困难的过渡，因此它的目标需要非常清晰而“简单”，并建立在多样性的基础上。

另一份声明谈到了“内部思考”，由于环境运动处于两难境地：缺乏对于增长与消费这个基本问题的思考，但是一个非政府组织的目标要是什么样的，才能够在没有解决基本问题的情况下，在政府中成功到达目标？如果没有把与政府紧密相关的个体成功经历和环境运动成功相混淆——那么有多少政治家，通过自愿的相对化或在政府部门中泄露计划目标，将他们的个体和政党的成功混为一谈？环境运动能够高度适应政府的“到位”，如果该运动已决定了目标并付诸实践的话。但是运动所带来的巨大成功却能够自我消解。运动的“成功秘诀”是，它必须在政府机构的限制情况下保持自由，且必须对不同价值观和利益取向的政党给予体谅。运动不能参与到选举中来，但它也因此拥有更大的自由度去改变大众的想法。只有这样，它才能朝着理想中的变化去努力。

正如这次会议的声明中提到的，对环境运动来说环境问题已经变得“更加复杂”。反而是过去他们“非常清楚”：“某些原材料是‘坏的’”，在各执一词的混乱局面中，生态的平衡就得出了这样的结论。在各有不同的非政府组织局面中存在着具体利益：水域保护者成为了水力发电的敌人，景观保护者成为了风能发电的敌人”。因此环境运动必须具有“调解的功能，这样才不会两败俱伤”。环境运动能否成为互相冲突的目标之间的调解者，去调解形式上的妥协、放弃弄清基本问题和危险分层之间的关系？它难道不应该避免僵化和固步自封吗？如果一个政党为了在下次选举中给人以团结的印象，因而将争议性的问题排除在讨论之外，那么它也一样会变得僵化，而且失去自己的战略眼光。但它们至少有一个战略上的原因，这样能在短期内赢得权力或是维持决定。当一场环境运动觉得自己“没有敌人”时，它却是连战略上的原因都找不出来。当一个非政府组织脱离了政治化的讨论，在公开讨论中占据精神上的统治地位时，那么它就被定义为“胜利”。脱离了政治化的讨论，任何一个非政府组织，哪怕它想要像“老虎”一样试着往前跳一下，都只是困于当下的关系中无所作为的“纸老虎”。

这并非巧合，环境运动就像20世纪70年代出现的那样，绝不是为可再生能源而作出努力。虽然它已初具对原子能及生化燃料的批判意识，并为对其的批判做了基础工作。可再生能源萌芽时期曾经诞生了一些特别的机构，其中包括当地的太阳能设备，可再生能源在此“播种、成长”。当时也有相关的技术人员、系统设备和应用程序。有部分环保组织参与其中，甚至为此放慢了其他领域的发展。

这其中也有心理的原因，它与环境运动初创时期的状况有关。为了对抗不断增长的破坏性影响，环保运动最初发生的地点启用了预防模式：防止核电站、燃煤电站或是新的高速公路的建设。能源规避政策就产生于这种模式。当然，消耗更少的原子能和生化能源显然没错。人们不需要担心做错了什么。但清楚地决定“是的”我们要采用可再生能源，这就需要人们的心态发生变化，然而有许多人对此有着沉重的心理负担——他们甚至拒绝帮助建构能源行业，而成为了保守派。

在此期间非政府组织出现一系列新的想法也并非巧合：所谓反对全球化运动，反对全球自由贸易原则，不考虑随之而来的社会与环境影响以及民主自决的原则。类似课征金融交易税以协助公民组织，每年都活跃在世界社会论坛上，并且积极参与国际和国家会议，但它们能做的却仍旧很少——且仅有极少数“老字号”非政府组织能参与到新的运动中去。这是一个事物的普通发展过程：厌倦旧事物、反抗、进行一体化，然后使环保运动走上正常化。

环境运动只是看上去貌似“社会单位”。在环境政策上，环境运动遵循过许许多多不同的纲领。在环境运动中不仅有可再生能源的支持者，也有反对能源转型的积极分子。如果人们想保留共同的幻想，那就意味着人们要接受对引入可再生能源的过分的限制。各环保组织身处十字路口。如果它们仍持有不明晰的态度，那么它们的可信性必定会受到质疑。要克服这种矛盾，就必须有一个内部澄清的过程——虽然它们正在失去成员，但也可以吸引新成员。将焦点明确移向可再生能源，并不意味着放弃了对生态的保护与优化：矛盾是可以解决的，在景观区域内安装风力发电机组，在有养分循环的混合区域内使用生物能源或是与自然相适应的水力发电设施，这些措施都体现出它无处不在的使用潜力。

这是连接可再生能源支持者和社会部分人群的新的联盟，它可以带来也一定会带来能源转化的胜利。如果要去考虑每一处细微的担忧，那么这个新的联盟将不可能出现。如果用一种“一切都很好，没有人受到伤害”的初衷进行能源转化，关注且不停争论过时的原子—生化能源，那么将不会取得成功。为了直接使环境运动的要求合理化，新的环境运动必须是支持可再生能源的运动。

积极或虚无？世界能源危机和价值两极化

民主工业社会和它培养出的受过科学教育的精英们，带着他们高水平的科学技术和广泛的信息化程度宣称他们所遵循的是理性务实的行为标准，但他们对极端主义或是无理性倾向的态度是开放的。但如果事实真的如此，那么就不会有许多长期的危机，当然也没有全球性的生态危机。伴随着这样的自我认知，30 年来人们总算迎来了更有效使用能源和可再生能源的重新定位这一盛事。但还是有许多人甚至不想承认原子能和生化能源已步入穷途末路。同时，一个题为《突变的气候》（*An Abrupt Climate Change*）的关于五角大楼的研究中也谈到，这是“不可想象的想象”[108] 由此产生的结果这项研究的作者也没有想到——但这似乎并不难以理解，由原子能转型为可再生能源可以避免和克服长期的危机，以及其他灾害频发的能源危机。就像哲学家彼得 · 斯洛特戴克（Peter Sloterdijk）所说的那样，它无外乎是一个关于世界再次“自我毁灭能力”的问题。

否定这一结果不仅是出于信息知识的匮乏，也绝不是出于知识与兴趣之间的矛盾，而是出于对能源行业的兴趣和可预见的合理性。更深层次的问题是，当很多人意识到了原子能和生化能源造成的危害时，仍然拒绝承认，与能源领域涉及到的复杂利益关系的网络相比，可再生能源所具有的潜力。就像很多人既不希望听到也不希望知道真相一样，他们不愿相信自己所听到的。即便他们相信了，也会再次将其遗忘，或者赶出脑海，根本不让他们所获得的知识渗入自己的意识之中。这种心态在社会“精英”成员中的存在，甚至多于一般人。这属于一种心理障碍，即使人们已经掌握了足以解决问题的复杂技术，也还是宁愿自己先打败自己。太阳能的转换是一种不需要零件，没有噪音，无任何废弃排放的技术，这是一个比原子能更惊人的成就。人们不必屈服于太阳能技术，但却人人都能享受它的优越性。

作家阿瑟 · 库斯勒（Arthur Koestler）将人们在面临不可想象的灾难时，与人类由感情控制的行为之间的差异描写为“政治上的神经衰弱”：“自从广岛事件以来，人们必须要有一个意识，那就是未来可能作为一个生物物种而毁灭”；自从那时起，人们“脖子上挂有定时炸弹”，他们“生活在借来的时间里”。这是一种“精神上的脱离”，是人们对于这种状态的“精神上的适应”，其可能存在的真相“当人们直面它时，觉得可能的真理太可怕了”。如果习惯了这种情况，症状将有所缓解，人们将建立起一个“伪条件”。所以人们总是只接受“令人愉快的结果”，所有的“难以承受”将被消除。“内在的审查”比“集权国家的审查制度”来得更细致彻底，它促使人们“顽固地朝自己幸福的反方向而行动”[109]。

彼得 · 斯洛特戴克（Peter Sloterdijk）也提到了“下一个国际化制造者”：最强大的社会群体对“经济上、政治上和思想上做了那么多灾难性的投资，它所招致的后果又从一开始就被裁决为如此之严重，以至于人们从根本上怀疑这些问题是无法解决的”。但对不那么强大的群体来说，这是一种“对软弱无能、懒惰以及无法体验的精神状态的连结”。出于这种原因，“大量不可改变的关于灾难日的刻板印象，随着每一次环境事件的发生而加剧。”[110]

在1986年切尔诺贝利事件后，我们就再也无法忽视核技术的危险性，尽管顽固派还是坚持认为如此重大的灾难只是个小概率的偶然事件。但太平日子越久，这种可怕的忽视就越容易重新抬头。他们总是要交足了学费、吃足了苦头，才肯承认，有时候危险不会单纯只发生一次，纵容只会带来更糟糕的后果。

环境灾害和“没有未来”的心态

人们等待或至少是期望所有的环境灾难都会有预警。当然这些预警——以及已经发生的灾难——都会产生矛盾的影响。一方面，人们会进行危害的预防，而另一方面却正好相反：危险越大越复杂，就越少人会相信，人们能对此做点什么。人们的这种感觉会加剧，甚至会变成确信——当政策上没有令人信服的策略来克服或减弱实际危害，人们也没有看见的话。环境文学和报告中充斥着对灾难的预警，但它们都没有提到令人信服的对策：往往对策制定得要么如此笼统，以至于没人能够着手开始做；要么仅限于很狭小的方面，与危害程度相比简直杯水车薪；要么期限非常之长，因为迟来的总比较保险。

当所有的世界问题都应该在猛犸象会议上解决，但其实山上仅仅有一对小老鼠出生了，人们应该怎么想？当完全没有解决问题的《京都议定书》终于签订而得到赞同时，人们应该怎么想？当政治经济精英们谈到巨大的问题却只能解决最小的部分，因为其他部分都是“不现实的”甚至危险的，这个时候人们应该怎么想？如果政治、经济和科学界的权威都告诉我们，根本就不存在更多的可能性，或是那些可能性都太遥不可及了，那我们就很难再指望公众之中还会涌现出大量对前景的乐观展望。因此麻木、冷漠以及“没有未来”的心态就这样蔓延开来了。迄今为止，全方面地描述危险以及同样全方面地阐述解决方案的事例实在太少了，德国电视台记者弗兰茨·阿尔特（Franz Alt）在他的节目中为广大观众做出了引起轰动的报道“温室效应的逃生路”就是一个很好的例子。

“没有未来”的心态有很多种表达方式。这些表达方式包括多愁善感、犬儒主义和虚无主义等，持这些态度的人都提到了危害，也尝试去预防它的产生，但又悲观地觉得这些都是徒劳的。有些谈论危害的话语充满了感伤的语调，就好像不这样就活不下去了一样。他们的行为会让人想起诗人弗里德里希·黑贝尔（Friedrich Hebbel）的话：“有一些人，对世界末日感到高兴，仅仅是因为这和他们预测的一样。”关于“没有未来”心态的虚无主义表达方式是，那些没有放弃的人，遇到侵害时能做的也只是给个虚弱的微笑。这种表达方式的典型是德国新闻杂志《明镜周刊》对可再生能源持续不断的恶评。由于缺乏对常规能源将带来巨大风险的认知，人们不能在经济上相信来自能源经济领域的广告。（然而？）周刊也并不传播原子能复兴的理念，因为在早年它就已得知传统能源有多少风险，且为普及这方面的信息做出了巨大贡献。它也并没有否认能源危机导致的气候灾害和石油战争，但是其最近公开发表的对可再生资源诸多不满的文章，尤其是对风能的反对，却实在令人费解。2004 年 4 月的封面故事《大型空中表演》（*Die große Luftnummern*）中说：风能是一项“投资不当的经济，它损失了数十亿美元”。它的“蔓延”将会损毁全部景观，而它为环境所作的贡献完全可以忽略不计。其中还有这样的句子：“工业化是对景观残酷破坏的原因。”——这是作家博托·施特劳斯（Botho Strauss）所写的，他的乡村别墅位于勃兰登堡的乌可马克地区（Uckermark），那里有许多风车干扰他的视野。工厂经营者为开发风力发电站所作出的努力以及他们为区域所创造的新的价值被诋毁为“威胁、贿赂或仅仅是一项有争议性的业务”。在另外一篇文章中，杂志称可再生能源法的光电发展项目为经济上的“错误驾驶”。[111]

许多从前的环保活动家们也屈服在这种绝望的感觉之下，一个明显的迹象就是，许多国家环保组织成员的数量在下降。这些人出现了如上文所述的反应。另一些人则是彻底的叛徒，他们反对之前所拥护的组织并对其进行尖锐的批评。一个例子是，德国最大的环保组织“德国环境与自然保护联盟”（简称 BUND）的前任成员本 · 亚历山大 · 柏克（Ben-Alexander Bohnke）在其 1997 年出版的《告别自然》（*Abschied von der Natur*）一书中写道：这是一种“绝症”，且他们“完全不会被拯救”。这种“文明厌世的浪漫主义”对于拯救环境甚至是危险的。而另一种方法是“完全的技术”：人们必须要从“外部的自然”也要从“内部的自然”中释放出来，应该通过一种“技术—心理治疗”放弃人文主义和生态，如果有必要的话，甚至可以通过使用电子大脑或服用精神药物，使人们得以适应“技术—环境”，以此来替代“解放自然生活”。[112] 迪尔克 · 马克思埃纳（Dirk Maxeiner），《自然》杂志的前任主编，和他的合著者麦克 · 米希（Michael Miersch）撰写了一系列的书和文章——从《生态误区辞典》（*Lexikon der Öko-Irrtümer*）到《靡菲斯特原理》（*Mephisto-Prinzip*），横扫了生态运动。在作品中他们对自然毁坏发出警告，反对改善自然并隐藏了许多诋毁环境运动的言论。他们只看得到那种对自然危害有高度神经质的人，因为这些人证明了他们在书中的分析是对的。他们把任何的技术批评都谴责为“对进步的悲观主义”。相反，他们赞扬“利己主义”，尽管可能是无心插柳柳成荫。“好人”是一个被看轻的形象，他们只会使社会停滞不前。“他们（利己主义者）有时停止论战，有时粗俗地攻击祈祷世界变好的迷信。”这是这些作者在《明镜周刊》上所发表的赞扬。[113] 多次被邀请到工业联合会讲台上的丹麦统计学教授比约恩·隆伯格（Björn Lomborg）在《持疑的环保论者——测量世界的真实状况》（*The Skeptical Environmentalist. Measuring the Real State of the World*）一书中，圆滑地否认了当地能源消耗对气候变化的影响。[114]

政治上的神经衰弱症和价值裂变

关于核军备竞赛，20 世纪 70 年代乔治·凯南（George F. Kennan）写道："我们已经失去希望，几乎不由自主地这样做：就像催眠术的受害者一般，就像梦中之人，就像投身大海的旅鼠，就像哈美恩的孩子们，一味追逐着他们的吹笛手。"[115] 一个名为"恐怖平衡"的战略表现出高度的结构合理性，它企图规避危险、化解潜在的破坏力，且该战略仍在继续扩大。类似的尝试是再一次对原子能和生化能源的破坏潜力进行筹划。代替所有可支配的力量，人们坚持计算其产生的结果，就像社会学家乌尔里希·贝克（Ulrich Beck）所说的那样，这是一种"剩余风险"。

只要能够对抗可再生能源，能源公司就宁愿一直进行一维的、无知的且神经质的讨论，哪怕这种讨论的动机和意见互相排斥。这是为了弥补进一步的环境毁坏所付出的更大代价，为了有足够的经济实力去平衡这种结果。大型发电站和能源市场要求投资安全性和自由化。任何事情都会发生：胡乱竞争和自然保护、气候变化和大量廉航的出现、世界贸易中日益增长的交通流量、廉价能源与能源节省、相对于传统能源技术和悲观技术的毫无界限的反对可再生资源的乐观技术，以及原子能的政治特权和对可再生能源的需求。

对能源安全的生存焦虑可以用来针对可再生能源，虽然后者并不需要支持者，首先要关闭所有的常规电站，这仅为了测试可再生能源是否能够满足能源需求。那么风险究竟在哪里呢？那就是对可再生能源预计成本的经济上的担忧，尽管早已有证据证明，所有的公司最大的且不断增长的成本风险是使用原子能和生化能源所导致的。“为什么我们为了规避较低的风险，宁愿选择较大的甚至最大风险？”凯南的这些对核战略专家提出的问题同样也表明了，反对和推迟能源转型的那些理性的却谁都无法理解的原因是什么，也表明了这些人为了规避其带来的不可避免的风险，而继续增加传统能源供应的原因。

对一个蔓延开的“运动”进行观察，可以得出，当个人出于不同原因表示要放慢能源转型发展进度时，别人就都会赞同他的观点。因为这种想法和公众发言人是在一个论调上的，他们都透露出反对可再生能源的态度。这一点绝非偶然，因为这样可以加速瓦解向可再生能源的转型，这一切正在德国上演。这是《法兰克福汇报》上一篇标题为《觉醒之前》（*Vor dem Erwachen*）的文章，文章内容旨在挑起对可再生能源的反抗。文章报道，在风能和太阳能行业中虽然新增了13万个工作岗位，但为此付出的代价却是许多过去存在的职业岗位不复存在了，而这些不再存在的岗位的数字始终“藏在暗箱中”而从未被公布。在《明镜周刊》发表关于风能的《大规模空中表演》一文之前，《法兰克福汇报》就已经发表了《风机的空中表演》（*Luftnummern mit Windrädern*），此文可看作是对《大型空中表演》的一个预告，文章愤怒地批评可再生能源行业为“浪费金钱的行业”，这篇文章引发了关于“嫉妒情结”这一说法，文章还嘲笑可再生能源行业有与其并不相称的收入，这一看法引起了广泛的讨论。文章说，促进可再生能源发展将会威胁到“德国的经济地位”。根据可再生能源法案，德国每年将在用电方面额外花费15亿欧元的巨款。但《法兰克福汇报》却从来没有批判过，四家控制德国输电线路的电力企业早已捞到了远高于此的利润。文章发表当天，德国总理施罗德在波恩的“2004可再生能源”会议上发表了讲话，《法兰克福汇报》在其社论中表示对太阳能发电进行补贴是一种愚蠢的做法，同时也是一个弥天大谎，太阳能产业将吞噬更多的能源。[116]事实上，太阳能行业的“能源回收期”不到两年，而传统发电站所消耗掉的能源却永远不可能恢复，对此，《法兰克福汇报》却简单地忽略了。和这些失真的说法相类似的是，指责汽车行业消耗五升的汽车实际上消耗了100升。

另一篇题为《风能支出》（*Windige Rechnungen*）的文章也发表在《明镜周刊》上。[117]它宣称，在曾经发表的经过调查的报告中提到，在接下来的十年里继续建设845公里的风力发电站传输网络，将花费11亿欧元。到2015年，风能支出将占总的电力供应支出总量的百分十以上。对于这个假定的恐怖数字——经济部长沃夫冈·克莱蒙特（Wolfgang Clement）发表了一句简短而又吓人的评论：“谁来支付？”——而这只是其中相对较小的一笔钱。它占电力行业每年在传输网络上的投资一半都不到。为了让这个信息听起来很可怕，文章将风能要安装的电力线路冠之以“巨大”之名——使人们更能接受传统的能源发电。商业杂志《资本》（*Capital*）警告推动太阳能发电站的建立行为：当对其的私人投资高于110亿欧元时，即到2010年为止增长达到了可再生能源法的基本要求时，国家将重新定义“投资补助”，以便继续扩大发电规模和新增就业岗位，但这一切在《资本》杂志看来都是不值得的。[118]所有的投资者都非常乐意看到政府给企业退税，但一旦退税惠及了可再生能源，很多的经济评论员却开始谴责它是反商业的“补贴”。如果按照这种莫名其妙的思想来看，对整个经济的补贴，都变成是“反商业”了，因为所有企业都有可能享受退税政策。

这种评论以经济资源作为幌子而长篇大论地混淆公众视线，使大众拒绝可再生能源。可再生能源是公众的同情之眼中最大的刺。如果可再生能源的支持者们被吓倒或是制服，那么这种反对活动只能愈演愈烈。其结果，可再生能源的支持者们会逐渐失去公众的支持。在冲突的意见中，他们或许一直如此格格不入，却经常反映着现实。在大众传播的虚拟世界中，人们还是倾向于简单直接，清水还是污水，一看便知。正是因为人们对可再生能源有一些单向思维的偏见和保留态度，反对者的方阵从心理学上玩的游戏，即系统性贬低可再生能源的游戏就有着不可低估的作用。可再生能源不值得劳费心力、不值得花钱，这样的印象已经根深蒂固。如果可再生能源的支持者们忽视了舆论战的重要性，没有集中强化自己的论点，那么他们将失去自己最重要的筹码：广大公众的支持。

“运动”在如此多骇人听闻的论断和出于不同动机的怨恨一起伪造的诋毁最后只能走向土崩瓦解。只是人们已算不清，究竟有多少宝贵的时间被浪费了。在各种喧嚣的背后，关键的问题其实很清楚：传统能源系统和可再生能源各自的生产者及使用者之间的冲突，其实是两种能源结构和能源文化的冲突。问题被解释得越清晰，公众也就越容易理解，同时也方便每一个政治机构和每一家企业去决定什么才是它们想要达到的目标方向。

可再生能源的冲突已升级为价值观的冲突。我们又怎么忍心告诉那些晚年本将安享天伦之乐的现今的精英们，仅仅因为向可再生能源转型过于繁琐，而风力发电机组又太污染视线，所以他们必须继续花很大的代价购买传统能源，即使这些能源到他们退休的时候就会枯竭？如果这一代人现在对全社会的能源基础变革采取的是拒绝、拖延和冷漠的态度，完全凭自我中心的方式行事，谁又会指望他们以后在为自己的养老问题烦恼的时候，就能团结起来、重拾能源变革呢？

一个社会的价值体系在多大程度上是稳定的、人道价值又在多大程度上受到重视，这些都能在目前的危机中体现出来。在面临极端危机的情况下，只有温顺的羔羊变为食肉动物，却鲜有食肉动物变为温顺羔羊。对这一点认识得越晚，现今能源系统危机的危险值就越大，相对地克服危机的可能性也就越小。能源转型的时机就是现在。我们这一代人必须不可逆转地贯彻能源转型，并且反思过去的单向思维。

第三章　能源自主：可再生能源突破的阿基米德支点

仅仅凭借那种前面描述过的单向度思维、仅仅凭借从这一思维中衍伸出的行动纲领，和以这些纲领为基准的执行者们，可再生能源基本上不可能实现全面并且及时的突破。现今已经建立起来的系统只能导致可再生能源被牢牢地锁在牢笼中，最多做些无用功而已。能源政治和能源经济的活跃分子组成了一个耀眼的多数派，其中还包括能源和环境科学咨询行业，这个大多数代表着这些纲领，但并不能因为他们占大多数，这个纲领就要受他们所影响。多数派只需要在民主地做出实际决策时被尊重，而尽管如此，这些决策也不是最终确定下来的、人们不能去质疑的“民意”，如果人们还希望能够提出别的决策来的话。将多数人的意见作为分析问题和寻找策略的标准，是一种机会主义式的从众行为。受到这种倾向的指引，决策就会变得单调而缺乏想象力。期待这些抱单向思维的、自负的代表们，在未来会做得比到目前为止做的还多，根本就是很盲目的。他们只沉浸在一种肤浅的现实主义里，这种现实主义不考虑突破现状，而且即将到来的能源危机将会证明它根本站不住脚。可再生能源想要实现突破，最重要的是不要再让自己被禁锢在现行系统的“牢笼”中了，这种禁锢会让整个社会都陷入“思想的牢笼”之中。

然而总是有太多人害怕离开这样的牢笼。这种在能源政治和能源经济行为上的单向思维只会给年轻一代带来暂时的安全感。而挣脱了牢笼的人，必须要好好利用他的自由。美国政治评论家玛西亚·帕利（Marcia Pally）在她的书《批判的赞扬》（*Lob der Kritik*）中提到过，人们的“拥有解开束缚能力的”自我和他们“被束缚的自我”之间存在着冲突。人们必须“在解缚与束缚之间保持均衡，以牵制那些神经质的恐惧”。[119] 既然参与者的基础迄今为止仍然过于狭窄，太多人都把他们实践的责任推卸给其他人，那么谁必须而且能够完成可再生能源突破的“职责”呢？关于“每个人”(Everybody)、“某个人”(Somebody)、“任何人”(Anybody)和“没有人”（Nobody）的小故事表达出一种处境：

有件重要的工作需要做，
而每个人都希望某个人会去做。
任何人都可以做，但却没有人做。
其中某个人生起气来因为那是每个人的工作。
每个人都认为任何人都该做，
然而没有人意识到任何人都不愿去做。
最后的结果是，
当没有人去做任何人都必须做的工作的时候，
每个人都在埋怨某个人。

通过怎样的价值和利益以及物质的和非物质的刺激，才能够在人们总是拥有和展开的活动空间之中，激发人们主动地赞同可再生能源？哪些道路是开放的和可以发展的，哪些捷径是可能的，而哪些是无望地布满地雷的或者被剪径强盗封堵了的？有哪些主动措施是参与者仅仅凭借自身就把握得住的，而哪些还得依靠别人？这些问题涉及到我们必须激发出的社会潜能，这些潜能远远超越了通常的能源参与者以及他们的“工具”。社会学家菲尔迪南德·滕尼斯（Ferdinand Tönnies）在他的著作《共同体与社会》

（*Gemeinschaft und Gesellschaft*）中提出过行动条件和行动准则："认识，即知道必须是如何做的，是决定性的条件。前提是每一个人都能够轻而易举地和自力更生地采取行动，行动就是应用这种知识——一般的人的能力在这方面是足够的，无非是要求一个人可能做的事情，只要他想做，就能做到。"注 120

可再生能源的可能性是多种多样的，不存在一个整体的纲领，能够把所有步骤组装到一起，也并非只有少得数得出来的执行者，就如同在传统的能源系统里一样，由他们就能规定整个系统的特征。但尽管如此，尝试也不是任意的。并不是条条大路都通罗马。未经深思熟虑的步骤会将人们的努力，哪怕是最大的努力，都引向没有出路的迷宫。只有通过不断增长的执行者数量，且依靠不受限制地利用他们种类繁多的技术潜能，才有可能在社会上实现迅速而广泛的可再生能源突破。由此将产生一股实践的主动性的"潮流"，它让迄今影响重大的参与者的能源计划和蓝图都化为泡影。

"直观无概念则盲，概念无直观则空。"哲学家伊曼努埃尔·康德的这句话表明，概念不是仅仅把事实上的内容复述出来，而是必须具有一种思想引导性的作用。能源自主的主导概念意味着，必须遵照自身的决策标准，以一种自我决定的而非他人决定的对能源的支配作为目标——即自由地独立于外部胁迫、敲诈和干涉。所有这一切的永久存续只有依靠可再生能源才是可能的。唯一能保证可再生能源成功获得自主的办法是，通过大量的参与者及时且不可逆转地贯彻能源转型，抵制传统以来的能源系统的实用逻辑。这条可再生能源突破的道路导向一种新的普遍的能源利用结构，它只能产生于现行结构的范围之外、一步一步地取代现行结构，并最终使其变得多余。不能将能源自主理解得太教条和太狭

注：中译参考林荣远译《共同体与社会》商务印书馆 1999 年版，第 208 页。

隘，相反，它所涉及的纲领包括许多面向和层次，包括个人的和社会的，政治的和经济的，地方的和国家的。这关系到启动一项不断提升能源利用自主程度的进程。这项进程推动着从部分到整体的自主，并且照顾到每个阶段的可能性和需求。

而反对能源自主的纲领则是，把可再生能源整合到现存的能源供应系统中，试图将其约束在这个系统里并控制它。这种整合符合意大利政治思想家安东尼奥·葛兰西（Antonio Gramsci）称之为“被动革命”的东西：现行的系统承认自己在一个普遍的、关系重大的问题上有疏忽，它接受批评并且感谢那些表达不满的人，宣称从现在开始它自己才是唯一有能力进行转变的，此后却按照自己的规则解释问题并且只把非本质性的部分付诸实践。

“给我一个支点，我将撬动整个地球。”这句来自古希腊天才数学家阿基米德（Archimedes）的话，并不意指一个假想中支配着所有命运的世界撬动者。不如说他描述的是：辨认出新方向中的支点和核心总是会起作用的。可再生能源的阿基米德支点有很多。能源自主主题的方向并非无视经济贸易规律的空想或者意识形态纲领。

能源自主的独一无二的经济可能性要依靠我们已经阐明的可再生能源的技术逻辑才得以展开：通过能源开采和使用的地方性的或者地区性的联系，才能避免各种错综复杂的支出，包括技术的、组织的、管理的甚至包括运转中的军事、政治等方面。而这些支出在原子能和生化能源从开采到终端消费的漫长路途上则是不可避免的。动员社会的独一无二的可能性要依靠可再生能源的社会逻辑才得以产生：凭借此可能性，一种独立的生活形态才是可能的。这种生活形态根据人类的需求，既与个人和社会的自我决定原则相符合，并且由此也最大限度地与自由—民主社会的“程序”相符合。贯彻执行的现实可能性要依靠变革进程中的结构性逻辑才得以产生：每一个新的措施，它越少地卷入现存结构中，就越能迅速地贯彻下去。能源自主比别的方式更加有利于达成这样的目的，它不仅维持和赢回单个个人自我决定的生存安全，而且也维持和赢回整个社会的自我决定的生存安全。

主动的进化

现如今到处充斥着“革命”，它们被宣传为一种耸人听闻的产品营销，而法律每个小小的改变在当时都被解释为“改革”。这两个概念都因为通货膨胀式的使用而贬值，变得敝旧不堪，因此都不再适合用来描述那种根本转变的方法。“革命”的概念就其原初意义讲，是指在一个短时期内颠覆占统治地位的局势。“改革”则与此相对，指一步一步地改变一个系统。

宣称进行“太阳能革命”，这样的号召装潢了一些书籍标题，而“能源改革”不断地宣称就要到来。然而这两个概念在其原初的意义内涵上并不适合描述可再生能源的历史性必然的变革进程。现代社会如此紧密地被编织进传统的能源系统结构中，以至于它反倒已经没有能力再去引导这些结构的革命。没有任何社会能够冒那个风险，让所有齿轮哪怕只做片刻的停顿。然而改革概念也容易让人产生误解，因为这个概念以传统能源系统具备原则上的改革能力的看法为根据。但是当关系到要超越一种拖拉地和零碎地引入（可再生能源的进程）时，无论如何这个系统在可再生能源方面是没有改革能力的。它只能拒绝关于可再生能源的根本性的定位，因为不拒绝它就必须致力于废止它自己的系统。然而首要的是：对于可再生能源那些数目众多的利用形式来说，如今现行的系统已经不再必要了。在利用形式的扩展和可再生能源技术优化的过程中——尤其是通过能源存储技术的内涵——就更加不需要这个系统，因而它也加倍地变得多余。

在革命的道路上，或者试图改革现行的能源系统都不可能导致能源转型的发生。只有从众多不同的开端出发，通过可再生能源自主的机动性，已经建立的系统才会失去它囊括所有能源供应的角色。在日渐衰落的原子能和生化能源以外，牵涉到一个革命性的进程，即能源开采和使用的新形式蓬勃地发展着。然而我们当然不能指望“自然的”进化，当现今的能源经济耗竭之后，自然进化才会实现。这种进程只会缓慢前行并且危机四伏。目标明确的有推动力的主动进化才是必要的——人们应当遵循这样的纲领，不允许把传统能源供应的主动性藏在它后面、下面或组合到它里面。一种特殊化的能源经济对可再生能源来说只在部分领域中才是不可缺少的。在建筑物中的制冷制暖需求上就几乎不需要它，因为未来的发展趋势是这种需求完全不依靠商业的能源供应就能够得到满足。电力需求则部分靠自产，部分靠占优势的地区性循环电网中的供应结构来实现。交通运输的燃料产业将会脱离中心分散发展，多面向地采用合适的可再生能源，从而也在原料基础方面趋向多样化。

从结构上排除传统能源，这个进程无可挽回地意味着一种持续不断的冲突境况。在追求这一进程的同时却想要与能源经济的权力中心达成共识则意味着，要让可再生能源的潜能得不到充分利用，并且人为地放缓发展速度。就像一句阿拉伯谚语说的，可再生能源的支持者们，想要到能源经济里排排坐，就必须预计着“他们伸出准备握手的手会被别人谢绝”，最好的情况不过是别人给他们留下一个小指头让他们握握。

在德国，红绿联邦政府与电力康采恩之间关于终止原子能使用所达成的共识只是在表面上与这一论断相矛盾。这个共识相当于承认电力康采恩还剩下很长一段时间可以继续运转它们的核电站，甚至超过它们收回投资成本所需要的时间。根据协议，它们的存在在任何情况下都不会受到威胁，尤其是还会悄无声息地塞给它们一些补偿——也就是说，在政治上已经放弃了去阻止电力产业的集中化进程。除此之外，电力康采恩从一开始就处在这样的位置上，在他们的大部分核电站关闭之前很长时间，就已经经历了政府换届，而经过了换届，放弃原子能的政策重新又被搁置了。

已经建立的这套能源经济，就其战略决策来说在好几十年的时间里面，既没有遇到对手也没有遇到经济上的竞争者。反对者首先以环境批评的公开形式登上舞台——却没能将他们进行转变的要求与其他的经济执行者结合在一起。对反对者来说剩下能做的事不多，主要就是阻止有问题的决定付诸实施，要求更细致的监控和限缩能源经济的回旋余地。只有支持可再生能源的投资决定脱离能源经济而独立出来，成长为它们真正的经济上的竞争对手，那么才有可能从当前的能源权力中分离出来。自主的可再生能源投资者不应该问，他们的投资是否与原材料的需求和供应，与对电站、炼油厂和交通运输基础设施的投资计划，与这些已经建立的长期合同关系是否协调一致。对可再生能源越多、越直接地投资，传统能源经济的角色就会缩减得越多。

可再生能源从能源经济手上拿走的第一个5%的市场份额，也许是能源经济或多或少还能够克服的痛苦。这个份额攀升到10%或20%，能源经济就越来越快地卷入到同时发生的数量递减和成本递增的漩涡之中。接着恐慌爆发，正如德国业已出现的情况——恐慌导致了不同的反应：对政府施加压力，要求停止“不负责任地”推动可再生能源；公开地宣称，应该把传统能源供应不断攀升的费用归咎于可再生能源；转移到别的经济领域中去；当然还有——虽然这无论如何不是优先的选择——自己加入到可再生能源的运营中。当大的能源康采恩尝试后者时，它们符合逻辑地趋向于尝试供应形式，这样能够继续利用它们的基础设施并且挽救迄今为止作为供应者的垄断地位。

政府和议会不应该屈服于这些压力而应该更多地推动可再生

能源，并且应该放弃那种认为能源经济是为整个社会利益服务的传统看法。不应该把社会的能源基本供应，以一种极其疏忽的方式托付给全球化的能源市场，社会能源供应应该而且可以托付给社会中无数的并且也活跃的执行者。这涉及到社会性的“用权力收复权力”，哲学家洛塔·歇弗尔（Lothar Schäfer）在他关于“培根计划”（Bacon-Projekt）的书中是这样表达的。[121]

在这一进程中，营业额下降，而那些当前的能源康采恩跌倒在它们的利润门槛之下。它们试图通过大联合组成超级康采恩（猛犸康采恩）来拖延时间。因为在这个进程之后下滑开始了，那么这就强迫它们采取新的策略，或者驱赶它们加入竞争。许多城镇性的能源公司却相反地繁荣起来，只要它们在分布式的能源供应中转而使用可再生能源。从一开始到可再生能源覆盖10%的能源需求，这首先会花费大概15年的时间；然后在接下来的15年左右达到30%，再下一个15年到90%。伴随着可再生能源份额的翻倍，其扩展的速度也在提升。既然已经建立的能源经济再也不能在 原则上拒绝可再生能源，那么它必然要试图用它力量所及的一切东西，去阻碍可再生能源那对它而言不可控制地即将到来的独立发展。这通过并购那些生产可再生能源技术的企业来达成。或者借助于政治上的帮助，只允许某些特定的措施。这些措施只有在与能源经济进行协调的情况下，才使得小比例地使用可再生能源成为可能，而且这些措施还要求在分布式的热电联产中继续使用生化能源。在多年的拒绝阶段后，就是想要试图把数量很小的可再生能源融合到能源经济的结构中。

用自主代替融合

导向可再生能源的成功项目可以归因为所采用的自主的政治策略上，或者归因为为投资者创建一个自主行动的平台的那些策略。

与此相对，以合并入能源经济为目标的纲领，都还是一无所成，或者从一开始就处于这样的位置：即它们所处的位置就意味着，它们实际上承认了为传统能源量身定制的能源供应结构的优先地位。

如果这些策略能够充分利用政治的自主并且促进经济的自主积极性，那么其成功的凭据就是切实的。少数国家从国际间协商的趋势中独立出来走向可再生能源，比起所有在国际间铺开的一体化的政治运作尝试，这些国家在质上也包括在量上更多地行动着。大多数城市在自主决定中发起了最初的具有开创意义的积极性，绝非出于偶然，因为它们并不像政府那样牢固地捆绑在“政治—能源经济情结”（politisch-energiewirtschaftlichen Komplex）上。引人注目的是，例如在德国或者奥地利，大量的小城市或城市圈都争取达到百分之百目标的城镇能源自主，甚至都已经达到了。由亚琛市发起，并且由设立于此的太阳能促进会及其核心理事沃尔夫·冯·法贝克（Wolf von Fabeck）推动了针对太阳能发电接入电网的保本资助。保本资助 20 世纪 90 年代时曾在德国超过 30 个城市得到推广。如果没有保本资助，就不会有 1999 年联邦政府推行的“十万屋顶计划”（das 100.000-Dächer-Programm）的工业基础，也不会有随后与之相连接的 2000 年通过《可再生能源法》推出的法定资助的巨大提高。城镇的积极努力可以为普遍立法开辟一条狭窄的道路。假如这些已经行动在前面的城市要事先争取到科学鉴定人理事会（den Rat wissenschaftlicher Gutachter），让他们检测，把这个项目和别处理论上的项目进行费用上的比较，那么这些积极努力大概就没有一个能实现。很可能这些城镇项目在成本上并不总是划算的，却因此改善了生活质量和城镇的社会氛围，并且在地方，准确说是在当地创造了就业岗位。

生产可再生能源技术的先驱者企业通常都是新秀而非传统的能源技术康采恩，技术康采恩们显然不会容忍从与固定客户的商业关系框架上坠落到单独行动的境地。在可再生能源设备的生产企业那里展示出一幅相似的图景：自从德国《可再生能源法》生效后，从私人企业或者城镇的能源公司那里完成了超过95%的投资。尽管电力康采恩持续抱怨说，该项法律使得无风险投资带来收入的盈余成为可能，但是它们当年也没有跳过这个过程。从2004年来看，全世界风力发电领域的装机容量只有不过23%(424 000兆瓦中的9 750兆瓦)掌握在较大的电力供应公司手中。

可再生能源突破的战略注意力必须瞄准三个点：

- 瞄准在广阔分布、相互独立的可用性上，而非集中专注于尤其是“经济”国际化的立场，比如说集中于地球的“阳光地带”；
- 瞄准在政治的非中心化，而非瞄准国际性的机构和“市场和谐化”；
- 瞄准对自主的投资进行激励，而非瞄准国家的和能源经济的投资计划。

用不依赖的实用性取代依赖性

不依赖的实用性最有可能以可再生能源的技术“收获”和对可再生能源的利用之间的紧密联系为先决条件，同样也需把这种可用性定位在空间上邻近的自然潜能上。因此可再生能源技术的优先发展应该专注于某些技术应用和网络[注]结构上，必须尽可能地独立于常规能源供应已经联网的结构来进行工作。如果利用源头十分遥远的可再生能源，那就不可能不融合到已建立的供应系统中并对之产生依赖。融合，意味着从属于第三方的决定标准，并且牺牲可再生能源独一无二的、分布式的、有益的灵活性。

注：本文中使用的“网络”一词指输电网、石油的开采—销售网等，后文中也包括指公路网、铁路网。与汉语中通常使用“网络”指代“英特网”（Internet）不同。

自主的具有操作能力的技术系统的快速可行性，其中一个意义重大的例子就是汽车——如果与轨道交通相比较的话。汽车拥有更大的活动范围，而且比轨道交通和遵守时刻表的交通工具拥有更为自发的有用性。因此随着价格的下降、技术的完善和驾驶舒适性的改善，对汽车的需求迅速成长。由此引发量产而且促成一种相互强化的效果，通过对于汽车交通的政治上的额外优待，以公众的道路建设的形式，使得这种效果得到加强。这里我们并不是要在关于汽车交通和轨道交通之间进行生态上的或者经济上的评定，而是有关于这样的问题，是哪些条件使得技术上的快速突破成为可能的。就一辆汽车而言，通常设备操作者和设备使用者是同一的。而就轨道交通而言交通工具的操作者和使用者则是分离的，两者（指轨道交通工具的操作者和使用者）都拥有更少的灵活性，因为铁路网不像、将来也不会像公路网有那样广泛的分支。就电网连接的电力供应而言，在工业国家可以说存在着普遍的几乎无处不在的使用可能性，因为这里电网比公路网更加广泛地分布着。然而对于发电设备的操作者而言却明显拥有更少的灵活性。他们必须从属于电力网络运营者的利益——甚至可以说产出量越大，他们就越是从属于电力网络运营者的利益，因为他们产出的电力都必须依靠网络进行传输和分配。由此产生的结果是，对这些限制的依赖越少，在发电领域贯彻可再生能源的动力就越大。

就不受网络限制的技术系统的贯彻动力而言，更加有意义的例子是那些独立于固定网络的通讯商。与无线电子通信不同，人们甚至可能在没有无线电中继设备和技术卫星的情况下，利用不依赖于电力网络，而依靠配备蓄电池运行的太阳能和风能发电。可再生能源生产的电力在技术发展和市场渗透方面，以这个蓝本为基准构想自己的定位，要比传统以来的能源供应的功能标准和核算标准的僵化思维拥有更大的意义。由于这种僵化思维，关于未来图景的构想到目前为止都还未出现在能源讨论中。这种未来图景，或许一开始看起来并不真实，然而同样看起来不真实的未来图景在信息技术领域，由于得到无数书刊杂志的传播，甚至大部分在短时期内已经得以实现。

在讨论中向支持保留网络的“网络保守派”倾斜，就将导致无视或者冷落那些技术的和政治的措施，而假若依靠这些措施，网络限制本来是可以被克服的。以克服网络限制为目的的技术手段，要么是具有自主操作能力的发电设备，在这种设备那里生产者同时就是使用者；或者是这样一些设备，能够根据网络的供货要求来进行生产。如此，这些设备就不再依赖于“网络管理”。所谓“网络管理”，即一种它们自己无法掌控的协调关系，要求在它们的产品与别的生产者之间以及与每一个单独的客户之间进行协调。

而以此为目的的政治手段既不在时间上也不在数量上受限制，它要求电网运营者优先购买可再生能源生产的电力，而且购买所支付的价格必须覆盖生产费用，并且使得企业的充分盈利成为可能。只有当可再生能源的电力更多地被生产出来以至于供大于求的时候，这条优先原则才会面临着技术局限。通过这些政治的优先规则，电力供应系统被迫将其操作能力定位于可再生能源，并且致力于适应可再生能源。不再是可再生能源继续被捆绑在经济的过去时之上，而是强迫电力产业去适应可再生能源。可再生能源再也不是作为“附属能源”发挥效力，而传统能源反倒成了“附属能源”，直到人们不再使用它们为止。

可再生能源给电力供应提供的选择越是多样，并且这些选择还可以互为补充，并且也会有越多的太阳能辐射和风力的电力生产设备能够通过自己的电力存储能力而自主地与需求弹性波动相适应，那么这个取代过程在技术上就进行得越是容易。这样，关于可再生能源的冲突减少了，因为冲突的背后事实上是面临着技术功能的困境。当由技术条件决定的融合需求越少，在城镇和单一城市层面上的政治行动的回旋余地就越大——而且留给自主的投资决定的回旋余地也越大。但是可再生能源潜在的不计其数的供应者和使用者，与迄今为止能源的大供应商之间根本性的利益冲突绝不能因此就被抛诸脑后。只要越多的技术自主权存在着，冲突反而解决得越成功，并给可再生能源带来好处。自主权越大，通往可再生能源的路程就越发有吸引力和无懈可击。

用政治的非中心化取代全球化

融合充其量可以称为共同决定，但绝不能称为自我决定。这对于目前的能源系统中政治机构的角色也同样适用：除了少数几个还拥有自己的生化能源储备或者铀储备以及较大的水力资源潜能的国家以外，目前能源系统的初级能源进口只能依靠现在运转中的国际合作。能源经济需要政府，以此保障这个系统；而只要传统的资源基础还在，能够实现社会的能源供应，那么政府也需要能源经济。这是一种互相依靠且共同决定的关系。反之，可再生能源可动用的自主潜能却能够不受初级能源商的辖制而依然活跃。它从与其他国家的合作中独立出来，但其他国家却并不因此而受损害——也许只是这些国家除外，即那些不管在什么情况下都还是在经济上依赖于生化能源原材料出口的国家。每个单独的国家开始采用可再生能源，对于国际社会整体而言都是一种帮助，因为通过这种方式所有引人注目的原子—生化能源的世界危机才终究能够得到解决。因此，对各个支持可再生能源的政治执行者的角色进行充分利用和拓展，是一种普遍的值得向往的政治行动哲学。相反，政治融合的措施向阻碍力量提供了共同决定的可能性，在这里，所有人的利益的自我决定其实是可能的。政治的能源自主原则是这样的：只须必要的国际规范不用过多，而非中心化的政治则越多越好。

着眼于能源政治意味着，城镇的和地区的战略的提出不需要等待全国性的战略，而且应当满足于城镇和地区的战略；单个国家的战略也是这样，它不需要等待国际协定达成之后再提出来，把艰难达成共识的所设定的目标的履行摆在一边，而在战略行动手段的选择上高举起其自身的决定自由权。国际化的措施，正如前面写到过的，不可避免的是“半身不遂的”，因为它必须把各个自愿参加的和尽力阻碍的政府，把太多的各种合理的和不合理的利益都要融合在一起。这不是在期待，一直流传的单方面的能源供应思想和与传统能源经济紧密编织的利益网会在一切领域都同时被抛弃，并且就此斩断一切联系。相反，按照所有参与者的最好的愿望，既不能把可再生能源再定位的动机，也不能把大量意图进行再定位的可能的和必需的行动措施纳入到一个国际性的法律框架之中。那些行动措施本来就是各自着眼于一座城市、一个地区或者一个国家的固有条件的。“全球环境政治”（乌多·恩斯特·西莫尼斯，Udo Ernst Simonis）是必要的，但是并不是采取一种“全球统治”的形式，去接替和取代多种多样的主权国家的行动。一旦漫长的、充满妥协的努力过程结束，国际法就好像混凝土一样。当它已经表明自身存在错误时，至少需要同样漫长的时间以及做好妥协准备，才能修改它。而且这时候还凑不够51%的多数以达到修改它的目的。哲学家奥特弗利德·赫费（Otfried Höffe）在他的著作《全球化时代的民主》（*Demokratie im Zeitalter der Globalisierung*）中提醒说，在政治国际化的整体进程中，“应该密切地注意，我们已经完成的东西也依旧是岌岌可危的。无论是一个大地区范围联盟构成中的单个国家的民主，还是世界共和国构成中的地区联盟的民主水平都不应该受到损害。”[122]

政治机构通常扮演着两种操作者角色：其一是坚持依靠它自

身的组织能力，运用预算、研究经费支持或者教育措施，在一些投资、发展规划项目中发挥主动性。另一种则是源自于它作为立法者的功能，由它来决定限制社会的积极性还是为其扩充自由发展的余地甚至赋予其特权。关心向可再生能源转型这个世界性议题的国际政治机构和国际协约会议，它们的建设性贡献需要深入到现实政治的观察中：

- 当它们使用自己的组织能力的时候，也需要贯彻它们自己的主动性；
- 必须抛弃现在存在的对可再生能源的国际性歧视，拓宽政府自主的回旋空间，并且拆除针对可再生能源及可再生能源效能技术的国际屏障。

它们的贡献不能，也不应该表现在，比如通过追寻求行动手段的国际“和谐化”的尝试，而取代国家立法的位置。最低目标可以由国际间协定，以便向国际社会施加行动压力；然而如何实现还是必须听任单独国家自己去处理。硬要政府的发声符合受条约约束的固定的国际和声，那就是，如已经表明的那样，在承担起自己的实践责任之前还要自我加压。

国际机构的建设性任务

国际政治机构具体地呼吁而且公开地声明自身承担的实践责任，这将讨论引出了浮动的迷雾。本来在迷雾中大多拿别人的责任做参照。当已经设立的机构已经确然地显露出自身没有能力振作起来时，具有问题意识的国家集团就应该为新的国际组织举行洗礼，迎接它们的到来。因为这些国家集团单独是无法胜任这种主动性的。联合国组织以及欧盟的一项头等任务是，必须担负起它们各自的，对于能源转型的不可委托给他人的责任来。这项头等任务，必须像我们在第二部分写到过的，要克服明显不成比例的关系：当国际间的政府组织，尤其是像国际原子能机构、欧洲原子能共同体和国际能源机构，在事实上作为世界范围内原子能和生化能源经济的代理机构进行运作，还缺少一个针对可再生能源的国际代理机构。理想的措施是，不同的联合国组织及其下属机构，联合国教科文组织（UNESCO）、粮农组织（FAO）、联合国工业发展组织（UNIDO）、联合国开发计划署（UNDP）、联合国环境规划署（UNEP）、世界卫生组织，共同组建这样的代理机构，这个代理机构负责协调与此相关的活动，以及同时引导各国政府完成“从帮助到自助”（Hilfen zur Selbsthilfe）。然而，既然这些不成比例的联合国组织只能依靠自身，那么通过国家集团提出这样的一个代理机构的倡议就是迫切急需的。而如果这个倡议落空了，对可再生能源的国际活动方案进行投票也只能沦为粗浅的空谈。

世界银行 (Weltbank)，以及其他政府间的发展银行 (Entwicklungsbank) 必须从根本上面对这样的要求，即它们应当扩大能源信贷投资组合，以及更多地关注能源转型。这正是 2004 年世界银行自己委托的，在印度尼西亚前环境部长埃米尔· 萨利姆 (Emil Salim) 领导下编成的《工业精粹报告》(*Industries Extractive Report*) 中提出的要求，然而尽管如此这个报告仍然没有带来任何结果。既然因为我们不能指望，世界银行会在事实上履行这样一种要求，所以创办一家为可再生能源和能源效能服务的国际银行是必不可少的，正如美国可再生能源理事会 (ACORE) 主席迈克尔· 埃卡特 (Michael Eckart) 已经设想的那样。这个银行可以以一个国家集团或者一个国家发展银行的集团为基础。它的主要任务是在全球范围内为可再生能源组织小额贷款。就如孟加拉乡村农业银行 (Grameen Shakti-Bank)——孟加拉乡村银行(Grameen Bank)的下属分支——

在孟加拉国进行的具有榜样效应和富有成果的实践那样。

联合国粮食与农业组织（FAO）在20世纪90年代业已构想出一个全球造林行动的计划，然而迄今为止也不过召唤起零星的活动。大规模的造林将会有利于“二氧化碳的降低”，比《京都议定书》中所预想的程度更大，而且费用极其地低。由此可以大规模地从大气中吸收二氧化碳，并且可以与生物资源联系起来。[123] 伴随着组建农林经济的指导性援助力量，在发展中国家大量新的生存条件将会奠定。通过这种做法，世界范围内对生物资源潜能的培植将会显著地扩大，生化动力燃料的替换也会变得容易。这样的一种造林计划，当然也是针对大面积的半干旱土地的重新绿化，很可能涵盖几百万平方公里。粮农组织是最为合适的世界组织，对可以作为能源使用的生物资源执行必要的许可证制度，以此保证我们 对自然资源的索取不会多过重新培植的量，保证我们为了在建立生物能源的种植场过程中不会对热带雨林进行砍伐。它必须在世界范围内在农业经济协会和农业经济学派间进行交流，并且在教育计划中推行，应该如何培植与利用那些除粮食作物之外的有资格被考虑为原材料的数目众多的植物。

联合国国际标准化组织（ISO）天然适合，也许与联合国工业发展组织（UNIDO）一道，去发展可再生能源和节能技术的规范和标准，以此跨越技术上的转化屏障。在大的有竞争力的工业利益形成之前（而这些利益在各不相同的规范系统中发挥着效力），恰恰是崭新的技术那里拥有更大的机遇。

联合国教科文组织（UNESCO）天然就适合在全世界范围推广可再生能源的使用、研究和进一步发展的教育运动。高校中可再生能源知识上的亏空在全世界都大得可悲。如果受过教育的技术人才储备没有迅速成长起来，特别是由于缺乏数目众多的必不可少的装备，这些能源的潜能就不可能得到充分利用。欧洲太阳能组织和可再生能源世界理事会（Weltrat für erneuerbare Energie）设立国际可再生能源公开大学（OPURE），并将之设想为一种大学网络。而联合国教科文组织正是这种公开大学适宜的运作者。可是它到目前为止还没有真正充分地扛起它对于可再生能源的科学和教育需求所应承担的责任来。

联合国开发计划署（UNDP）是世界共同体的发展组织。它天然就适合依靠自身的计划，在发展实践中最重要三个重点方面——即可再生能源、水资源和农村地区——承担起导向角色，而且是在一个交叉领域的背景上。就这样，它还是远远没有达到其中任何一个重点设定，甚至比从 1993 年到 2001 它的能源负责人托马斯·约翰逊（Thomas Johannson）主持工作时它偶尔达到的地方还要遥远。联合国环境计划署（UNEP）在执行理事克劳斯·特普费尔（Klaus Töpfer）的主持下追求落实这些重点，但是它缺乏在实践上落实这些计划方案的能力。

无论如何，这些组织中的大部分依然总是对履行它们职能中的可再生能源的关键性意义缺乏足够的认知。不管以什么样的方式，这些组织致力于这些问题的时候都没有给予这些问题优先考虑，大部分更准确地说都是顺带注意到。可能比起其他我们提到的组织来，只有环境署（UNEP）是例外，因为它本身就不是一个独立自主的组织。这些组织都必须因此接受公开的批评挑战。而且就算当它们构想一个计划方案，就比如粮农组织（FAO）的那个全球造林计划，它们也缺乏财政经费去实现。给它们目标上和目的上的定位，是各国政府以及，这不是最无关紧要的，协约会议的任务。

原子能和生化能源在国际法系统中的去特权化

能够对可再生能源的积极性施加直接的或者间接的国际影响的，主要有三个国家间协约会议——世界气候会议、世贸组织

(WTO) 会议和《核不扩散条约》的检查会议——以及欧盟 (EU)。人们应该尽力争取达到的层面是，有系统地排除对于原子能和生化能源的单方面国际政治资助。这些资助正持续不断地继续强化着原子能和生化能源反对可再生能源的对立地位，并且间接地阻碍着可再生能源的发展。自由能源市场的辩护士们接连不断地抛出与此相关的问题，但却迄今为止没有一次形成主题。这只是要么暴露出他们对已经存在的市场扭曲还缺乏认识，要么就是暴露出他们靠着道貌岸然的伪善在主导着讨论。当然这也暴露出可再生能源缺少一个国际性机构的话将会面临怎样的后果。

世界气候会议的一项新任务

对致力于世界气候保护的国家间协约会议而言，这意味着必须彻底改变其议事日程：今后不要再继续在危害气候的气体排放清算纲领上讨价还价了，这个世界范围的复杂无比的清算纲领只是把事情越弄越糟；而应该把纲领托付给这样一些国家，这些国家愿意一直坚持这些纲领直到意识到它们狭小的边际效应。《京都议定书》中的某些清算纲领的扩张尝试，虽则促成了根据议定书的一种“能源—世界贸易组织”方法的制订，却应该在经年累月谈判落空之前或者在再次得到一个不幸的结果之前就被搁置起来——在此期间，现在的议定书却中途临时在许多国家被误用于压制推行可再生能源的异常活跃的积极性。

致力于世界气候保护的国家间协约会议直到目前都还对不断加剧的气候危机的最重要的因素，即交通运输部门，不可原谅地忽视着。然而在这里，我们又是需要协约会议的，当然要凭借一项事实上极有成效的政治措施。它的新重点必须落在，终止虽不明言却一直在全球范围内实践着的生化航空燃料的免税政策。这项免税政策明显地纵容了航空运输的迅速增长——不管是廉价航班还是从新西兰到欧洲的水果运输——这对气候造成了尤其严重的后果。对于世界范围的轮船的生化燃料免税政策也应该着手处理，不但是因为世界海洋污染不断加剧，而且也因为这要么直接地对气候产生消极效应，要么通过对海洋生态的作用产生的后果，从而间接地对气候产生消极效应。新的气候议定书应该专注于国际携手推动的降低温室气体排放行动。

就算一项这样的措施也遇到了大规模的抵制，抵制的背后藏着各种合法的、不合法的利益。伴随对那些合法利益的顾及，国际征收航空、轮船生化燃油税的纲领开列了多种可供灵活选择的可能性，例如在跨国航空、轮船运输与国内的运输之间实行差别对待，各个单独国家在对之进行征税的时候都允许各种例外。这种例外的可能性首先涉及到领土广大的国家或者岛国，它们比别的国家更加依赖航空和轮船运输效能。一些在很大程度上依赖航空旅游业的发展中国家，肯定也期待着例外和过渡性的临时法规。首先必须协议好，跨国交通运输的税收收入大部分或者全部，都要注入一个全球性的气候保护基金中。这个基金可以由气候框架会议的秘书处经管。

假如把跨国运输的航空燃油税提高到工业国家燃料税收的平均水平的话，光这一项每年就能产生超过500亿美元的税收。假如仅仅把这个数目的一半用于气候保护基金，联合国组织完成我们前述任务时遇到的财政问题就能得到解决，例如粮农组织的造林计划或者对可再生能源投资的信贷投资组合。一项为飞机和轮船寻找新动力，即不再使用生化燃料作为推动动力的国际性研究和发展计划项目，也将能够从中得到财政支持。经济上依赖航空旅游业的发展中国家也能够为建立别的经济分支赢得财政上的帮助。

如果这里表达的对《京都议定书》的消极预测在实践上得到证实，那么这样一种战略转型就至少是符合逻辑的结果。欧盟毕竟在其 2003 年 10 月 13 号生效的关于如何运用议定书的指导方针中强调说明，气体排放的许可证交易必须是一套全面而连贯的政策和一揽子措施中的一部分，除此之外还包括“朝着同样目标努力的”成员国采取的“调控管理的和结构性的政治措施以及别的措施”。在未来“对这个指导方针进行核查时必须考虑到，在怎样的范围内达成了这些目标”。这也意味着，《京都议定书》必须是在与别的措施进行相互比较的情况下来考量它的结果。绝非无关紧要的是，为了逃避这种比较，居然出现了这样的诉求，要求迅速撤除正在发挥效力的别的措施。

给世贸组织的一份适当的能源议程

世贸组织（WTO），以及为了世贸协议进一步发展而展开的国家间协约谈判到目前为止给人留下这样的印象，仿佛全球的能源问题以及由此而来的将来经济基础的安全性问题与它毫无相干。然而它却迄今仍未做任何事情，来反对在生化初级能源贸易中的关税豁免，与可再生能源及能源节能技术贸易中片面的高关税之间荒谬的不对称。它其实长久以来早就应该积极采取主动的行动，至少对后者贯彻实施同等的关税豁免政策。这样，世贸组织能够在取消生化能源在世界经济系统中的现行优先待遇方面做出点贡献。至少，能够阻止世界能源系统继续耍它的两面手腕，这种两面手腕到目前为止都还没在国际上受到过责难。

许多国家对原子能和生化能源的资金补助，使得它们在整个经济部门中占据了特权地位，到目前为止世贸组织都视之为不可改变的事实。从另一方面看，如果生物燃料的国家资助计划只对有关国家起效的话，那么世贸组织协定容许了这一状况，就干扰到这个计划的实施。不管遇到什么情况，这条“世贸大棒”不断地在国家层面挥舞，预防有某种主动性出头，不管世贸组织是不是在事实上有意愿计划使用这条“大棒”。这样世贸协定限制了在欧盟国家种植油料作物，即使不用于粮食市场，而是用于满足燃料需求和气候保护也不行。当然世贸组织可以限制那些使用极端危害生态的种植方法所产出的农产品的贸易，以及禁止某些以对森林无休止滥砍滥伐为基础的生物能源。世贸组织的干预措施结果将证明这些能源所谓的生态优势是荒谬的。

这些横亘在世贸系统内部的不合理壁垒必须被清除。实践上反对能源技术的多种多样的贸易壁垒，就如同能源不受限制的贸易自由原则一样不合时宜。尽管延续至今的能源系统中已经酝酿着对于世界经济的致命危险，两者依然维持着这个系统的特权地位，而且两者都阻挠着攸关所有参与者利益的实用解决方案。这表现在，工业国家和发展中国家在农产品市场上，例如糖的贸易市场上，持续不断的冲突。要想争取达到工业国家的农产品市场的普遍开放，工业国家就必须接受对自身的农业经济的生产进行限制。后者对用生物燃料取代生化燃料，是否具有十分紧迫的必要性这种说法还持有非常明显的异议。这个冲突能够立即在完全不一样的方式下得到解决。工业国家将停止对它们农业出口补贴的政策，而发展中国家则不再要求市场开放，只要当它们得到了技术援助项目计划的支持，并得到为建设生态乙醇或者别的生态燃料生产提供的低息贷款，有了这些它们很快就能用自己生产的燃料取代石油进口。通过停止使用原油改用生态燃料的资助策略，各地都将不再存在农业经济产品过剩这种形式的问题。以本国自产燃料这种形式，以及与此相应的对进口原油的取代，将给发展中国家的国民经济带来比增加农业出口更大的好处。

在国际法中去除原子能的特权地位

《核不扩散条约》在第四条款中承诺禁止各国生产、购买及扩散核武器，同时承诺为原子能的使用提供技术援助。这样，原子能就是在国际法系统中唯一存在着资助义务的能源选择。这一点又通过欧洲原子能共同体条约，在欧盟层面上反复重申，甚至相应地为原子能电站安排了一项价值数十亿欧元的技术资助及补贴框架，就这一点而言国内市场法规一直以来都无法发生效力。因为《核不扩散条约》的第四条款不但给予原子能以特权地位，而且实际上和间接地为核武器生产暗地里的准备放了行，所以这项条款非常紧迫而且十分必需进行修改。修改可以通过这样的方式予以实现——正如欧洲太阳能组织和可再生能源世界理事会已经起草了相关的纲领，根据第四条款所规定的原子能技术资助义务可以由建立各国自身的可再生能源设备生产的技术援助来完成替代。

欧洲原子能共同体条约在欧盟内部其废除条件是清清楚楚趋于成熟的。这份条约就是一具遗骸，还在倾吐对欧盟取消补贴的目标和民主秩序的嘲讽。既然欧盟宪法会议甚至一次也没有触及欧洲原子能共同体的特殊地位，各成员国声明欧洲原子能共同体条约作废就是唯一的道路，应该要谋求在废止的路上走到这一步，而毕竟到目前为止红绿联邦政府自己都还不敢冒这个风险走到这一步。

用投资自由取代投资控制

存在着三种通向采用可再生能源的政治纲领，这是基于它们的效果来进行划分的：

- 价格调控，以有保障的购买价格的形式进行，提高对原子能和生化能源的征税或者降低对可再生能源的征税，这样可以表现出对投资的经济刺激；
- 数量调控，即使在它也包含经济刺激的时候，依然只能使一种有配额的采用形式成为可能；

－采用义务，这种形式不需要经济的刺激，或者只需要一些补充性的经济刺激。如果使用可再生能源对于那些将承担此项义务的人而言是合情合理的事，而且对整个社会又显得是必要的，那么这种义务的形式最后还是会作为政治行动的纲领成为人们讨论的话题。

通过价格调控的方式动员自主的电力生产：以《可再生能源法》为例

实现可再生能源发电并且输送入电网，这一领域的价格调控战略的国际性范例是德国《可再生能源法》。它的两个核心要素，一个是对每个发电设备运营者而言，都可以将可再生能源产出的电力有保障地优先进入电网进行输送；另一个就是给电网中输送的每 1 000 瓦时电力以法律上规定的固定补贴。根据这些电力是由太阳辐射能源、风力、水力、生物能还是地热能源转化来的，这些补贴也会相应地有所不同。而它们又根据这些电力是从风力较强地区还是从较弱地区的风力设备发出的，根据投入的设备实际达到的生产效率怎样，根据使用的是较大的还是较小的太阳能或者生物能发电设备，尤其对于后者，还要根据使用的是专门种植的植物原料还是仅仅使用有机废料进行生产。根据这种种不同补贴要更进一步地区分开来。现在已经运行的超过 5 兆瓦装机容量的较大水力发电设备会被排除在补贴之外。这些补贴是根据每一项单项选择的技术和成本状态计算出来的，它们保障了这些新能源设备从最初开始运行到之后的 20 年的时期（装机容量在 5 兆瓦及其以下的水力设备则达 30 年之久）。对于每个下一年组装机的新设备的交叉补贴会逐年递减，这是确立好的，但与此同时最初起始的补贴在 20 年的时间期限内有效。这份补贴由输送电力的电网的运营者支付。由补贴而产生的成本，要靠所有的电网运营者来共同抹平，当然这也意味着在全国范围内对所有电力使用者均等地提高电价。

通过这种方式，没有一个电网运营者是处于不利地位的，而通过他们的网络输送的可再生能源生产的电力多过通过其他人运营的网络。这项法律为通过可再生能源进行的电力生产创建了一个单独的市场框架。它同时也是一项技术的、工业的和农业的补贴性法律，促进大范围的产权分散和为气候保护服务。最重要的是，这项法律为数目众多的新执行者制造了空间。其他国家的受价格调控的进入市场的纲领，像西班牙或者丹麦（直到 1989 年），尽管在细节上跟我们介绍的《可再生能源法》不同，也是依据一些相类似的原则建立起来的。

数量调控作为面对可再生能源的防御手段

对于数量调控纲领，正如它在英国或者意大利，也包括美国首先被用于实践时那样，也被称为配额纲领、许可证交易纲领、可再生能源义务证书（Renewable Obligation Certificate，简称 ROC）纲领，或者可再生能源组合标准（Renewable Energy Portfolio Standard，简称 RPS）纲领，政府设下了一个可再生能源的固定比重，每个电力供应者在供应电力的时候都必须遵照这个比重。要实现所要求的数量，要么通过公开招标，即每一个自身拥有生产能力的私人投资者都可以进行申请；要么通过购买许可证书实现。为了给投资者们更大的安全，一些国家还是会在这期间给他们一定的补贴加以保障。但基本上我们得到的经验是：几年过去参与的投资者还是太少，或者要给电力供应者追加经费，而这些经费最终绝大部分都不能落到实处——例如在英国，经费没有兑现的比率达到三分之二。这些数量调控纲领的支持者暗示说，将这些纲领与法律，例如《可再生能源法》对比，更加可以达到一种“有效率的资源分配”，这将会激励设备运营者去改善技术和削减成本，能够“与市场相符合”，尤其是也能够与一个跨国市场相符——而且也将使之与温室气体排放权的国际性贸易融合在一起成为可能。《京都议定书》本身就是数量调控纲领的最突出的案例。基于以数量调控的方式对可再生能源进行支持的经验，正如在本书第二部分表达出来的对议定书批判已经断然证实：相对于价格调控的战略，数量调控在许多科学研究中所宣称的长处，没有一项可以在实践上得到证实。

2004 年，德国风力发电总装机容量占整个欧盟风力发电总装机容量的比重达 49%，西班牙占到 26%。在德国平均补助在 6.6 欧分到 8.8 欧分每千瓦时之间，而西班牙是 6.4 欧分每千瓦时。与此相对，英国和意大利，两者都依靠数量调控，只在欧盟中占到 2.2%和 1.9%，而为此支付的补助达到 9.6 欧分和 13 欧分。结果是在德国的风力发电总装机容量几乎是在英国的 20 倍，而且电力生产的平均成本每千瓦时比英国低 2 欧分。尽管英国相比较而言有着更为有利的风力条件！其实在数量调控纲领上看不到更高的效率和生产能力，也看不出完成数量目标的更可靠的保障。

完成目标的定额不可避免地只能依靠有财政吸引力的选择才会实现，尤其是对于风力发电而言。与此相应地，这些设备集中在少数，尤其是有风力优势的地理位置。电力生产和需求的一种空间上的联接，一种可再生能源所具有的社会文化方面最重要优势的联接，其实并没有实现。然而假如人们想要在一个有配额地引入可再生能源的形式框架里不再固守单一的能源形式，那么就必须计划对风力、生物能、水力或者光电份额进行数量上的细分，而这样做又会使系统官僚化，而且提升认证的费用。融合在一起的电力市场上未来每一次提升整体的或者部分的数量，都可以预料到是与传统能源供应者的一次艰苦卓绝的角力。如果许可证交易将靠着笼统的固定价格推行下去，那么这样要么会造成补贴过低，以至于几乎没人愿意投资；要么补贴太高，已经有成本优势的生产运营者还能够得到高额的“意外收获”的利润。如果通过可再生能源产出的产品之间的竞争来产生最有价格优势的产品，从而实现那些批准了的数量，那么这样就违背了所有履行义务的电力供应者拥有平等市场机会的原则：因为这样一来，为了满足相同的数量义务，在不具有风力或者太阳能优势的地区进行生产的电力供应者，就必须比别的供应者支付更多的成本。总而言之，数量调控并不是能够支撑得住可再生能源贯彻推行的有希望的纲领。它将来也不会“更加市场经济化”。假如有谁纵使如此还认为它比价格调控好，那么他也就只会希望可再生能源只在很小的份额内发展。我们可以扼要总结如下：虽然不是所有这些有配额地引入可再生能源的纲领的支持者都会转而反对可再生能源，但是那些想要制止可再生能源的人，假如他们不是完全反对政治的资助战略的话，也全都是配额的支持者。

与此相对，价格调控纲领比如《可再生能源法》有着更进一步明确的优势：首先它给予了技术装备竞争以很大的激励，由此也给予生产力提升以很大的激励。因为在一个固定不变的上网电价补贴[注]框架内运转的每一个设备工作得越是有效率，运营者的盈利就会越高。这样就存在着一种更广泛的设备的地理分配而且所有者的形式可以极其多样化，没有官僚机构的运作成本也没有认证成本，而且将会推进可再生能源总体的多样性范围。这些纲领在社会上推动着能源自主，并且支持它。

注：又称“强制性上网电价补贴”“可再生能源回购电价”“保护性分类电价制度”或“政府电力收购制度”，指政府与使用可再生能源发电的个人或公司签订一份20年的长期合约，期间发电者每向公共电网输送一度电，除了获得原本的电价外，还可以赚取若干补贴。参见：http://zh.wikipedia.org/wiki 。

价格调控的突破战略必须进一步巩固。价格调控的突破战略必须进一步巩固。为了达到巩固的目的也就必须持续地继续向前发展。这种必要性是从由这些战略本身引发的发展中产生的。就《可再生能源法》的未来而言，这首先意味着，像我们在第一部分描述的那样，通过引入一种“存储优惠”到补贴系统中的方式，给与设备相联系的电力存储或者给混合动力装备的投资导入一种附加的经济上的激励。根据目前《可再生能源法》的规定，每个设备运营者都可以输送任意数量的电力到电网中，而电网的建设和供应的管理则交付给电网运营者。这样从某方面减轻了投资者的负担。但后果是他与电网运营者之间不断加剧的摩擦，而电力康采恩也由此提出论据说，如果没有生化能源，可再生能源根本没法支撑下去，这一说法不断地赢得公众们的赞同。它们拥有自己的储备功率，就不光是可以变得不再依赖那些匿名的电力生产者们的储备能力。随着有利于可再生能源的成本透明现象出现，这些反对《可再生能源法》的宣传活动的核心论点之一就不攻自破了。大规模的电网建设成本将能够避免。不光是跨地区传输的电网的建设提上了日程安排，而且由城镇的和地区性的电力企业着手开展的电网系统地区化的进程也摆上了日程。要紧的是进一步的发展，在法律保障的补贴逾期终止之后的时间里，给设备运营者们展开一幅可以由他们自己塑造的前景。通过与设备相联系的电力存储以及混合动力装备，他们赢得了更强大的市场地位或者他们可以变成自给自足的供应者和完全满足电力客户的供应者。如果他们依赖于，如何获得向电网输送的电力的市场价格，他们越是有针对性地在需求高峰时段向市场供应，电力的价格就会越高。当他们成为完全自足的供应者时，他们的成本会远远地保持在电网中电力的市场价格之下。如果他们除此之外还能成为其他地区的供应者，他们大概还能够以低于市场价格的方式提供电力。开始推动与设备相联系的存储方式的发展和通过混合动力设备持续提供服务的发展，并且在技术上予以明确定义，太阳能和风能设备的生产者的技术方针依靠上述两点也逐渐完备起来，他们在一些国家扩建自己的市场，尽管这些国家里并不存在给可再生能源的法律法规上的优先权利。

进一步发展的另外一个步骤是，将现在不考虑时间因素影响的对可再生能源电力的补贴，改变为分时段进行的补贴——例如分为6点到10点，10点到14点，14点到18点，18点到22点，22点到次日6点等不同时间段。对于每个时段，根据这段时间内需求是更强还是更弱，给予不同的固定补贴标准。不管怎样至少根据中欧的气候和文化条件，最高的补贴应该在10点到14点和18点到22点这个时间段，而最低补贴应该在22点到次日6点这个时间段。第一个时间段对太阳能电力有好处，因为那个时间段它有着最理想的生产条件；第二个时间段则有利于在晚上时段平均生产得更多的风能电力：这两者的实际经济价值也是显而易见的。

可再生燃料的价格特殊地位

在燃料领域，达成替换生化能源目标最为有效的手段是给予可再生燃料以免税政策。这项政策许多欧盟国家已经在法律上予以确定，包括德国、西班牙、奥地利和瑞典。如今在所有工业国家，凭借完全免税政策，生物燃料的供应已经比征税的生化燃料便宜了。这样就可以在当地和地区层面为新的燃料生产者并为市场直销开启一个空间，有助于避免燃料的长距离运输。免税政策在矿物原油康采恩身上施加了一种很有效果的市场压力，为了避免丢失市场份额，康采恩自身也要想办法供应生物燃料。

投入使用的生物燃料所占到的份额越高，得到的税收优势就会越强。这项政策不仅推动了汽车驾驶者只使用可再生燃料而不用别的燃料的趋势，也支持了培植新的燃料生产者们，他们仅仅专注于提供生物燃料而不再提供别的燃料。独立的原油商和“自由的加油站”从生物燃料那里赢得了意想不到的发展可能性。

相对地，通过将生物燃料和生化燃料进行按照配额的混合，这种单纯的数量调控意味着，矿物原油公司作为供应者的垄断地位还将继续保持下去。在这样的情况下，农林业经济作为能源原材料供应商就受制于少数大客户给出的价格的制约，正如它们目前与食品工业或者其他大的市场商之间的关系一样。地区化的燃料生产机会就会降低。而且我们预期中未来关于更高的混合数量会产生政治上的长期冲突，这会对长期的投资起阻碍作用，并且使得农民们犹豫不决，打不定主意是否参与能源作物的种植生产。

与电力康采恩不同，矿物原油康采恩考虑得更加深远一些，比起数量调控来，它们对价格调控更加感兴趣。在价格调控之下，它们的转换会更加灵活。相对地来看，它们定位于生物燃料的结构可能性也比电力产业更大，因为它们不是被捆绑在一个固定电网之上，所以它们的分销结构也可以用于这种新的定位。石油康采恩的行动障碍更多地横在所谓的“上游部门”，即从石油开采到炼油厂这一段；而横在“下游部门”，即从炼油厂到加油站这一段的障碍则较少。

生物燃料的免税政策

许多人对国家是否能够长期负担对生物燃料的免税政策抱有怀疑态度。因为越多人改用这些新燃料，国家税收赤字就会越高。这种担忧源自一种过于静态的观察。因为燃料税收下降而造成的税收赤字，会因为新增加的税收收入和节省的社会开支而得到补偿。因为通过生物能源生产会创造出数量众多的新工作岗位。无论如何，这种补偿开始于国民经济自身内部的生物能源生产。保证这一点是一项长期贯彻执行的战略的核心元素。

不仅仅出于这个原因，给予生物燃料的免税政策纲领必须持续不断地继续向前发展。不同的生物能源之间也有着并不相同的平均生产成本。为了避免生物资源使用的单面化，符合逻辑的下一步就是采用有区别的征税政策。要实现持续不断地改用可再生能源这种转换，其决定性因素只能是，能够确实保证，生物燃料在燃料市场上始终保持相对于生化燃料的价格优势。这样的话，全社会不受干扰的转换也就可以得到保证。

一种更进一步的、必要的差别定位标准就是生物燃料生产方面的能量守恒。如果可再生能源在燃料生产方面同样被采用，免税政策就将完全地实施起来。但是如果生产 1 吨生物燃料就要消耗 0.5 吨生化燃料，免税程度就应该减少 50%。通过这样的举动，将能够给普遍的能源转换追加一道推动力，并且消除对生物燃料的疑惑。

为了全社会广泛采用生物燃料，初级原料的产地证明也是必要的，要通过生产者许可制度争取到最大可能的国际有效性。某些特定的原产地和某些特定的初级原料必须要被排除在税收特殊地位之外。依靠疯狂砍伐森林得到的生物原料，或者靠清除本来的热带雨林垦荒而来的棕榈油种植园或者甘蔗种植园生产的生物原料，显而易见是不能将之合法化的。

用多样性取代市场和谐

环境保护的应承担责任者原则指明，那些已经造成损害的人，必须承担起损害赔偿的责任来。这项原则将价格调控的，也是政治的市场干预手段合法化了，而这样的干预对可再生能源是有利的。把这种手段当作对市场原则的违犯而予以拒绝，也就意味着背弃了生态的和社会的责任。如果关于环境和谐永续发展的能源供应的讨论一直局限在生化能源基础上，那么只有依靠征收更高的能源税这种手段进行价格调控，促进人们节约能源才会有可能。为了在事实上取得广泛的效果，这项能源税收必须预计得如此之高，以至于一般的接受门槛很快就能被跨过。而消耗的生化能源也因为有这项税收而取得了它的生态价值。关于这点的例证是绿党以前提出的要求，对每升燃料征收的税值，将使其价格提高到 2.50 欧元。然而这招致了大批量的反对者，他们指出这样一项措施是没有政治上的希望的。相反，依靠可再生能源却可以使社会有能力接受的价格调控成为可能：即不再是通过向生化能源征收更高昂的税额，而是靠前面已经说明的可再生能源的价格调控。这是将应承担责任者原则在社会上按正确比例的方式进行一般运用。在能源系统中早先已经确立的实际上的资助和垄断特权地位，它用于对之进行均衡，由此它也是保持市场平衡最好的政治手段。所有那些人，如果把可再生能源的价格调控的优先地位看作是一种临时性的措施，或者谋求通过一种表面的、最有可能国际化的市场模型将之进行政治上的废除或者将之替换掉，那么他们要么是没有理解核心点在哪里，要么就是根本不想去理解。

为了使可再生能源自然的、技术的和社会的潜能在彻底替换原子能和生化能源的道路上尽量地发挥作用，就必然不能局限于特定的空间中。虽然这些空间对于可再生能源的生产是适宜的，而且其运作成本也是能产生相当效益的。在欧洲范围之内，风力发电设备几乎只会设置在欧洲的大西洋沿岸地区，生物能则大多在瑞典或芬兰生产，而光电子设备则安装在西西里岛、希腊或者西班牙南部地区。而所有进一步的角度，例如地区政治的目标或者通过生物能源生产为农业经济设立新基础等，都被人们抛诸脑后。

像这样的错误结论就包含在《可再生能源法》的新修订版中，

并且在2004年开始生效。修订版声称，凡是根据风力情况，风力发电设备发电效率总计不足法律明文规定的那个虚拟的“参照系”60%的，就证明这些设备不足以达到“国民经济效率”的要求，要将它们排除在输送保障和补贴保障之外。

这样，《可再生能源法》在这一点上形成了一种偏见，出于这种偏见人们更倾向于单单从能源经济的成本方面进行考虑从而否决了这样的可能性，依靠可再生能源能够创造出新的能源经济结构。

假如这项设立在法律条文背后的标准想要转用到光电子设备上，那么《可再生能源法》就只适用于那些位于高于平均太阳辐射水平地区的设备。因为可再生能源设备的运营者在不具备优势的地区，并不能获得每千瓦时更高的补贴，那么他们很明显就不光是怀着取得尽可能高的盈利的动机，还抱有别的动机。即使当盈利动机不如别的地区那么划算的时候，他们还是愿意主动地避免废气排放。既然如此忽视这个动机是不合乎情理的，而且这就相当于间接地把应承担责任者原则的个人自愿实施，放到了单方面的利益最大化考虑的保留条件之下。

市场和谐化作为可再生能源的陷阱

尽管如此，人们还是不断地尝试要废除成功的或者有成功希望的价格调控措施。第一次于1999年发生在丹麦，在投身于可再生能源的环境部长史文德·敖铿（Svend Auken）的领导下。他当时在欧盟各国环境部长之中是《京都议定书》的活跃的推动力量。由于坚定地相信许可证交易对于减少废气排放的投资有灵验的效果，他想要以优秀的示例为前导开始推行，而且他还想要丹麦对可再生能源的资助政策向这个模式看齐。丹麦的电力康采恩应声而出。“有生态效益”的市场竞争和电力康采恩组成了邪恶联盟一齐奔向配额纲领，这个纲领几乎使丹麦的风力发电的发展完全陷入停顿。如果不是德国的价格调控市场，丹麦的风力发电设备制造业大概就被清扫得一干二净了。由于配额纲领的不适当性已经被证实，欧盟的十个成员国决定，将以《可再生能源法》为目标进行定位。要想让这项法律重新归于失效，就要付出更加坚决的努力。

就连德国的电力康采恩也试图在“优惠机制”这个伪装的名目下寻求相应的努力。在一份内部的立场文件中，他们公开表明，《可再生能源法》里有东西妨害了他们：即可再生能源在“中转、采购、传输方面的优先地位”，这意味着“允许可再生能源的发展不受控制”，也意味着《可再生能源法》正式提出的最低目标——到 2010 年在电力供应的份额中占到 12.5%而到 2020 年达到份额的 20%——“据推测可以超额完成”。换言之，电力康采恩要求可再生能源电力通过其生产者实现自我的市场化。这项补贴必须加上对“市场价格”和“优惠”的考虑，而“市场价格”终究是由电力康采恩决定的。为了在公众面前加以隐藏，他们的纲领必须打断可再生能源进一步的发展，他们“姑且”会承诺一份补贴，而这份补贴在部分方面比现行的《可再生能源法》已拟定的补贴还要高。他们开始着手尝试引鱼上钩这一事实，很容易可以看出，这项“优惠纲领”最终会导致在配额规定基础上对可再生能源进行欧洲范围内的许可证交易为止。这项纲领就是作为“导向自由市场的过渡机制被采用的”。假如“优惠机制”一旦设定，那么电力康采恩就能够在此期间削减补贴，通过降低“市场价格”的方式或者假称出于网络稳定性的原因拒绝可再生能源电力输送到电力网络中。就此，市场价格下降到底能够走多远，或许立场文件里已经提供了某些最初印象：根据这些文件，小型设备生产的电力价格甚至低到不要钱的程度。

这项建议与欧电联（EURELECTRIC）的战略紧密相关，这是一个欧洲电力康采恩的联合组织。这个组织在 2004 年 11 月与可再生能源许可证系统（Renewable Energy Certification System，简称 RECS）组织发表的联合声明里提出，必须“尽可能快地”在欧洲范围内，为可再生能源许可证交易组建起一个完善的且和谐化的系统。这个系统给“有成本效益的决定提供了最佳激励”。一个可再生能源的“泛欧洲市场”必须建立，这个组织 2005 年春季发布的立场文件如是说：“市场参与者在进出口时需要明确的法律规定。”这个市场一旦存在就不能被忽视。“最后这个可再生能源的市场就是一个定位于需求的市场，拥有国内市场的一切特征。在供应者这一方最终将禁止一切补贴。欧盟政策必须朝着这样一个市场的方向效力。”“市场和谐化者们”这样进行论证，仿佛在单个国家范围内可再生能源的电力生产都多得溢出来，以至于国家内部的市场也会显得太过狭窄。

迫使引入可再生能源的方法变得泛欧洲和谐化，在这举动背后藏着一些另有目的的阻碍原因。这种和谐化是对欧共体条约（EG- Verträgen）中明确规定的辅助性原则的一种圆滑的违反。但是欧洲范围内的许可证交易没有办法提出证明来论证说，就像在单个国家里的“试点实验”表明的那样，用这种方式就能够更好地推动可再生能源。在瑞典的许可证交易被认为是这类贸易在实践上的蓝本而受到可再生能源许可证系统也包括欧电联的赞扬。那里出现的情况却是，在 2003 年风力发电领域的 7 千万欧元投资总额中，光是许可证的费用就占到 2.4 千万欧元。

数量调控把可再生能源驱赶到市场缝隙中

这种趋势一直要通到“生态能源市场”的缝隙中为止。单个分离的生态能源供应依靠的是这些人，他们出于伦理责任的原因，已经准备好为“绿色电力”支付更多的费用而不是为“黑色”生化能源或者“黑黄”原子能。可与之进行类比的是面向食品的“生态市场”，这个市场满足了人们对于生态栽种、完全无毒害的食物的需求。另一个更近一步的类比是环境伦理基金，尽管对用于生态投资的预期回报很低，人们还是把钱投到基金里面去，当然也包括投给发展中国家的太阳能基金。要是没有这些积极性的投入使得实践的项目计划成为可能，那么这些实践的项目机会就不会存在。积极性培育了经济伦理的行为。

不管怎样，“生态能源”的市场纲领不能够是普遍政治举措的替代品。所谓市场纲领，不应当仅仅被理解为推广宣传活动，理解为清楚明确的进攻，理解为反对僵死结构的抵制行动，还应该是更多的东西。当这些市场纲领必须保持在一个对于绿色能源而言的价格较高的基础上运行，而且只要它们如此运行时，它们就捅到了一个心理的界限，于是遭遇到价格歧视而非价格优势地位。在生态食品市场上，顾客个人得到的坏处是付出更高的费用去得到个人的好处，即更健康更美味的食品。与之不同的是，对于绿色电力的顾客，就只有个人的坏处，即需付出更高的费用。于是当他面对应承担责任者原则时，他感觉自己处于一个颠倒的世界：他使用绿色电力，避免造成社会的损害，但他要因此付出更多，比那些一如既往造成损害的人多。这真是个颠倒的世界，而且还作为一般的社会原则继续保持下去。与这种奖励利己主义行为的现象相反，一种个人的利他主义的行为根本没有在全社会贯彻的机会。所以把可再生能源驱逐到生态电力市场的缝隙中，就是传统的能源经济和市场经济的教条主义者们梦寐以求的愿望。

电力康采恩很长时间以来一直提供一些电力选项，他们从迄今仍在运转的混合电力供应那里偷偷分离出自己已经放弃考虑的水力发电站生产的具有价格优势的电力，而且还卖得比“绿色电力”平均水平贵——作为额外红利，根本不对传统以来的生产结构做任何更改——这是一种对那些容易轻信诡计的人们善良意图的恶意剥削。

为了阻止这种对怀有善良意图的电力消费者的事实上的欺诈，欧洲太阳能组织和德国大的环境组织只把“绿色电力标志”（Grüner-Strom-Label）分配给那些生态电力供应者，他们会把电力投资获得的收益转化为给可再生能源的新投资，并且能够致力于争取对可再生能源的普遍的政治支持。

用环境责任取代环境冷漠

即便经济的激励本身是吸引人的，但是独木不成林。德国的《可再生能源法》是这样规定的：给予光电子设备产出的输送到网络的电力以受法律保障的补贴。每个在自家房顶安装适当面积光电子设备的人，都不应因安装这样的设备而承担经济风险。贷款和模组的成本需要在平均 15 年内收回并进行再投资，而补贴能在20年内覆盖亏损的风险，消除人们对新生事物的不信任情绪。在这个起始条件的基础上衡量，德国到 2004 年应该不止有大概 3 万投资者使用或大或小的设备新装机，而且还应该是这个数量的十倍。在德国，十年来生物柴油已经享受了免税政策，因此能够以比生化柴油燃料更优惠的价格提供，而且在这期间已经以酯化的形式被几乎所有柴油运输工具所采用。尽管对汽油价格较高的抱怨很多，但（对生物燃料的）需求还是显得相对微不足道。每个出租车公司、公交公司或者运输公司本来可以节省可观的运营费用，但到目前为止还是几乎没有利用这样的机会。尽管“纯太阳能住宅”已经能以高标准的建筑构造设计方式，其建造也不需要付出额外的成本，但是应和者仍然寥寥无几——人们只好在光照强烈的国家徒然努力着。其背后不光隐藏着一个信息欠缺的问题：就我们手头已有的信息而言，是大多数人自身的习惯、惰性和漠不关心阻碍了经济激励措施激发人们的积极性，即使他们本来是对可再生能源怀有同情的。

为了向可再生能源转化，法律规定必须承担起来的义务因此也是旨在保护环境的一项战略性的必要因素。这样的义务业已以多样的形式存在了：从新建房屋的建筑隔热标准到污染控制规定，从燃料质量的政治规定到对环境有害材料的使用禁令。日本正在实施一项所谓“领跑者”项目，根据这个项目，一家制造商生产的节能设备所达到的节能标准，在三年内就是对其他所有制造商的同型设备的规定——这样一项法律性的规定，德国联邦议会议员乌尔里希·柯尔贝尔 (Ulrick Kelber) 也已经拟定了这样的提案。[124]“生态税”也体现了一种“环境购买义务”，就如同《可再生能源法》一样，依据这项法律伴随而生的额外费用是由电力消费者支付的。这种义务的合理性从属于《可再生能源法》的最重要的法学依据之一，就像环境法学者葛尔特·阿普费尔施泰德（Gert Apfelstedt）令人信服地指出的那样。[125] 然而这种合理性却并不因此而引人注目，它涵括在电力价格之中因而也就是“不可见”的了。

我们没有理由要去逃避为了调动可再生能源的积极性而应当承担的“可见”的购买义务。相反，伴随着提出相关依据，这些依据解释了持续的能源费用下降对个人和社会的益处，这样的透明度越高， 就越有机会赢得广泛的公众接受。就这样被可再生能源吓倒，不过是缺乏政治勇气的表现，不敢面对面接受由能源经济挑起的反对可再生能源的偏见的挑衅。

最重要的措施是，在新建建筑或者重新装修的建筑中，把使用可再生能源作为建筑义务规定下来。任何地方，只要这样的政治决议取得成功，那么也就会成功地赢得广泛的公众接受。柏林市议会在 1997 年就一致通过了这样一道决议，柏林市政府却一直没有付诸实施。然而决议赢得了公众的接受，但不包括能源和建筑产业，尽管有这道决议，它们的利益还是优先被考虑到。德国的小城市，如沙尔克哈姆（Schalkham）和费尔马尔（Vellmar），已经做出决议，经过广泛的公众同意且经由他们批准的建筑施工计划中必须把使用可再生能源作为固定项目，并且保证这个固定项目的实施。许多西班牙城市也是这样做 的。在内陆湖上运行的内燃机船和机动艇，也要预先拟定长期执行 的可再生能源使用义务，这项义务是出于水资源保护的目的，或者为了使植物润滑油投入使用——也为了在可预见的时期内调动相应的潜能的可用性，使可再生燃料投入使用。这项义务也必须逐步地扩展到集成了太阳能发电系统的设备。

目前也有许多可再生能源积极投入的支持者还主要在讨论成本与价格的范畴，或者因此被牵扯进单方面的讨论中。这是一个心理的陷阱，它使得人们各式各样的动机淡出视野，而且使得可再生能源的战略可能性被自动地限缩了。人绝不仅仅是只考虑眼前的“经济人”（homo oeconomicus）。实际的和个人的经济上的益处并不是唯一的决定其行为的驱动力。在短浅的利益之外还有长远的经济利益，这是关涉到安全和生活质量的利益，关涉到这个人所在的城市、国家以及世界的利益。这就是为什么，为了能够促使全社会一起动员起来支持可再生能源，要在一个宽广的视野下唤起人们的动机。我们怎样才能提升自愿参加者的数目，又要怎样才能以一种民主的方式，并且是在所有人有希望获取利益的道路上推动那些不自愿参加者——当然他们并不因此就必定是怀有恶意的——加入到“义务的贡献”当中？什么东西能够激发社会以及社会中的政治家们倾向于能源转型呢？

社会的积极参与

社会的每次积极参与都需要有推动的力量。我们已经引用过阿米塔伊 · 埃奇奥尼（Amitai Etzioni）的说法，由这些推动力量所宣传的目的具有令人激动的效果，它们会导致“整个社会的和个人的“整个社会的和个人的积极参与相互之间彼此强化”，也就是导致一种连锁反应。然而如果这样的理念虽然具有诱惑力，但是近距离一看却被证实是毫无把握的或者危险的；又如果想要实现理念，必要的干劲却鼓不足，这种热情就可能只是昙花一现。相反，如果承载着理念的价值符合这个社会的要求，并且为这个理念说话的时候拥有令人信服的理性依据，那么这种连锁反应就会继续扩展。

趋向可再生能源的系统转型的理念依然具有各种先决条件，以激发越来越多的人的积极性。因为这些先决条件与人们的理性天赋、价值观、伦理需求和各自的利益相符合。政治上神经衰弱的存在表明，为了调动全社会的积极性支持可再生能源，仅仅依靠理性的号召是完全不够的，还需要近在眼前的对于可再生能源的基本同情。进一步讲，既然我们不能假定说，所有还未参与支持可再生能源的人，都一定缺乏理性，那么可再生能源的先驱者们就不应该只以人们的经济动机来吸引他们的兴趣。这不仅包括对其可能性进行说明，而且也包括对人们的视野进行澄清。这关涉到理想的价值，也同样关涉到社会中的不同利益取向。价值和利益可以被情感的动机所承载，也可以被理性的动机所承载，或者还可以被两者同时承载。这两者不仅相互之间形成矛盾，而且也与“纯粹理性”相矛盾，就如同我们至少从康德那里就已经知道的那样。

把同情转化为参与

唤醒对可再生能源的同情是很容易的。这种同情与自然感受，与人的经验世界尤其是人对太阳的积极关系相应。一旦人们意识到，可再生能源不但能够引发人们的同情，而且需要严肃地去面对，以及可再生能源是有可能完全替换原子能和生化能源的，那么同情就会转化为实践的参与。

因此可再生能源的支持者们应该在他们生活的地方，自己的地区和国家争取具体的可能性规划，以此向公众展示，我们应该如何充分利用现在已经被证明有效的和可以使用的技术手段，调动每一种不同的可再生能源的潜能，这样是有可能使能源需求得到保证的。可再生能源的先驱者们唯一能够从原子能的先驱者们那里学到的，就是将一种宏大的、无所不包的视野展示给大家，依靠这种方式曾经把从 20 世纪 50 年代到 70 年代整整一代人吸引到原子能的魅力之下。但我们又不能走得太远，不能向社会承诺说，转化到可再生能源，这个世界就只会成为到处流淌着奶和蜜的应许之地。从美梦中觉醒后的幻灭其实会导致这样的后果，社会已经筋疲力尽到无法再接受积极的乌托邦，而且，这绝非无关紧要，它表现为对太阳能前景的怀疑。为了赢得社会力量的支持，告知他们这一点就足够了，那就是可再生能源向人们开启了有效克服当前存在的能源危机的机会。

这样就可以从对可再生能源的普遍同情里产生出一种支持能源转型的文化运动来，这场运动必须旗帜鲜明地反对各种尝试，包括那些企图贬低可再生能源的经济和社会价值的尝试，以及企图模糊可再生能源与原子能、生化能源之间的根本差别的尝试。这种差别迫使人们对可再生能源做出清楚明确的肯定，以及反对对可再生能源进行显而易见的相对化和贬损。能源转型的理由是如此之紧迫，以至于即使人们对可再生能源的成本还怀有某种恐惧，转型也会自行发生。

原子—生化能源供应还是可再生能源供应，在这两项基本选择之间的矛盾是因为极端不平等分配的可能性而产生的结果。这看起来像是大卫（David）和歌利亚（Goliath）之间的战斗[注]在当前存在的能源供应中生化能源扮演着巨人的角色，然而与可再生能源的自然潜力相对比，它却扮演着侏儒的角色。传统能源在公众的意识中最大的优势是，它们在人们的记忆和能源习惯中已经长年累月留下了固定的印象；而其最大的弱点是缺乏合法性，而且这种缺乏将会不可避免地持续扩大。对能源危机根源的牵制因素因此增多——同样那些反对可再生能源的“经济负担”的人们的自私自利的动机也暴露无遗。可再生能源最大的弱点就是它的新颖性和对它的潜能广泛的低估。它潜在的最有分量的地方就是它独一无二的合法性力量，当一种总体的能源转型的可能性普遍都能够看得见的时候，这是首先起效的。关于能源的争论必须导向原则上的对照——甚至不但要作为能源的讨论，而且要作为社会性的辩论。面向未来的能力要抵制被囚禁在过去。公共的福利要取代个人自利。

由可再生能源价值规范的合法性力量

从社会诞生之时起，个人自由与社会义务之间，个人原则与社会原则之间的张力关系就是政治哲学和法律体系发展的主题。这些讨论应该围绕着不同价值的塑造展开：哪一种价值应该摆在优先地位，人们怎样阻止社会完全鲁莽轻率地走向单一的或者说扼杀自由的集体主义这种极端形式，人们又怎样同时使两种价值保持平衡。如果没有活生生的自由价值，任何社会都会僵化；如果没有社会的伦理——正如法学家克劳斯·博塞尔曼（Klaus Bosselmann）表达的，这不仅包括社会义务；他还阐述说，而且也包括“所有权下的生态义务”——任何社会都会倒塌，而社会的生活基础也会销蚀。

注：旧约故事，以色列人与非利士人打仗，歌利亚是非利士军中的巨人，大卫只是个牧羊的少年，大卫却击败歌利亚，后来成为以色列人的王。参见《旧约撒母耳记上》第 17 章。

在诸如个人自由和公共福利等价值之间保持长期的平衡，似乎是不可能的。然而两者都符合人的基本需求。如果只对其中任何一个做单方面的解释都会与另一个不相容。社会学家约翰·罗尔斯（John Rawls）在他的《正义论》（*Theorie der Gerechtigkeit*，原英文版书名 *A Theory of Justice*）中写道，个人实用原则“看起来跟全社会各自 平等地为了互相的利益共同合作的表象并不相容，与互惠的想法不相容，这个想法包含在一个安排良好的社会的概念之中”。如果没有“强大而稳定的无私利他的动机”，就没有人会“仅仅因为一个基本的结构将对所有人的有利之处集中概括在一起而去接受这个基本结构，也没有人会去顾及这个基本结构对他个人自身的基本权利和利益方面会造成什么样的持续不断的影响”。[126] 必须保护个人的自由不受全体的侵犯，而同样也必须保护全体不受个人的极端无节制的自由的侵犯。不光是个人的自由才是人类的基本需求，“公共福利”（bonum commune）和“良好社会”（Good Society）也是人类的基本需求，正如加利福尼亚社会学家罗伯特·N·贝拉（Robert N. Bellah）和他的合著者在一本书的题目里表达出来的。从这些需求中就产生出了可再生能源的一种独一无二的合法性力量。可再生能源不但满足了物质性的能源需求，而且使得个人自由地、不受阻碍地使用能源，而且并不因此使同时损害他人和社会成为可能。可再生能源的使用创造了机会，使得个人自由与公共福利的定位有可能融洽得好似同一首歌里的和声。

仅仅通过给废气排放设定“极限值”的方式来保护人类，这种政治的尝试，根本没有抵达问题的根源之处，也就是说没有触及到能源的来源这个问题本身。依然处于这样的关系之中的世界上的各个社会，也就相当于依然处在文明开放之前的阶段中。如果我们容忍了那些本来可以避免的废气排放，这就好比是我们明确地同意了每一个个人，他可以把他的垃圾简单地扔到大街上或者倾倒在他邻居的家门口，或者就干脆就堆在陌生人的眼皮底下。这是在将反社会行为合法化。不能因为几乎所有人都这样做，或者因为他们缺少现成可供使用的不排放废气的清洁能源，以至于没有其他的选择，就如此评判这些行为。法律规定的废弃物分类制度（Abfallordnung）如果被废止，并且废弃物清理（Abfallbeseitigung）的制度如果被叫停，那么每个人都会感觉到难以接受。这样社会以及社会所产生的废弃物都会被抛回到这样的位置上，就是现在社会与能源废气排放处在的那个位置。每个人都必须支付清理废弃物的费用，这是大家不言而喻都要接受的。避免能源废气的排放却相反被认为是不合理的，尽管它的费用比清理废弃物还要低，而且就算它没有造成任何附加费用的地方，它也还没有哪怕一次成为一种义务。

使用有害物质使他人遭受危害，损害他们的健康，也就是侵害到了人们的基本权利。在德国宪法第二条款中写道："每个人都有生存的权利且其身体不受损害的权利。"尼娜·舍尔（Nina Scheer）在她撰写的法学论文《人的价值比物的价值拥有优先地位》（*Der Vorrang des Personenwert vor dem Sachwert*）中总结说，能源废气排放对人的健康造成的重大影响是有事实根据支持的，以此为依据则必须要得出这样的结论，"尽管国家有能力这样做（因为减少废气排放的可供选择的方案是存在的），却不肯做出清除损害的环境政策的决定，那么国家就违反了从德国宪法第二条款中推导出来的保护义务"。[127]在使用不含有害物质的能源因为成本更高而成为落实人们基本权利的道路上的绊脚石，这种说法是站不住脚的。当我们提到基本权利的时候不得有所保留，即不能说只有当基本权利对我们而言划算的时候，它才发挥作用。

广泛获取的信息和被发动起来的公众是这项雄心勃勃的突破

战略最重要的盟友。这就指示出哪些成功的政治行动，可以用来反对延续至今的能源体系中那些顽抗到底的执行者。所有宣称代表它所承载的社会价值的社会组织，必须因此直面能源问题，而且必须表现出姿态来，如果它不愿意丢弃它在公众面前的合法性的话。

当那些政治的政党不愿意局限于仅仅是参与政治权力竞争的职业政治家组织的时候，对于它们而言就尤其是这样。当社会民主党不以自己的全力去着手避免使用原子能和生化能源所带来的社会和生态代价，相反却出于对世代休戚相关的原则的漠视，而把这些代价转嫁到后面世代的头上，甚至在这样的漠视下使后面的世代面临破裂的威胁，那么社会民主党就不再能够以一个自由社会中的公平和团结，替使自身存在合法化的诉求进行令人信服的辩护。保守党，如果不愿意自己仅仅是既得特权和财产占有状况的实体化的代表，也就不能够接受这样的状况，在使用原子能和生化能源的时候对自然基础进行持续不断的掠夺式开采，这对传统价值造成侵蚀，使人类处在被连根拔除的状态。自由党首先把自己装扮为所有个人自由的旗手。但当它将自己所主张的权利首先理解为使用有害物质的自由时，这种自由束缚了其他人生存的自由——或者当它把全球经济自由放在政治自由之上，而政治自由本来应该包括对破坏环境的自由进行限制，这个时候它就丧失了它所主张的权利。就连绿党自身也面临这样的问题，他们所代表的生态市场经济纲领是否让生态原则优先于市场原则。

甚至教会鉴于原子能和生化能源引发的世界性危机，也要从宗教价值中推导出使用可再生能源的信条来，才能维持住宗教价值的可信度和可持续性。基督教政治评论员弗兰茨·阿尔特（Franz Alt）将之概括为如下的话：宗教再也不能不正视并处理生态伦理，正如支持可再生能源的基本生态决定不能不依靠伦理驱动才会成为现实。只有当自宇宙大爆炸以来所赠予的太阳的能量作为万物触发者的能量，重新成为人类独一无二的能源基础时，对“上帝的造物”的保护和对这些造物的“信赖”才是可能的。[128]基督教政治评论员和教会批评家卡尔·阿莫瑞（Carl Amery）在他的书《全球的出口》（*Global Exit*）中对教会“与完全的市场”（zum totalen Markt）之间的关系同样予以有力的强调，教会基于它存在的理由而必须反对各种尝试，即那些要赋予市场以比基督教—人文价值和生态领域保护更为优先地位的尝试。[129]

经济的分裂与新的发展基础

因为传统的能源经济不愿意成为能源转型的执行者，传统的能源经济所能够做的本来就相当有限，而且因为我们不能也不应该怀有期待，那么就必须面对这样的问题：哪个社会群体具有原初的兴趣，去推动能源转型？在现代经济体系长达两百多年的历史中，人们对能源供应者和使用者之间那种表面上不可化解的分工关系已经习以为常：能源经济供应能源，其他产业供应使用能源的设备，而消费者使用以上两者。某些东西一旦被识别为混入能源系统的杂质，那么它们看起来也是混入经济系统的杂质。凡是在能源经济方面违反“能源正确性”(Energetical Correctness)的，作为结果也就在经济方面违反了“经济正确性”（Economical Correctness）。只有通过这种心理主义才能够解释，为什么可再生能源企业总是被看作“经济”的私生子——而非看作“经济”新基础的核心。

数十年来能源经济都以经济的利益团体为依据，从企业联合会到各种工会：一种根深蒂固的经济利益三重奏。然而这种三重奏可以被打破，德国的发展就指明了这一点。在德国通过政治性的法律，新的企业领域完成迅速成长。但是当德国工业联邦协会(der Bundesverband der Deutschen Industrie，简称BDI)的主席以“经济”的名义鼓动反对《可再生能源法》时，他就不再是为这个协会涵盖的所有组织和企业讲话了。德国机械设备制造业联合会（der Verband der deutschen Maschinen- und Anlagenindustrie，简称 VDMA），德国工业联邦协会最大的成员组织之一，在此期间已经公开对这项法律表示支持，因为他们认识到，向着可再生能源转型将会给他们企业的未来带来怎样的未来。德国的工会之中，除了化学工业和采矿业工会外，在此期间都对《可再生能源法》提供了支持。与其他国家的大部分工会不同，他们已经意识到，在能源转型之中为电力技术工业、金属工业、建筑业或者食品工业准备了怎样的机会。当然这些机会同样也为手工业组织和农业经济的利益团体准备着。

这样，一种“经济的”分裂就出现在眼前，这种分裂是可再生能源突破的必要先决条件：在自己觉得（或者实际就是）依赖传统能源经济并随着能源经济的兴衰而起伏的企业的利益，与意识到并追求能源转型中蕴藏的未来机遇的企业的利益之间产生了分裂；在短浅利益的定位和长远利益的定位之间产生了分裂；而且越来越多地在经济和能源经济之间，以及能源经济内部产生了分裂。因为“批判的大众”（kritische Masse）的产生，这种利益上的冲突变得明显。而且也由于可再生能源企业数量的不断增长，光是在德国境内一年营业额就超过一百亿欧元。但是就这个数量级要达成可再生能源经济利益的再定位并不足够。因此必要的是，让这些企业一起认识到束缚在现行能源系统中的风险，当然首先还要使得各个经济分支认识到，它们在能源转型中可能遇到的机会和这些机会能够为各个企业获取自身利益做出的贡献。

这当然也对可再生能源技术领域的企业适用，这些企业到目前为止都专注于某些有政治的资助项目支持的技术。它们因此而集中精力主要生产单独的设备，这使得它们生产产品范围的扩大就取决于资助项目的扩展。因此这类企业几乎只在某些国家中产生，这些国家能够拿出较大数量级的政治资助项目，因而能够支持较大的企业投资。

然而为了它们自身的利益起见，它们必须跨出这样的局限，不能再把重心放在政治的资助项目上进行产品生产。因为一旦在政治系统中人们达不成广泛的、确凿的共识，那么政治资助项目的继续推行和扩展——以及与此相关的可再生能源企业的生存——就会濒临危险。例如风力发电的企业，或者光电子设备生产的企业，这类企业面向受《可再生能源法》刺激的德国市场生产，但不能因此就依赖这项法律无限制地适用，也不能依赖于类似的法律会被别的国家采用。它们必须使自己在别的市场条件下也是有运作能力的，为此它们应该要提供出系统的解决之道，例如完整的可再生能源的家庭供应系统，或者提供出种类齐全且必要的各种单独设备在第三世界农村地区打造完整的供应系统。它们还必须进一步发展“系统的解决之道”，使得可再生能源独立的可用性成为可能。那么这个市场有多大呢？仅仅印度政府2005年发表的决议就表明，在印度国内的84 000个村庄（光是这些村庄就居住着2.5亿人口）不再按照早先的计划接入电力网络，而是以自主的可再生能源电力供应为替代。他们拟定了一个纲领，要由印度分布式能源系统（Decentralized Energy Systems India，简称D.E.S.I. Power）落实在100个村庄中进行试点展示。[130]他们必须把自己组织起来，组成一个属于自己的产业联合会，集中地制订共同的质量标准，以此为可再生能源技术赢得社会的信任基础，并且抵制广泛传播的和别有用心地被激发起来的不信任——就好像在光电子领域，由美国光电子专家彼得·瓦拉迪（Peter Varadi）领导下的全球光伏鉴定项目（Photovoltaic Global Accreditation Programme，简称PV-GAP）所已经实现的一样。

这些已经建立的可再生能源公司因此也就有了一项特别的责任：既然它们已经从能源康采恩那里独立出来成为自主的公司，那么它们就必须尽力保持这种独立性。当它们与别的企业联合或者扩大持股人群体时，它们打交道的应该是那些在能源康采恩势力范围之外的企业和持股人。与传统能源企业合并，在任何时候都会对可再生能源形成“反冲力”，这种“反冲力”能在一夜之间将多年来在企业领域进行的建设性工作打成泡影。

能源转型潜在的赢家范围远远超出可再生能源技术的生产者。也包括占大多数的其他类型的企业，它们之中迄今为止还几乎只有少数企业意识到独立于能源经济以外的自身原初的利益。就作为可再生能源技术生产者的角色来说，许多企业在本质上天生就比那些能源经济中的大企业更为合适。

比如汽车工业中的利益就是这样，它应该放弃百年来与原油产业结成的联盟。汽车，以及相应地汽车的生产者之所以会扮演危害环境的角色，首先取决于他们使用的是生化燃料，汽车是用生化燃料作为推动动力的。在可预见的未来，基于原油短缺而造成的价格疯涨和大限到来时，直接面对危害的就是汽车工业——与此相反，石油康采恩倒是一直以来还从每次价格上涨中获利。出于自身长远生存安全的利益考量，他们必须因此而大力推动生物燃料的运用。通过生产并销售依靠生态燃料或者电力动力（或者两者的混合动力）的节能型汽车，他们手中就紧紧握着在重新定位中能够取胜的一张王牌。这样就为社会开辟了能源转型的道路。他们首先必须专注于某一些动力技术的研究，这些技术能够使交通工具的使用者们在不需要立即购买新汽车的情况下，有可能平稳地完成从生化燃料到生态燃料的转变。鉴于他们的经济影响力，他们必须致力于创造一种政治的框架条件，使得生态燃料进入市场更为容易。

进一步说，汽车工业天然地就适宜于成为固定式发动机的生产者，不管是靠燃料电池推动的热电联产发动机，还是斯特林发动机，抑或是气动发动机。它不仅可以引入它在发动机发展方面的经验，而且也可以引入在一个广泛而紧密联系的营销和维修网络中销售分布式设备的经验。它不能再把能源法规的组织安排托付给电力康采恩的影响势力了。能源法规越多地优先照顾，把分布式的设备引入电力生产，那么发动机制造商们在小型发电机市场上就能拥有越大的市场机会。

电子和信息技术产业不应该傻等政治的资助法规。优化电力存储技术，发展并提供新的技术，这些待做的事情就握在它们自己手中。存储技术如果变得越好，越是具备成本优势，那么这个市场就越是成长得迅速。不但已经采用可再生能源设备的市场在期待着这些技术，而且想要改进现存的电力供应体系性能的市场也期待着这些技术。能自身发电的小型设备，对于更年轻的一代人特别有吸引力：至于可能会有的额外的成本则根本影响不到他们的购买决定。额外的成本其实很少，而且对设备使用者们来说这笔附加的费用也很容易化解掉，因为通过节省下来的电力费用就达到平衡了。那么这项产业在等待什么呢?

铁路运营公司和有轨交通工具产业的利益就在于，参与到燃料电池推动的机动车辆发展当中。由此就开启了一种可能性，可以用车上自身发电来驱动车头，而不必要再架设空中接触网线。这样就能显著地节省轨道运营的基础设施费用和维护费用。

航空运输公司和飞机制造产业的利益就在于，既然总有一天会开始对航空生化燃料的征税，甚至会停止使用航空生化燃料，那么就必须为这一天的到来做好充分的准备。它们也需要一个可再生燃料的基础。航空业是氢动力的一个潜在的应用领域，因为可以在机场进行生产，这样就不需要拿出基础设施建设的额外开支。鉴于货物空运的重要意义，令人感到费解的是，为什么到目前为止飞机制造产业和航空运输公司都还没有对飞艇的重新投入使用表示出任何兴趣。在私人牵头下产生，并由小股东投资的“货运飞艇”（Cargo-Lifters）的行动纲领，也在2002年的时候被束之高阁了。这个纲领预计，大宗的集装货物在生产企业那里装载到飞艇上，然后再直接交付目的地。而世界上最大的生产车间位于柏林郊区。这种货物飞艇，可以使用生态燃料推动，它能够避免集装货物运输的较大的基础设施开支，更迅速、更灵活，而且对环境友好。

同样，造船工业和船运公司的自身利益就在于，适应可再生能源。对许多船运公司来说，假如生化燃料不再享受免税政策，它们大概就会开始过渡到使用生态燃料作为船舶动力燃料。大型的客运和货运轮船也还有一些特别的可能性，比如通过可再生能源就在船上生产电力。要么可以使用风力发电，依靠一种不需要独立转轴的设备就能在船上生产出可供使用的电力；或者可以在船顶或者船边上装配太阳能发电设备。在船上进行电解制氢也是一个可供选择的技术选项。

农业经济拥有独一无二的，再也不是仅仅在理论上认为可行的机遇，来使自己重新振兴，成为国民经济的原材料基础：通过食用作物、能源作物和原材料作物种植的整合，德国《时代周报》的女记者克里斯蒂安娜·格雷弗（Christiane Grefe）将之称为一种“农田的三重轮种法”。[131] 朝向这个目标的多重出发点已经在整体维度上由“关于农业、能源与工业中的生物资源的欧洲会议”制订出来，“农业和林业的生产者同时也作为能源和原材料的生产者”的道路在2000年塞维利亚和2004年罗马的两次生物资源—环境会议，以及每年举办的欧洲太阳能会议上都得到展示。种植原材料作物还给化学工业的生态化提供了机遇，进行一种根本性的“材料转型”，对此植物化学家赫尔曼·费歇尔（Hermann

Fischer）是这样描述的：“植物将替代原油作为未来的多层次的基本材料基础。”[132] 我在《阳光经济》一书中，以“向基础型的经济前进”为题，表述了这种发展的基本意义：作为一种重新定位，从工业革命之后就开始的农业经济边缘化将会随之永久地终结，而一种社会学的非中心化将会开始取代继续聚焦于特大城市的中心化进程。当食品工业有系统地转而将生物性质的废弃物进行能源方面的再利用——进行电力自产或者进行生态燃料的生产和销售时，那么也就为自身开启第二个，也是天然的经营领域，并且为自己找到了提高生产率的机会。

建筑业，包括建筑材料工业和建筑手工业，只要利用好太阳能建筑的机遇，就将继农业之后获得最大的发展。大量的新型建筑材料和建筑工艺将投入使用，从既隔热保温又能发电的玻璃到节能的木结构。为了能够选择使用免费的太阳能来制冷或者制热，每栋建筑必须专注于使用适合当地地形条件和生态季候条件的工艺，应该总是把这项要求作为自己的太阳能纲领。目前建筑物状态下的太阳能改装和修建新的太阳能建筑是建筑手工业、建筑学和土木工程业的“金矿”。

最后城镇的和区域的能源经济重新把电力生产抓在自己手里，并且作为区域的农业经济的合作伙伴，发现生态燃料的生产和销售可以作为其新的工作领域。这对城市和乡镇的有机废物的能源利用也同样起效。所有可以用作能源的生物资源和废料在城镇当地就加以利用，同样地，当地的太阳辐射能量、风力、水力、地热和大气热能也直接加以使用，在这个基础上的集成型使用纲领很快就是可能的，而一种围绕中心化组织且需要广泛而庞大的基础设施建设的能源经济根本无法与之竞争。这样，在使用过程中产生的一般的能源费用会继续保留在城镇和区域的经济循环圈中。

通过自身转变为城镇和区域层面的独立运作的公司上头

的控股公司，大的能源康采恩也可以自己主动跟可再生能源实现言归于好，以此——就如约瑟夫·A·熊彼得（Joseph A. Schumpeter）是这样表达的——“避免它们突然破产，并且可以转而进行有组织地撤退”。[133] 但是不管怎样，从目前的情况看来，能源康采恩大概除非万不得已是不会愿意走上这条道路的。

简而言之，伴随着可再生能源的贯彻，产生的不仅仅是新的工业企业，也给老的工业领域的再生提供了机遇。越多的自主投资流入可再生能源，老的设备就会越快地被新一代的分布式的能源设备所取代——当然对于工业经济来说也就越好。对能源经济而言意味着消灭资本的做法，对工业经济而言就是一种活组织细胞疗法，而对国民经济而言就是一种结构性的新基础。

政治的可再生能源

通过鼓励使用可再生能源，以及依靠重新赢得能源自主的目标，社会的政治能量，及其政治家们和政治体制都能得到再生。为了动员政治的活跃分子，不仅需要拥有对这场危机的潜在规模的知识，而且需要经济社会学的想象力，从相对细微的而且是少数的可再生能源技术中推断出新的、全体的、透彻的整体来。此外还需要政治的先见之明，在做出关于能源基础的决定的同时，也要决定民主的宪法国家是会继续存在下去，还是会被一个跨国的“能源国家”所取代。

用能源自主取代超越民族性的能源国家

面向可再生能源而推行的能源自主战略的核心政治动机是，这样一来国有企业的自主自决权利以及其中的民主和普遍的经济自由就能够得到保障和恢复。我们不能够以这种论据作为过分忧虑的基础，而在电力产业发展为跨国的强大势力的过程中读出这一点。它下一步的大规模进军氢制造的战略步骤意味着，在已经接管了大部分的天然气供应之后，它又要接任燃料生产者的角色了。其可能的结果要么是把跨国原油康采恩替换掉，要么是实现电力卡特尔和原油卡特尔的国际合并，并且由此也就相当于建立起一个能源的超级强权，这个超级强权的政治影响力将会把迄今为止所有的能源经济的势力范围都置于自己的阴影之下。

能源科学家切萨雷 · 马尔谢蒂（Cesare Marchetti），作为被别人引述得最多的氢能源的布道者，大力宣扬一种超级中心化的有组织的氢能源时代。他是为数不多的这类布道者中的一个，将氢能源时代的政治的，因此也是文明的后果公开地作为未来图景向我们勾勒出轮廓来。他用一种技术社会学式的观察进一步进行分析，就如本书着手处理的一样，只不过他的分析只置于超级中心化的发电和氢制造的标志之下，而非置于广泛分散的分布式的能源开发标志之下。而非基于一种技术社会学的考量，在广泛分散的分布式的能源开采标志之下。他以一种赞美诗的语汇向我们描述一种能源供应体系，这个体系他将之定义为“水平式的”。这个体系承载于跨国企业之上，而给“垂直式”组织起来的国家架设穹顶。这些企业将成为“对抗政治权力战场上最强大的力量”。它们将成为一个“世界政府”的核心。作为全世界范围内操作的“非常庞大的能源中心”的直接后果，这些“宏大规划”将从自身当中完善起来，这就是马尔谢蒂从核聚变技术产生当中特别看到的。最理想的生产基地他都已经想好了，因为需要大量的冷却水，他选定了岛屿——例如太平洋中的，从这里通过氢能源运输将到达世界的所有部分。[134]

另一个类似的未来图景是由美国联邦宪法学家和历史学家菲利普 · 博比特（Philipp Bobbitt）在他 2002 年出版的书《阿喀琉

斯之盾》（*The Shield of Achilles*）中描述的，然而他却没有把能源权力的关键地位纳入视野。跨国组织的世界康采恩在全球的发展，将会不可阻挡地导致民族国家被取代。民族国家在新的历史阶段会被“市场国家”（Marktstaat）取而代之。民族国家不仅丧失了它的经济边界和文化的价值基础，而且丧失了它的可以去塑造社会并且保持社会均衡的制订法律法规的能力和追求独立自主战略的能力。社会价值将会自我分裂，人民越来越把他们自己的政治机构看作是一种敌对的力量，看作是官僚主义的家长制权威作风。[135] 国家的剩余作用不再在于社会平衡方面，而是在于满足个人的发展利益和保障跨国企业的活动自由。

然而这样一种发展最大的可能是，同样意味着社会一面崩塌一面被暴力渗透。在这样的社会中，一方面文化的单调声音和社会的昏昏沉睡占据主宰地位，另一方面社会的反叛、宗教的极端主义和新的过度的民族主义却又起来发泄不满，反抗那些不能承受却又显然无法改变的关系：这是对生活安全价值和“公共福利”所展示的价值的告别，这是一切文明值得追求的价值的对立面。这绝不是什么历史的新阶段，倒不如说是堕落到了文明的地窖里面。跨国公司是世界利益的化身，那么国有企业就是“特殊利益”的化身！而“市场国家”则把政治机构降级为世界康采恩的地方管理部门。尽管没有丝毫理由能够支持人们把这种发展想象得非常绚烂，但这种发展完全是可以设想的。与博比特不同，马尔谢蒂描述了哪种权力中心不可避免地要占据支配地位：当然终究所有东西都要依附于中心化的能源权力。他别有用心而又言语错乱地描述的这个“水平式的”能源供应结构却是一种可以设想的最为垂直式的权利，它强硬地要整个社会都依附于国际间蔓延的能源—寡头政治，依附于跨国的“能源国家”。

为了通过“水平式的”合作拓展合伙人的活动空间，通常需要一个网络与之相联系。但是当参与者没有这个网络就不再具有能够独立自主工作能力的时候，这个网络也就变成了枷锁。一个网络暗示着平等，但如果在这个网络中有一种关键因素，网络中其他所有的参与者都必须依附于这种关键因素的话，平等就不可能存在。只要一个国家还占有自己的、充足的生化能源储备，那么政府就还有可能从私人的能源寡头手上把权力夺回来——就像俄罗斯总统普京针对尤科斯(Yukos)的原油康采恩下手做的那样。与之类似的还有20世纪初美国总统西奥多·罗斯福针对洛克菲勒的标准石油信托公司的徒然的尝试。

一个社会对于能源供应者和单极化结构完全依赖，而且社会对它们连影响的可能性都没有，那么这个社会被剥夺了权力也就是确凿的。因此，数十年来民主国家的各个政府才必须不顾体面地到沙特阿拉伯的首都利雅得去朝圣，以此讨得那里的石油寡头们的欢心，帮助这些寡头们维持他们的权力。本来是世界强权的美利坚合众国，却依然在沙特阿拉伯的骚乱面前恐惧得打颤。同样，跟前苏联帝国下的各个国家的政治关系也是如此发展的：那些民主选举出来的政治家，为了得到足够的“魔鬼的眼泪”——石油巨头洛克菲勒就是这么称呼原油的——必要时甚至会与政治的魔鬼们达成妥协。

每个政治的活跃分子都必须意识到，如果他不去阻止这种趋势的话，那么他就会沦落为正在自我成型的跨国能源国家的一个辅助型助手。如果他已经宽恕能源经济的话，他最终就将成为一个最为忘恩负义的角色，同样的，他也会成为遗留后果的绝望无助的避雷针的角色。更有可能出现的结果，而且也更为有利可图的是，必须脱离政治，转而对能源寡头进行管理。其实已经有为数众多的样板摆在我们面前了。所有这一切都不再与定位于公共福利的行动意义上的政治有任何关系了。

能源转型的准则

在此之前我们已经描述过，为了刺激可再生能源的社会潜能应该使用的政治手法，在此基础上我们可以提出十项政治行动的准则。依靠这些准则，可再生能源的突破可以在几十年内得以实现，而且是不可逆转的实现。

准则一：

精神上自主的复苏

政治上最重要的一步就是，要在能源问题中使精神上和心理上的自主复苏。这首先意味着，面对真正的现实，并且结束自欺欺人的状态，不再认为遗留至今的能源供应有应对未来的能力，或者经过改造之后有应对未来的能力。这也意味着，必须把挡住全面能源转型前景的心理障碍都扫到一边。

准则二：

一种新的经济发展模式

尽管现在还占据着支配地位，但是这个全球性的生化—原子能源系统已经证明自己没有能力为全世界的人口提供能源。世界上三分之一的人口被排除在它的供应之外。而且被排除在能源供应之外的人口数量还将增加而不是减少，由此产生的世界经济发展的不平衡也在升高而不是降低。即使在工业国家中，经济中心和依附于中心的农村地区的关系也表现出不平衡，农村地区依赖于中心的剩余出来的东西。就这样每个社会或早或晚都丧失掉稳固的基础。

缺少在农业经济中新创造的价值，不管是大多数工业国家里不断增长的结构性失业，还是第三世界的贫困化都不能得到克服。而新价值只能依靠向着生物资源的可再生原料转型才能够到来——依靠一种自然原料经济成为明日工业的物质基础。

就发展政策而言，现在人们认识到，复制工业社会发展的道路是错误的。然而到目前为止人们的认识还不足以推导出这样的结论，这也决定性地导致人们还没有意识到，在一种相互依赖的世界经济中，不可能追随两种不同的经济发展模式。而在工业国家和发展中国家之中进行重新定位，致力于发展可再生能源，则能克服这样的矛盾。

从20世纪到现在的主要政治家中,只有美国总统富兰克林·D·罗斯福 (1933 – 1945) 认识到可以用这种方式做好应对潜在危机的准备工作。他的“新政” (New Deal) 项目其中一个元素就是，对城市失业人群给予经济上的激励，使他们得以作为农业经营者而生存下去。但是这个项目并没有长远的效应，因为它缺少一个从生化原料向可再生原料普遍转型的维度，尤其是“新政”项目中的另一个元素，田纳西河流域项目，更是推动了电力生产的中心化。在卢拉 (Lula) 总统领导下的巴西政府，曾经在“失地者运动” (Bewegung der Landlosen) 中承诺过一个新的农业经济的生存基础。但是只有当把经济战略建立在原料转型的基础上，不再重新地而且是永远地不再建立在中心化的能源供应基础上，这个承诺才可能兑现。

不仅发展中国家需要，而且工业国家也需要新的能源和经济范式，在欧盟内部这首先表现在东德地区或者意大利南部地区（也称Mezzogiorno）。后者经历了几十年的努力，尽管投入了几十亿的经济援助，还是没有建立起能够运行的经济基础。对东德来说，正如在两个德国合并十五年之后仍然表现出来的那样，依然必须忧虑同样的东西。在工业和服务业领域，随着生产力的进步，属于它们的时代已经消逝。在工业和服务业领域依靠传统的道路创造出来的新的就业岗位，跟通过技术劳动生产力逐渐发展所丧失的就业岗位一样多。欧盟在东欧和南欧的新成员国，虽然在农业经济中的就业占据就业项目的很大份额，但它们的面前也横亘着同样的问题。依靠向着自身的自然原料经济转型可以建立新的、具有永久生命力的经济结构，而这个结构能够抵制整个地区缓慢的解体。

为了这历史性必然的向可再生能源的转型，必须重新绘制世界能源地图。由此引出一个问题，今天的石油和天然气供应国应该摆在什么位置。它们必须现在就开始调整，以使这些国家不至于因为毫无准备而在经济上陡然坠毁，或在它们自身的混乱中溺毙。不依靠新的发展模式这些问题就得不到解决。这些供应国也不能放过这样的机会，为自己建设起小型的或者中等的工业。

准则三：
国内原料作为原则性的市场优先地位

国内原料的原则性市场优先地位对自身的原料需求而言是保障未来安全的条件。这个要求的根据产生自1947年的《关税与贸易总协定》（*Allgemeinen Zoll- und Handelsabkommen*），而这也是后来《世贸协定》没有改变的要素，它产生自第十九项条款关于“某些特定商品引进的紧急例外措施”，和第二十项条款关于“一般的例外”。第十九项条款是这样说的：当“某种商品被以过多的数量引进协约对方国境内并且在这种条件下，使得同类商品或者有直接竞争关系的商品的国内制造者遭受严重的损害或者有遭受损害的威胁”，那么每个协约对方国都有自由，“全部或者部分地废弃已经承诺承担的义务”。原料安全方面的危害对于每个国家来说都绝对是紧急状态事件，而且鉴于能源使用方面的危机，这一点变得越来越明显。一个国家一旦踏入这种危机，它就不能在短期甚至中期内得到克服。在第二十项条款里是这样说的，该协定的规定不允许被解释为，“对某一个缔约对方国的强制禁止”，以及禁止这个缔约国采取措施“保护人民的生命及健康”或者“维护将被耗竭的自然财富”，只要与此相应地这些措施同时也用来限制在国内的生产或者国内的消费。

本国产原料的市场优先地位，尤其是直接导向可再生能源的市场优先地位，能够预防危机的发生。这种预防危机的措施理应得到全社会的支持——它的权利或早或晚都应该得到全社会的伸张。更重要的是，这条准则现在理应发挥原则性的效力。

准则四：

替代传统能源的先后次序

一种致力于能源自主的政治战略必须定位在三条标准上，由此也产生了替代传统能源的先后次序：

- 按照原料可用性的标准，首先将在世界范围内可预见的将来会被最快耗竭的传统能源替换掉，按照这条标准原油和天然气的替代是非常紧迫的；
- 按照能源安全的标准，首先将进口的传统能源替换掉；
- 按照摆脱能源燃烧时产生的环境负担的标准，一眼看过去首先必须把煤炭替换掉，其次才是原油，最后是天然气，而原子能应当作为特殊情况考虑。从开采到终端消费的整个能源潜能的供应链条以及与之联系的不同程度的能源损耗，人们对之进行考虑之后，将会产生更加差异化的图景。

每个国家从中产生出了替换传统能源的不同着重点，而且也产生了目标冲突，因为从这些标准中可以推出相互矛盾的结论。没有任何能源市场能够克服这些目标冲突。它们必须靠政治的方式得到解决。

准则五：

个体的经济刺激下可再生能源国民经济优势的政治转换

既然前面描述过的激励可再生能源的经济优势，不会自动地在使用可再生能源而产生的个体经济成本中表现出来，那么政治行动的艺术就产生于，将这种优势转化为个体经济的刺激。从这条准则中不光是产生出可再生能源价格优先地位的依据，而且产生出一种必要性，要把对可再生能源的激励与经济结构的支持，也就是与个体国民经济里的可再生能源生产基础结合起来。从这条准则中不光产生出可再生能源价格特权地位的依据，而且产生出一种必要性，要把对可再生能源的激励与经济结构的支持，也就是与个体国民经济里的可再生能源生产基础结合起来。在此举一个例子。占据投资总额大约20%的对于家用太阳能制热设备的资助项目，给国库带来的回报却超过了这个总额。生产这些设备的劳动力成本的份额占到总投资的约60%，假如缴税比率和社会保险比率按40%计算，那么高达24%的投资都贡献给国家收入了，而且此外还有国家的增值税收入。这种计算得以成立的先决条件是如下情况能够发生，即太阳能设备的生产在它自己的国民经济领域能够实现。

准则六：

真正拆解能源经济

市场经济的本质意义不在于建设不平等的产品之间的市场平等地位，而在于防止单极垄断、双极垄断和寡头垄断，也就是说在于将它们拆解。着眼于能源经济就必须意味着，把能源原料企业从电力生产企业中拆分出来，并且是以拆解产权所有者的形式进行。这样能够减轻电力生产者的负担，使其能够转而使用可再生能源进行电力生产——西班牙就是这样追求的。这比目前的现状更加符合市场经济。而且也同样有利于用公营部门去接管电网和天然气运输网络。这不是涉及到单一的巨大的国有企业这种形式，而可能是以国家的、区域的和城镇的网络运营企业的形式。由这些企业来运营高中压电网和分配网络，以使它们从生产者那里确实地独立出来。这些政治措施离我们有多近，发生在2004年的丹麦传输网络和荷兰天然气网络被各自政府成功接收的例子可以表明。

在燃料领域，加油站从原油康采恩那里独立出来是一项政治的最低要求。加油站必须拥有受法律保护的自由，能够购进和售卖独立的生产者所生产的生态燃料。

准则七：

国家作为可再生能源使用者的先驱角色

政治机构必须在能源转型中承担起先驱角色。这个角色首先意味着，要在公共用途的建筑中转为使用可再生能源。这正如欧洲太阳能组织所倡导的那样，要在柏林的德国国会大厦和新的政府大楼中这样做。新建的公共建筑物必须完全采用可再生能源。这是“技术的立场”（Stand der Technik），而且公共部门应该是第一个，从国民经济方面进行计算的。

公共部门也必须承担起鼓励生态燃料发展的先驱角色。公共机构的范围广泛的交通工具队伍必须毫无例外地转而使用这种燃料。依靠这种公共部门的自我努力，一个政府或者城市有关部门才能够因为政治上主动的行动得到自身合法性的证明，这种主动性不但能够给予社会以经济的刺激，而且能够使所有人承担起被寄予厚望的购买义务。

准则八：

定位于可再生能源的景观规划和城市规划

为了实现能源自主，必要的和广泛的设备布局要求对农村和城市的空间规划进行重新思考。当可再生能源的使用没有被考虑进去的时候，行政管理规章制度的多重性有时候就会产生。依靠旧的规则也不能解决关于土地利用产生的新冲突。一个社会，如果拒绝给予分布式的可再生能源的使用以不可缺少的空间，那么它就是在助长遗留至今的高度中心化的能源供应系统的存留，那么它也就延迟了能源转型的到来，并且当转型不可避免地要发生时，就把转型武断地驱赶到一种对可再生能源而言不必要而且“不够完美”的中心化进程中。例如掌握在电力康采恩手中的离岸风力发电站（Off-shore-Windparks）。如果这样的话，从可再生能源中成长起来的地区经济优势，对这个地区而言也丧失了。

在进行规划的时候支持可再生能源的一种普遍的优先权是必要的，这种优先权表现在在城镇自我管理的框架下，以及表现在各个当地居民一起参与而作为产权共同所有人的形式下。规划的优先权意味着，在上述背景下，具体的选址的批准必须托付给当地层面的有独立承担自己责任能力的民主程序——而非托付给不在当地的官僚当局，当局不生活在这个地方，却要来为这个地方决定是否同意批准这样的选址。城镇中民主的选址批准程序还应当走得更远，到达这样的程度，可以在风力发电项目上给当地市民群体提供优先参与的机会。并不是成立一个为市民群体工作的匿名投资公司去索要建设风力发电站需要的自然环境，而是当属于城镇自己的公益事业服务机构或者一个市民群体的合作组织参与到项目之中时，才能提升其接受程度。

在进行位置选择的时候，城镇的自我管理和当地市民的参与，不能够被某些成文规定或者某个匿名的机关部门所取代。就算有可能存在反对可再生能源的武断决定，也能够立即被发现，而且在民主的层面上得到纠正。拆除行政管理障碍和官僚主义的最佳可能是，要敢于冒着风险建立一套支持可再生能源的城镇民主体制——包括颁布支持小型水力发电设备的新水利法。尽管如此，当个人任意地做出拒绝的决定的时候，为了反对这个决定也必须保留上诉的可能性。基于向可再生能源转型对整个社会的重要意义，必须在地区的层面上建立起仲裁机构，使得相关的协商能够公开地进行。

与之相应地，必须在国家层面为风力发电的使用预先留下空间，这使得一种普遍的建筑许可制度可以发挥效力：例如可以优先提供长途公路干线沿线和铁路线沿线的区域。这样就展示出可以用于可再生能源设备建设的场地的巨大潜能。

对于土地使用和景观塑造有效的，对于建筑设计和城市规划，对于从“生化城市”（Fossil City）到“太阳城市”（Solar City）的转变道路也同样有效。这从本质上不光是意味着屋顶和外墙面太阳能电池板的安装。这也是一次机会，使得城市能够超越分散式的功能分区，因为不排放废气的能源开采使得住宅区域、工业区域和休闲娱乐区域之间的相互隔离不再必要。这意味着，在特定的可再生能源的基础上，土地面积使用规划和建筑规划才得以可能，由此人们才得以在城市中有系统地使用自然及其潜能进行电力生产，进行制热和制冷，照明和遮光。简而言之，人们才能够将太阳及其直接的“产品”作为“文化元素”（尤根·克劳斯，Jürgen Claus）进行认识，由此人们才能从建筑的文化史当中汲取范围广泛的教材。关于这一点的启发，可以在索菲娅·贝林（Sophia Behling）和斯蒂芬·贝林（Stefan Behling）的书《太阳之力》（*Sol Power*）关于太阳能建筑史的论述中得到补充，此外还有由托马斯·赫尔佐格（Thomas Herzog）撰写的《建筑设计与城市规划中支持太阳能的欧洲宪章》（*Europäischen Charta für Solarenergie in Architektur und Stadtplanung*）。而彼得·德勒格（Peter Droege）在《可再生能源与城市》（*Renewable Energy and the City*）对这点启发进一步地进行加工润色。多种多样的实践道路之中的某一些则表现在“城市作为太阳能发电站”（Die Stadt als Solarkraftwerk）的国际性会议上。[136]

准则九：

克服相关知识的缺陷

关于可再生能源的科学及教育政策上的亏空，必须得到迅速克服，尤其是在农业科学、自然科学和技术科学方面，在建筑学和经济学方面，还有一般教育和职业教育领域和公众研究领域。这个问题在时间上是如此紧迫，以至于等不到新的一代人成长起来。关于这种主动性的关键词包括组织可再生能源的研究生学习、函授学习、进修和继续学习的相关课程、教材以及其他等。可再生能源代表了一种新的范例，以及为一个新的思想学派奠定了基础。

这个学派依靠科学机构的帮助建立起来，会发扬最好的学术传统。新的思想学派需要新的科学机构和研究组织，它们不是依靠现成机构产生出来的。德国大的研究中心本来是从国会和政府那里获取财政上的支持的，尽管有国会和政府的反对决议，它们到今天还是在能源研究领域不为所动地坚持把原子能研究放在优先地位。只要公共的科学组织中可再生能源没有能够实现机构上的突破，那么原子能就要尝试复出。

研究政策的优先地位的转型已经被耽搁得太久了。它不会从传统的科学权威那里来，但是可以在研究和发展的视野下依靠新的一代，被广泛激励的，还可以被更广泛地激励的一代。正如杭—迈特纳—研究所（Hahn-Meitner-Institut）的赫尔穆特·特里布奇（Helmut Tributsch）将这种研究和发展的视野与别的视野比较时描述的那样。[137] 这种可能性，从新型的、千倍轻薄的太阳能电池材料（这种材料通过多层使用能使太阳能的能源收获率高达68%）延伸到全新的热能存储技术（这种技术是通过模仿自然而得到的)，从浓缩器技术到风力发电技术(在城市中就能运用的)，再到适应于能源需求和原材料需求的自然植物产品的全面普查。对于科学和研究来说，不仅不存在比这更重要的任务，而且也不存在更为迷人的任务了。一种“革新政策”，如果忽视了这一点的话，那么看起来也就没那么新了。

准则十：

世界性萧条威胁的解药——向可再生能源的经济飞跃

俄罗斯经济学家尼古拉·康德拉捷夫（Nikolai Kondratjew）曾经写到过，短时期内即能投入大规模量产的技术，如铁路、汽车、电子设备、电视方面的技术，能够生产出一个“较长的经济周期”，因为从这些技术能够产生新的工业分支，随之也带来新的就业岗位。只有电子计算机技术不具有可与之比拟的影响，因为计算机的应用给工业和服务业领域里的就业岗位带来深刻的后果。因此高度发展的国民经济第一次遭遇到这样的状况，经济的增长不再与就业岗位的增加相应。

激活可再生能源能够唤起第一次的“超级—康德拉捷夫”现象，即一种长的经济周期运动，把经济带到一种新的结构中。与传统能源不可避免攀升的成本以及相应攀升的社会成本不同，可再生能源持续降低的成本以及同样降低的社会成本能够保证持久的经济回升，这样的经济回升能够激活国内市场而且不依赖于世界康采恩的表现如何。一项依据前面提到的第五条准则和第七条准则建立起来的行动项目能够吸引如此之多的私人投资，以至于虽然耗去部分必要的用于刺激的财政支出，但经济回升仍然对国库收入大有好处。《德意志金融时报》（*Financial Times Deutschland*）主编奥拉夫·普罗伊斯（Olaf Preuß）在他的《为了未来的能源》（*Energie für die Zukunft*）一书中是这样强调的：

这样的经济战略上的根本决定“非但不用冒不可估量的风险，而且所得的全部是给自身带来的机遇”。[138] 这有关于向着可再生能源的经济飞跃，作为由世界石油供应瓶颈和价格上涨引发的世界性衰退威胁的解药。而瓶颈和价格上涨在《金融时报》（*Financial Times*），在《华尔街日报》（*Wall Street Journal*），在《经济学家》（*Economist*）以及别的全球性的经济期刊杂志中被持续不断地描述为即将来临的凶兆。甚至卢安武（Amory B. Lovins）在他新出版的《打赢石油收官战》（*Winning the Oil Endgame*）中描述了这种挑战，[139] 到目前为止还没有经济政策以这种挑战为基础进行适当的调整。

行动自主

许多人将会怀疑，这里描述的政治的可再生性是否现实。鉴于围绕着可再生能源已经展开的艰难角力，似乎提供了许多经验的证据去支持这些疑虑。致力于自主行动的战略，社会动员的措施以及政治行动的准则，展示出能源转型更快加速的可设想和可能的最佳效果。这些措施中没有一项会在所有地方被同时追随。但只要其中越多项被用于实战，就会存在越强的相互强化效应，可再生能源的主动进化也就会越迅速地发生。

此外，我们也应该向那些人的现实主义提出一下反问，那些人设想出一种无法向可再生能源快速转型的能源供应系统。他们是崇安幻想的纲领的代表。他们在现存关系中拥有很大权力，比可再生能源的支持者更具有决定能力。但是由于他们受限于他们的纲领却没有力量带领我们超越从能源危机中产生的关系。

但尽管流传的能源经济的纲领都只是幻想，但它拥有明确的目标，那就是重新赢回对能源经济的整体发展的投资控制权；而且以持久毅力运用一种巨大的组织力量，旨在解决与可再生能源的冲突。伴随着原子能从国际原子能机构和欧洲原子能共同体那里享受到的公开的组织特权地位，它的支持者们也能比可再生能源的活跃分子群体更加紧密地组织在一起。布鲁塞尔女律师多尔特 · 富凯（Dörte Fouquet）在一项关于“原子能复兴”（Nuclear Renaissance）的案例研究中记录到：世界核能协会（World Nuclear Association）把全世界原子能技术产业无一例外地都算作其会员，包括国家级的原子能源部门。坐落于布鲁塞尔的欧洲原子工业公会（FORATOM），是一个原子能工业的贸易组织，拥有 800 个成员公司。欧洲原子能协会（European Nuclear Society）则有 20 000 个会员。它光是在 2005 年就主办了 60 场会议。它的欧洲原子能信息委员会（Nuclear Information Committee Europe，简称 NICE）与媒体保持着不动声色，但是紧密的合作关系。[140]

可再生能源的支持者们必须相对地拿出目标明确的战略，并且大幅度地提升组织力量。然而这种觉悟，虽然如此必要，但在许多组织和可再生能源公司里，发展得远远不如现行的能源经济。如果不把力量团结在一起，这些组织和公司在与原子能的游说集团的竞争中根本站不住脚——在国际机构层面上，即使可再生能源的国际网络在原子能和生化能源的国际政府组织面前站成一排，可再生能源的国际网络还是显得那么微不足道。它们从政府那里获得的资金支持简直少到不值一提。联邦国会议员汉斯－约瑟夫 · 费尔（Hans-Josef Fell）是这样表达的，这关系到一项“无网络政策”（Politik ohne Netz），关系到无罪辩护活动，政府依靠这些无罪辩护活动，就能逃避承担这样的结果，即政府要去加强可再生能源的国际化和机构化程度。[141]

支持可再生能源的自主意识和提升自主程度的行动会导致什么样的结果，近几年在德国的发展可以表明。国际上多个层面提出的问题，这种发展是如何可能的，可以用四句话来回答：

是法律的提案使突破成为可能的，但提案不从政府而来，而是从国会而来，只要赢得了国会中的多数。与之相应的纲领应当要被追随，而且要针对一切异议进行辩护——哪怕闹到联邦宪法法院（Bundesverfassungsgericht）和欧洲法庭（Europäischen Gerichtshof）上。公众的支持是最为重要的后盾；因为冲突被公开地摆到台面上，由此唤起了普遍的关注；也因为可再生能源原则上的普遍价值在这个过程中被支持者们强调突出出来，公众的支持才得以产生。而且，通过最初的成功和其中显现的新的经济机遇，就能够建立新的联盟——组成这个新联盟的成员是前所未有的，它不仅包括可再生能源组织和环境保护组织，而且还包括中小型产业联合会、农民协会、金属矿业和建筑业工会。

因为实现了这些突破，在德国引起了关于可再生能源的大讨论，这场讨论带着国际代理人冲突的特征。一方面想要依靠兴建大型发电站的方式永久保存传统的电力供应系统，另一方面又想要进一步扩展可再生能源，对于两者来说想要同时共存却没有那样的需求，也没有那样的政治空间。冲突的爆破力正在增强，因为从 2000 年以来，能源政治和能源经济的发展使得能源供给的两极——电力康采恩和可再生能源的运营者——都变得更为强有力，而且因为两者的发展都拥有了政治力量的支持。

这里种下的冲突将把到目前为止所有关于可再生能源的冲突都置于自己的阴影之下。假如能源康采恩在不远的未来做不到，在政治行动的层面上阻止可再生能源的扩展，那么就必须搁置它自己的发展规划。因此，尽管目前可再生能源法还只试图帮助可再生能源在电力供应中占据一个相对较小的份额，但是围绕着可再生能源法的冲突已经牵涉到一个历史性的转折点了。而这个冲突要如何解决，也将会决定在别的地方采取什么样的策略来支持可再生能源。

具有面向未来能力的可再生能源基础的优先地位，是一项人道的条件（Conditio humana）。它要求一种精神上的可再生能源：作为政治条件（Conditio politica）的行动勇气。

注释

导论

1 Internationale Energie-Agentur: *World Energy Outlook 2004*. OECD/IEA 2004

2 George W. Bush: Rede auf der »National Small Business Conference«, 27. April 2005

3 *A Time to Choose, America's Energy Future*. Energy Policy Project, Ford Foundation. Cambridge/Mass. 1974

4 *New York Times*, 18. April 1977

5 David Morris: *Seif Reliant Cities*, San Francisco 1982;
Rebecca Vöries: *Reaching Up, Reaching Out: A Guide to Local Solar Events*. Golden/Colorado 1981;
Denis Hayes: *Rays of Hope: The Transition to a Post Petroleum World*. New York 1977; *Blueprint for a Solar America*, 1979

6 Henry W. Kendall/Steven J. Nadish: *Energy Strategies: Toward a Solar Future*. Report of the Union of Concerned Scientists. Cambridge/Mass. 1980

7 Institute for Contemporary Studies: *No Time to Confuse*. San Francisco 1975

8 John Keyes: *The Solar Conspiracy*. New York 1975

9 Barry Commoner: *The Politics of Energy*. New York 1979

10 Daniel M. Berman und John T. O'Connor: *Who Owns the Sun? People, Politics and the Struggle for a Solar Economy*. Vermont 1996

11 Arthur Koestler: *Die Armut der Psychologie*. Bern 1980, S. 317

12 Hermann Scheer: *Solare Weltwirtschaft*. 5. Aufl. München 2002

13 Amitai Etzioni: *Die aktive Gesellschaft*. Opladen 1975, S. 201ff

14 Sunzi: *Die Kunst des Krieges*. Hrsg. von James Clavell. München 1996, S. 39

15 Lester Brown: *Plan B. Rescuing a Planet Under Stress and a Civilization in Trouble*. New York 2003, S. 203ff

16 Franz-Josef Radermacher: *Global Marshall Plan. A Planetary Contract*. Hamburg 2004

17 G8 Renewable Energy Task Force. 2001

18 EU-Kommission: *Energie für die Zukunft: Erneuerbare Energieträger*. 1997

19 Janet L. Sawin: *Mainstreaming Renewable Energy in the 21st Century*. World Watch Paper 169, May 2004

20 Howard Geller: *Energy Revolution*. Washington 2003

21 International Conference for Renewable Energies: *Conference Report. Outcomes and Documentation*. August 2004 (www.bmz.de oder www.bmu.de)

第一章

22 Wolfgang Palz: *Solar Electricity. An Economic Approach to Solar Energy*. London 1978

23 Wilhelm Ostwald: *Der energetische Imperativ*. Leipzig 1912, S. 81ff

24 Svante Arrhenius: *Die Chemie und das moderne Leben*. Leipzig 1922, S. 112ff

25 *Report of the National Conservation Commission*. Washington, Gov. Print. off., 1909

26 Günter Barudio: *Tränen des Teufels. Eine Weltgeschichte des Erdöls*. Stuttgart 2001, S. 192

27 Hermann Scheer: *Sonnen-Strategie*. München 1993, S. 52ff

28 Gerd Rosenkranz/Irene Meichsner/Manfred Kriener: *Die neue Offensive der Atomwirtschaft*. München 1992

29 Richard Heinberg: *The Party's Over*. München 2004; Paul Roberts: *The End of Oil*. Boston 2004; Colin J. Campbell/Frauke Liesenborghs/Jörg Schindler: *Ölwechsel*. München 2002

30 Julian Darley: *High Noon for Natural Gas*. White River Junction, Vermont 2004

31 Wolfgang Sachs u.a.: *Fair Future - Begrenzte Ressourcen und Globale Gerechtigkeit*. Report des Wuppertal-Instituts für Klima, Umwelt, Energie.

München 2005, S. 56ff

32 Martin Schwarz/Heinz Erdmann: *Atomterror. Schurken, Staaten, Terroristen - die neue nukleare Bedrohung*. München 2004

33 Ole von Uexkuell: Wasser und Energie. Das fossil-atomare Energiesystem verschärft die Wasserkrise. In: *Solarzeitalter* 3/2003, S. 14ff

34 Peter H. Gleick: *Water in Crisis*. New York 1993, S. 67ff

35 Howard Geller: *Energy Revolution*. Washington 2003, S. 6ff

36 Energy and Defense Project: *Dispersed, Decentralized and Renewable Energy Sources: Alternatives to National Vulnerability and War*. Washington, Dec. 1980

37 Hartmut Elsenhans: *Gleichheit, Markt, Profit, Wachstum. Kleinindustrie und Expansion des Massenmarkts mit einer Untersuchung aus Algerien*. Hamburg 2001, S. 286

38 Le Groupe de Bellevue: ALTER: *A Study of a Long-Term Energy Future for France based on 100% Renewable Energies*. Paris 1978. In: *The Yearbook of Renewable Energies* 1997/96. London 1996, S. 104ff; Thomas B. Johannson/Peter Steen: *Solar Sweden. An Outline to a Renewable Energy System*. Stockholm 1979;

Henry W. Kendall/Steven J. Nadis (Eds.): *Energy Strategies: Toward a Solar Future*. Cambridge 1981;

N. Nakicenovic/S. Messner: *Energy in a Finite World: Paths to Sustainable Future*. Cambridge 1981;

Deutscher Bundestag: *Nachhaltige Energieversorgung unter den Bedingungen der Globalisierung und Liberalisierung*. Bericht der Enquete-Kommission. Berlin 2002;

Institute for Sustainable Solutions and Innovations (ISUSI): *Energy Rieh Japan*. Aachen 2003. Ausführlich sind diese 100-Prozent-Szenarien in einer Serie der Zeitschrift *Solarzeitalter* wiedergegeben. Siehe »Leitartikel für eine Vollversorgung mit Erneuerbaren Energien«: http://www.eurosolar.org/new/de/artikel2003.php. Ein Beispiel einer 100-Prozent-Regionalstudie über die süddeutsche Region Hegau/westlicher Bodensee (1000 qkm, 300.000 Ein-wohner) ist: *Solarcomplex: Erneuerbare Energien*. Konstanz 2002. Über Gemeinden, die zu 100 Prozent auf erneuerbare Energien umgestellt haben oder dies zu ihrem Ziel deklariert haben, siehe: 100 Prozent erneuerbar. Ansätze aus der Praxis. In: Photon 3/ 2005, sowie die vom Rosenheimer Solarförderverein gestaltete Internetplattform »100 Prozent RENET« (www.100re.net oder www.rosolar.de)

39 EUROSOLAR: *10 Jahre Europäische Solarpreise* 1994-2003. Bonn 2004, und *10 Jahre Deutscher Solarpreis 1994-2003*. Bonn 2004

40 Harry Lehmann/Stefan Peter: *Das deutsche Ausbaupotential Erneuerbarer Energien im Stromsektor*. Studie für EUROSOLAR. Bonn 2004

41 Rudolf Rechsteiner: Die Referenzenergie der Zukunft: Strom aus Erneuerbaren Energien. In: *Solarzeitalter* 4/2004, S. 7ff

42 Hermann Scheer: *Solare Weltwirtschaft*. 5. Aufl. München 2002, S. 43ff

43 A.a.O., S. 176ff

44 Richard Baxter: *Energy Storage: A Non-Technical Guide*. Tulsa 2005

45 Elmar Altvater: Aufstieg und Niedergang des fossilen Energie-Regimes. In: *Solarzeitalter* 3/2004, S. 14ff

46 Augustin Mouchot: *Die Sonnenwärme und ihre industriellen Anwendungen*, 1869. Nachdruck in deutscher Übersetzung: Oberbözberg 1987

47 Felix Auerbach: *Die Weltherrin und ihr Schatten*. Jena 1913

48 *National Energy Policy*. Report of the National Energy Policy Development Group. Washington D.C., May 2001

49 Wuppertal Institut für Klima, Umwelt, Energie: *Treibhausgasemissionen des russischen Erdgas-Exportpipeline-Systems. Ergebnisse und Hochrechnungen empirischer Untersuchungen in Russland*. Wuppertal, Dezember 2004

50 Julian Darley: siehe Anm. 9

51 Hans Schuh: Feuer aus dem Eis. Die Zeit 30/2001

52 Alexei Milkov: Global Estimates of hydrate-bound gas in marine Sediments. In: *Earth-Science Reviews* 66/2004, S. 183fr;
Sabina Griffith: Wenn Eis Feuer fängt. *Süddeutsche Zeitung*, 8.12.2004

53 Brad Seibel, Patrick Walsh: Enhanced Potential Impacts of CO_2-In-jection on Deep-sea Biota. In: *Science* 294/2001, S. 319f

54 Rat für Nachhaltige Entwicklung: *Perspektiven der Kohle in einer*

nachhaltigen Energiewirtschaft. Texte Nr. 4. Berlin, Oktober 2003

55 Volker Hauff: *Perspektive fossiler Energiequellen für eine nachhaltige Energieversorgung*. Vortrag beim Kongress »Innovative Technologien zur Stromerzeugung - auf dem Weg zu C02-freien Kohle und Gaskraftwerken«. Berlin, 10. Mai 2004

56 Amory B. Lovins: *Twenty Hydrogen Myths*. Rocky Mountain Institute 2004, S. 9

57 Jeremy Rifkin: *Die H_2-Revolution*. Frankfurt 2002

58 Romano Prodi: *The Energy Vector of the Future*. Conference on the Hydrogen Economy. Brüssel, 3. Juni 2003

59 Ulf Bossel: The hydrogen »illusion«. Why electrons are a better energy carrier. In: *Cogeneration and On-Site Power Production*, March-April 2004, S. 55ff;

Dirk Asendorpf: Die Mär vom Wasserstoff. *Die Zeit* 42/2004

60 Robert F. Service: The Hydrogen Backlash. In: *Science* 305/2004, S. 958fr

61 Karl-Heinz Tetzlaff: *Bio-Wasserstoff. Eine Strategie zur Befreiung von der selbstverschuldeten Abhängigkeit von Öl*. Norderstedt 2005

62 Amory B. Lovins: a.a.O. (Anm. 35), S. 23

63 Rudolf Rechsteiner: siehe Anm. 20

64 EU-Commissioner Looks Ahead to a New Nuclear Generation. In: *Atomwirtschaft* 1/2003, S.14-16

65 Ernst Bloch: *Das Prinzip Hoffnung*. Berlin 1959, S. 775

66 Karl Jaspers: *Die Atombombe und die Zukunft des Menschen*. München 1958, S. 242

67 Roland Kollert: *Die Politik der latenten Proliferation. Militärische Nutzung »friedlicher« Kerntechnik in Westeuropa*. Wiesbaden 1994

68 Ulrich Beck: Die vertraute Katastrophe. In: Wolfgang Liebert/ Friedemannn Schmithals (Hrsg.): *Tschernobyl und kein Ende?* Münster 1997, S. 55ff

69 Zurück zur Atomkraft? *Stern* 25/2004

70 Klaus Traube/Hermann Scheer: Kernspaltung, Kernfusion, Sonnenenergie-Stadien eines Lernprozesses. In: *Solarzeitalter* 2/1998, S. 22ff

71 Gero von Randow. Mit neuer Strahlkraft. *Die Zeit* 31/2004

72 Otto Hug Strahleninstitut (Hg.): *15 Jahre nach Tschernobyl: Folgen und*

Lehren der Reaktorkatastrophe. München, September 2001

73 Klaus Traube: Renaissance der Atomenergie? In: *Solarzeitalter* 4/2004, S. 5

74 Eckhard Rebhan: *Heißer als das Sonnenfeuer*. München 1990

75 Koji Tokimatsu u.a.: Role of nuclear fusion in future energy Systems and the environment under future uncertainties. In: *Energy Policy* 31/2003, S. 775ff

76 Alexander Bradshaw: Anhörung Kernfusion im Ausschuss für Bildung, Forschung und Technikfolgenabschätzung des Deutschen Bundestages am 28.3.2001 (A-Drs. 14-383d)

77 Emanuele Negro: *Photovoltaics and Controlled Thermonuclear Fusion: A Case Study in European Energy Research. Brüssel* 1995

78 Zitiert nach Jochen Benecke: Kernfusion ist keine Alternative. In: *Bild der Wissenschaft* 2/1987, S. 128

79 Alexander Bradshaw: Protokoll der Anhörung (s. Anm. 55)

80 Carl Amery/Hermann Scheer/Christiane Grefe: *Klimawechsel. Von der fossilen zur solaren Kultur*. München 2002, S. 93f

81 Hans-Peter Duerr: *Der Mythos vom Zivilisationsprozess*, Band V: Die Tatsachen des Lebens. Frankfurt 2002

82 Günther Anders: *Die Antiquiertheit des Menschen*. München 1958, S.31

第二章

83 Herbert Marcuse: *Der eindimensionale Mensch*. Neuwied 1967, S. 196f

84 Uwe Pörksen: *Plastikwörter. Die Sprache einer internationalen Diktatur*. Stuttgart 1988, S. 13ff

85 Jean-Marie Harribey: Das Gerede von der Nachhaltigkeit. In: *Le Monde Diplomatique*, deutsche Ausgabe *die tageszeitung (WOZ DIE WOCHENZEITUNG)*, 10. Juli 2004

86 Eike Schwarz: Dezentrale Energieversorgung und Versorgungssicherheit im neuen Energiewirtschaftsgesetz. In: *Solarzeitalter* 1/2005, S. 12

87 A. de Moor: Towards a Grand Deal in Subsidies and Climate Change. In: *Journal of the Natural Resource Forum* (JNRF), May 2001

88 Donald Losman: Economic Security. A National Security Folly? In: *Policy*

Analysis 401/2001

89 Sharon Beder: *Power Play. The Fight to Control the World's Electricity*. New York 2003, S. 325ff

90 Paul Krugman: In Broad Daylight.In: *New York Times*, 27.9.2002; Woodrow W. Clarke/Ted Bradshaw: *Agile Energy Systems. Global Lessons from the California Energy Crisis*. Amsterdam/Boston 2004

91 Franz Oppenheimer: *Theorie reiner und politischer Ökonomie*. 4. Aufl. Berlin 1919, S. 558ff

92 Wilhelm Röpke: *Jenseits von Angebot und Nachfrage*. 3. Aufl. Zürich 1961, S. 145ff

93 Robert Kagan: *Macht und Ohnmacht. Amerika und Europa in der neuen Weltordnung*. Berlin 2003, S. 45

94 George F. Kennan: *Im Schatten der Atombombe*. Köln 1982, S. 264f

95 *The Challenge of the 21st Century*. International Parliamentary Forum on Renewable Energies. Bonn, 2.Juni 2004. Deutscher Bundestag. Berlin 2004

96 Hans-Joachim Luhmann: Absehbares Ergebnis der Kyoto-Periode: «Die« Industrienationen werden mit ihren Emissionen bis 2010 um 10 Prozent zulegen, die Welt um 50 Prozent. (jochen.luhmann@wuppertalinst.org); Sekretariat der Klimarahmenkonvention. Cf. FCCC/CPI 2004/INF. 2 vom 19.10.2004; siehe auch: Fritz Vorholz: Das Symbol von Kyoto. In: *Die Zeit* 7/2005

97 Sharon Beder: *Global Spin. The Corporate Assault on Environmentalism*. White River Junction, Vermont 2002, S. 91ff

98 Umweltbundesamt (Hrsg.): *Umweltverträglichkeit kleiner Wasserkraftwerke. Zielkonflikte zwischen Klima- und Gewässerschutz*. Texte 13/98, Januar 2005, S. 139f

99 Amitai Etzioni: a.a.O (siehe Anm. 13 der Einleitung), S. 120

100 Hans-Christoph Binswanger: Die verlorene Unschuld der Windenergie. In: *Blätter für deutsche und internationale Politik* 10/1997,S. 1272ff

101 Klaus Bosselmann: *Im Namen der Natur*. Bern 1992, S. 374

102 Thomas S. Kuhn: *Die Struktur wissenschaftlicher Revolutionen*. Frankfurt 1967, S. 209

103 NGO im Förderbiotop. *Wirtschaftswoche* 6/2004

104 Jean Ziegler: *Die neuen Herrscher der Welt und ihre globalen Widersacher*. München 2002, S. 170

105 Arundhati Roy: *Die Macht der Zivilgesellschaft in einer globalen Zeit*. Rede vom 16.8. 2002 in San Francisco.

106 Irm Pontenagel: Sand oder Öl im Getriebe? In *Solarzeitalter* 2/2004, S. 32f.

107 Judith Richter: *Engineering of Consent. Uncovering Corporate PR Strategies*. Corner House Briefing No. 6, August 2002

108 Peter Schwartz/Doug Randall: *An Abrupt Climate Change Scena-rio and it Implications for United States National Security*, Pentagon, Washington. 2003

109 Arthur Koestler: *Die Armut der Psychologie* (siehe Anm. 11 der Einleitung), S. 313fr und 47f

110 Peter Sloterdijk: In: *Wieviel Katastrophe braucht der Mensch*? Hrsg. von der Redaktion von *Psychologie heute*. Weinheim 1987. S. 51ff

111 Die große Luftnummer. *Der Spiegel*, 29.3.2004

112 Ben-Alexander Bohnke: *Abschied von der Natur*. Düsseldorf 1997

113 Dirk Maxeiner/Michael Miersch: *Lexikon der Öko-Irrtümer*. München 2000; dieselben: *Das Mephisto-Prinzip*. Warum es besser ist, *nicht gut zu sein*. München 2003; dieselben: *Die Zukunft und ihre Feinde. Wie Fortschrittspessimisten unsere Gesellschaft lähmen*. Frankfurt 2002

114 Björn Lomborg, *The Skeptical Environmentalist. Measuring the Real State of the World*. Cambridge 2001

115 George F. Kennan: a.a.O.(siehe Anm. 11), S. 260

116 Stefan Dietrich: Vor dem Erwachen, *FAZ*, 17.9.2004; Wienand von Petersdorff: Luftnummern mit Windrädern, *FAZ*, 7.3.2004 und 4.6.2005

117 *Der Spiegel*, 24.1.2005

118 *Capital*, 2.9.2004

第三章

119 Marcia Pally: *Lob der Kritik. Warum die Demokratie nicht auf ihren Kern verzichten darf.* Berlin 2003, S.319

120 Ferdinand Tönnies: *Gemeinschaft und Gesellschaft*. Darmstadt 1963, S.138

121 Lothar Schäfer: *Das Bacon-Projekt. Von der Erkenntnis, Nutzung und Schonung der Natur*. Frankfurt 1993, S.126

122 Otfried Höffer: *Demokratie im Zeitalter der Globalisierung*. München 1999, S.139

123 Udo E. Simonis: *Energieoption und Waldoption – der technische und der natürliche Weg zum Klimaschutz*. Wissenschaftszentrum Berlin, Oktober 2004

124 Ulrich Kelber: Das Top-Runner Programm. In: *Solarzeitalter* 1/2005, S.32ff

125 Gert Apfelstedt: Ökoenergie-Pflichtbenutzung und Warenverkehrsrecht. In: *Zeitschrift für Neues Energierecht* (ZNER) 1/2001, S.2ff

126 John Rawls: *Theorie der Gerechtigkeit*. Frankfurt 1979, S.31

127 Nina Scheer: Der Vorrang des Personenwerts vor dem Sachwert. In: Joachim Bücheler (Hrsg.): *Praktische Visionen*. Bochum 2004, S.52

128 Franz Alt: *Der ökologische Jesus. Vertrauen in die Schöpfung*. München 1999, S.29

129 Carl Amery: *Global Exit*. München 2002

130 Hari Sharan: *Implementing a New Energy Paradigm*. Vortrag auf dem United Nations High Level Panel »Re-Thinking the Energy Paradigm«, 21.4.2005, Genf

131 Christiane Grefe: Die neue Dreifelderwirtschaft. *Die Zeit* 30/2002

132 Hermann Fischer: Land- und Forstwirte als Grundstoffproduzenten. In: EUROSOLAR (Hrsg.): *Der Landwirt als Energie- und Rohstoffwirt. Produktion – Ausbildung – Arbeitsplätze*. Bonn 2002, S.57ff

133 Joseph A. Schumpeter: *Kapitalismus, Sozialismus und Demokratie*. Bern 1950, S.148

134 Zitiert nach Peter Hoffmann: *Tomorrow's Energy*. Cambridge/Mass. 2001, S.260f und 281

135 Philipp Bobbit: *The Shield of Achilles, War, Peace and the Course of History*. London/New York. 2002, S.468ff

136 Jürgen Claus: *Kulturelement Sonne. Das solare Zeitalter*. Zürich

1997; Sophia und Stefan Behling: *Sol Power. The Evolution of Solar Architecture*. München 1996; Thomas Herzog: *Solar Energy in Architecture and Urban Planning*. München 1996; Peter Droege: *Renewable Energy and the City*. World Forum for Renewable Energy 2004 (www.wcre.org); EUROSOLAR (Hrsg.): *The City – A Solar Power Station. The State of the Art of Solar Building and Ecological Urban Planning*. 6th European Conference Solar Energy in Architecture and Urban Planning (Chairman: Karl Ganser). Bonn 2000

137 Helmut Tributsch: Der Kardinalfehler der vernachlässigten Solarenergieforschung. In: *Solarzeitalter* 4/2000, S.15ff

138 Olaf Preuß: *Energie für die Zukunft*. Wiesbaden 2005, S.18

139 Amory B. Lovins u.a.: *Winning the Oil Endgame*. Rocky Mountain Institute 2004

140 Dörte Fouquet: *Nuclear Renaissance. Case Study*. Unveröffentl. Manuskript. Brüssel 2005

141 Hans-Josef Fell: Politik ohne Netz. Das internationale Netzwerk für erneurbare Energien. In: *Solarzeitalter* 1/2005, S. 35f

名词对照表

专业术语与机构名称对照表

AGENDA 21
21 世纪议程

ITER
国际热核聚变实验堆计划

Joint Implementation
联合履约机制，简称 JI

Baruch-Plan
巴拉奇计划

Bewegung der Landlosen
失地者运动

Biokraftstoffe
生物燃料

BUND
德国环境与自然保护联盟

Bundes der Deutschen Industrie
德国工业联合会，简称 BDI

CEA
法国原子研究中心

CHOREN
科林公司

Club of Budapest
布达佩斯俱乐部

Club of Rome
罗马俱乐部

Commission On Sustainable Development
联合国可持续发展委员会，简称 CSD

Consumer Direct Marketing
清洁发展机制，简称 CDM

Decentralized Energy Systems India
印度分布式能源系统，简称 D.E.S.I. Power

der Bundesverband der Deutschen Industrie
德国工业联邦协会

der Verband der deutschen Maschinen- und Anlagenindustrie
德国机械设备制造业联合会，简称 VDMA

Der Weltkongress der Architekten
世界建筑师协会

Designated Operational Entity 指定经营实体，简称 DOE

Die Internationale Organisation für Erneuerbare Energien
国际可再生能源机构，简称 IRENA

Earth Policy Institute
地球政策研究所

Elsbett-Motor
埃尔斯贝特发动机公司

Enercon
爱纳康公司

Enquete-Kommission des Deutschen Bundestages
德国联邦议院调查委员会

ENRON
安然公司

Eon
意昂电力公司

EURATOM
欧洲原子能共同体

European Nuclear Society
欧洲原子能协会

European Space Agency
欧洲空间机构

EUROSOLAR
欧洲太阳能组织

Executive Board
执行理事会，简称 EB

FORATOM
欧洲原子工业公会

General Electric
通用电气

Global Marshall Plan
全球马歇尔计划

Grüner-Strom-Label
绿色电力标志

Huntorf
亨托夫发电站

Hahn-Meitner-Institut
杭－迈特纳－研究所

Hydrate Energy International
国际水合物能源

Independence Energy System
能源系统独立

Institute for Sustainable Solutions and Innovations
可持续方案和创新研究所

Intergovernmental Panel on Climate Change
政府间气候变化专业委员会，简称 IPCC

International Atomic Energy Agency
国际原子能机构，简称 IAEA

International Institute for Applied Systems Analysis
国际应用系统分析研究所

Internationale Agentur für Atomenergie
国际原子能机构

Internationale Energie-Agentur
国际能源代理社

Internationalen Energie-Agentur
国际能源机构，简称 IEA

Iowa Stored Energy Project
爱荷华储能项目

IPHE
氢经济国际合作伙伴计划

IRENA
国际可再生能源机构

IT-Boom
信息技术浪潮

JREC
约翰内斯堡可再生能源联盟

Le Graupe de Bellevue
贝尔维尤小组

Mc Camey
麦卡梅发电站

Mc Intosh
麦金托什发电站

München Strahleninstitut
慕尼黑放射机构

National Conservation Commission
国家储备委员会

National Small Business Congerence
国家小型商业会议

Nuclear Information Committee Europe
欧洲原子能信息委员会，简称 NICE

Opel Blitz
欧宝闪电轻型卡车

Organization for Economic Cooperation and Development
经济合作与发展组织，简称 OECD

Photovoltaic Global Accreditation Programme
全球光伏鉴定项目，简称 PV-GAP

Renewables 2004
2004 可再生能源会议

Ressource Architektur
资源建筑会议

Ruhrgas
鲁尔天然气

Secretariat for Future Studies
“未来研究”秘书处

Solar World AG
太阳能世界 AG

Solarfabrik Freiburg
弗莱堡太阳能工厂

Solarforderverein
太阳能促进会

Statoil
挪威国家石油公司

Sunfuel
阳光燃料

Treibhausgas-Emissionshandelsgesetz
温室气体排放交易法案，简称 TEHG

Union of Concerned Scientists
忧思科学家联盟

Wegenutzungsrecht
地役权

Weltenergiekonferenz
世界能源大会

Weltenergierats
世界能源委员会，简称 WEC

Weltkonferenz der Klimawissenschaftler
世界气候科学家大会

West Bengal Renewable Energy Development
西孟加拉可再生能源发展组织

World Energy Outlook 2004
2004 世界能源展望

World Nuclear Association
世界核能协会

Worldwatch-Institut
世界观察研究所

WWF
世界自然基金会

人名对照表

Al Gore
阿尔・戈尔

Alexander Bradshaw
亚历山大・布雷肖

Alexei Milkov
埃里克斯・米尔科夫

Amitai Etzioni
阿米塔伊・埃奇奥尼

Amory Lovins
卢安武

Andre de Moor
安德・德・莫尔

Antonio Gramsci
安东尼奥·葛兰西

Archimedes
阿基米德

Arthur Koestler
阿瑟·库斯勒

Arundhati Roy
阿兰达蒂·洛伊

Augustin Mouchot
奥古斯丹·穆修

Barry Commoner
巴里·康默纳

Ben-Alexander Bohnke
本·亚历山大·柏克

Björn Lomborg
比约恩·隆伯格

Bodo Wolf
博德·沃尔夫

Botho Strauss
博托·施特劳斯

Brad Seibel
布拉德·赛贝尔

Carl Amery
卡尔·阿莫瑞

Carlo Rubbia
卡罗·鲁比亚

Cesare Marchetti
切萨雷·马尔谢蒂

Christiane Grefe
克里斯蒂安娜·格雷弗

Claude Turmes
克劳德·图尔姆斯

Daniel M. Berman
丹尼尔·M·伯曼

David Freeman
大卫·弗里曼

David Morris
大卫·莫里斯

Denis Hayes
丹尼斯·海耶斯

Desmond Turner
德斯蒙德·特纳

Dirk Asendorpf
迪克·阿森多夫

Dirk Maxeiner
迪尔克·马克思埃纳

Donald Losman
唐纳德·罗斯曼

Dörte Fouquet
多尔特·富凯

Elmar Altvater
艾尔玛·阿尔瓦特

Emanuele Negro
依曼努埃尔·内格罗

Emil Salim
埃米尔·萨利姆

Ernst Bloch
恩斯特·布洛赫

Ervin Laszlo
欧文·拉兹洛

Felix Auerbach
菲利克斯·奥尔巴赫

Ferdinand Tönnies
菲尔迪南德·滕尼斯

Fernando Paolo Gabeira
费尔南多·保罗·加柏伊拉

Franz Alt
弗兰茨·阿尔特

Franz Oppenheimer
弗兰茨·奥本海默

Franz-Josef Radermacher
弗兰茨－约瑟夫·拉德马赫

Friedrich Hebbel
弗里德里希·黑贝尔

George F. Kennan
乔治·凯南
Gero von Randow
葛罗·冯·兰道

Gert Apfelstedt
葛尔特·阿普费尔施泰德

Gunnar Myrdal
冈纳·米尔达尔

Günther Anders
君特·安德斯

Hans Peter Duerr
汉斯·皮特·杜勒

Hans-Christoph Binswanger
汉斯-克里斯托弗·宾斯瓦格

Hans-Joachim Luhmann
汉斯-约阿希姆·卢曼

Hans-Josef Fell
汉斯-约瑟夫·费尔

Harry Lehmann
哈里·勒曼

Hartmut Elsenhans
哈特穆特·埃尔森汉斯

Heidemarie Wieczorek-Zeul
海德玛丽·维乔雷克·措伊尔

Helmut Schmidt
赫尔穆特·施密特

Helmut Tributsch
赫尔穆特·特里布奇

Herbert Marcuse
赫伯特·马尔库塞

Hermann Fischer
赫尔曼·费歇尔

Howard Geller
哈伍德·格勒

Immanuel Kant
伊曼努埃尔·康德

Javier Solana
哈维尔·索拉纳

Jean Ziegler
让·齐格勒

Jean-Marie Harribey
让-玛丽·哈利贝

Jeremy Rifkin
杰里米·里夫金

John Keyes
约翰·科耶斯

John Rawls
约翰·罗尔斯

John T. O' Conner
约翰·T·奥康纳

Joseph A. Schumpeter
约瑟夫·A·熊彼得

Judith Richter
朱迪斯·里希特

Julian Darley
朱利安·达利

Jürgen Claus
尤根·克劳斯

Jürgen Trittin
尤根·特里廷

Karl Jaspers
卡尔·雅斯贝尔斯

Khomeini
霍梅尼

Klaus Bosselmann
克劳斯·博塞尔曼

Klaus Töpfer
克劳斯·特普费尔

Klaus Traube
克劳斯·特劳伯

Lester Brown
勒斯特·布朗

Lothar Schäfer
洛塔·歇弗尔

Ludwig Elsbett
路德维希·埃尔斯贝特

M.L. Lidsky
M·L·里德斯基

Marcia Pally
玛西亚·帕利

Martin Greiffenhagen
马丁·葛来芬哈根

Michael Miersch
麦克·米希

Michaele Hustedt
米歇尔·胡斯塔特

Michail Gorbatschow
米哈伊尔·戈尔巴乔夫

Nikolai Kondratjew
尼古拉·康德拉捷夫

Nina Scheer
尼娜·舍尔

Olaf Preuß
奥拉夫·普罗伊斯

Otfried Höffe
奥特弗利德·赫费

Patrick Walsh
帕特里克·瓦尔席

Paul Krugman
保罗·克鲁格曼

Perez de Cuellar
佩雷斯·德·奎利亚尔

Peter Droege
彼得·德勒格

Peter Sloterdijk
彼得·斯洛特戴克

Peter Varadi
彼得·瓦拉迪

Philipp Bobbitt
菲利普·博比特

Philippe Busquin
菲利普·比斯坎

Rebecca Vöries
丽贝卡·弗里斯

Rebhan
热布罕

Reinhard Ueberhost
莱因哈特·郁伯霍斯特

Richard Baxter
理查德·巴克斯特

Robert Kagan
罗伯特·卡根

Robert N. Bellah
罗伯特·N·贝拉

Robert Service
罗伯特·谢伟思

Roland Kollert
罗兰·科勒特

Romano Prodi
罗马诺·普罗迪

Rudolf Rechnsteiner
鲁道夫·瑞克斯坦格

Saddam Hussein
萨达姆·侯赛因

Samuel Beckett
萨缪尔·贝克特

Shah
沙阿

Sharon Beder
莎伦·贝德

Sophia Behling
索菲娅·贝林

Stefan Behling
斯蒂芬·贝林

Stefan Peter
斯蒂芬·彼特

Svante Arrhenius
斯凡特·阿伦尼乌斯

Svend Auken
史文德·敖铿

Taro Kono
河野太郎

Ted Bradshaw
泰德·布雷肖

Thomas Herzog
托马斯·赫尔佐格

Thomas Johannson
托马斯·约翰逊

Thomas S. Kuhn
托马斯·S·库恩

Udo Ernst Simonis
乌多·恩斯特·西莫尼斯

Ulf Bossel
乌尔夫·博赛尔

Ulrich Beck
乌尔里希·贝克

Ulrick Kelber
乌尔里希·柯尔贝尔

Uwe Pörksen
乌威·伯克森

Volker Hauff
沃尔克·豪夫

W. Woodrow Clarke
W·伍德罗·克拉克

Westinghouse
威斯汀豪斯

Wilhelm Ostwald
威廉·奥斯特瓦尔德

Wilhelm Röpke
威廉·洛卜克

Wolf von Fabeck
沃尔夫·冯·法贝克

Wolfgang Clement
沃夫冈·克莱蒙特

地名对照表

Alster
阿尔斯特河

Bodensee
博登湖

Neckar
内卡河

Schalkham
沙尔克哈姆

Utsira
尤兹拉岛

Vellmar
费尔马尔

Kalkar
喀尔卡

条约、法案与出版物名称对照表

The Skeptical Environmentalist. Measuring the Real State of the World
《持疑的环保论者——测量世界的真实状况》

A Time to Choose
《选择的时候到了》

Abschied von der Natur
《告别自然》

Allgemeinen Zoll- und Handelsabkommen
《关税与贸易总协定》

ALTER: A Study of a Long-Term Energy Future for France based on 100% Renewable Energies
《转变：关于 100% 使用可再生能源的法国长期能源前景的研究》

An Abrupt Climate Change
《突变的气候》

Antiquiertheit des Menschen
《人的怀旧》

Atom-wirtschaft
《核经济》杂志

Blueprint for a Solar America
《太阳能美国蓝图》

Capital
《资本》杂志

Das deutsche Ausbaupotenzial erneuerbarer Energien im Stromsektor
《德国电力领域中可再生能源的扩建潜力》

Das Gerede von der Nachhaltigkeit
《谈可持续发展》

Das Gleichgewicht der Erde
《濒临失衡的地球》

Das Prinzip Hoffnung
《原理的希望》

Demokratie im Zeitalter der Globalisierung
《全球化时代的民主》

Der eindimensionale Mensch
《单向度的人》

Der Vorrang des Personenwert vor dem Sachwert
《人的价值比物的价值拥有优先地位》

Die Atombombe und die Zukunft des Menschen
《原子弹和人类的未来》

Die Chemie und das moderne Leben
《化学与现代生活》

Die große Luftnummern
《大型空中表演》

Die H2-Revolution
《氢革命》

Die Politik der latenten Proliferation
《暗增殖的政治》

Die Sonnenwärme und ihre industriellen Anwendungen
《太阳热能及其工业应用》

Die Struktur wissenschaftlicher Revolutionen
《科学革命的结构》

Drei-Billionen-Dollar-Business
《三万亿美元的大生意》

Earth-Science Reviews
《地球科学评论》

Ein sicheres Europa in einer besseren Welt
《更好的世界中更安全的欧洲》

Energie für die Zukunf
《为了未来的能源》

Energy Revolution
《能源革命》

Energy Rieh Japan
《能源充裕的日本》，简称 ERJ

Energy Storage: A Non-Technical guide
《能源短缺：非技术性的导论》

Energy Strategies: Towards a Solar Future
《能源战略：转向一个太阳能的未来》

Erneuerbare-Energien-Gesetz
《可再生能源法》，简称 EEG

Europäischen Charta für Solarenergie in Architektur und Stadtplanung
《建筑设计与城市规划中支持太阳能的欧洲宪章》

Financial Times Deutschland
《德意志金融时报》

Frankfurter Allgemeinen Zeitung
《法兰克福汇报》

Gemeinschaft und Gesellschaft
《共同体与社会》

Gesetz für den Vorrang erneuerbarer Energien
《可再生能源优先法》

Global Spin
《地球自转》

High Noon für Natural Gas
《天然气的全盛时期》

Im Namen der Natur
《自然的名义》

Im Schatten der Atombombe
《核弹的阴影》

Industries Extractive Report
《工业精粹报告》

Innovative Technologien zur Stromerzeugung – auf dem Weg zu C02-freien Kohle- und Gaskraftwerken
《发电革新技术——通往二氧化碳零排放的煤炭和天然气发电站之路》

Internationales Aktionsprogramm
《国际行动计划》

Jenseits von Angebot und Nachfrage
《供需之外》

Klimawechsel
《气候转变》

Kyoto-Protokoll
《京都议定书》

Lexikon der Öko-Irrtümer
《生态误区辞典》

Lob der Kritik
《批判的赞扬》

Luftnummern mit Windrädern
《风机的空中表演》

Macht und Ohnmacht
《权力与无能》

Mainstreaming Renewable Energy in the 21st Century
《21 世纪可再生能源主流》

Mephisto-Prinzip
《靡菲斯特原理》

Mythos vom Zivilisationsprozess
《文明进程的谜团》

Nachhaltige Energie-versorgung unter den Bedingungen der Globalisierung und Liberalisierung
《全球化与自由化条件下的可持续能源供应》

New York Times
《纽约时报》

No Time to Confuse
《没有时间再困惑了》

Nova Atlantis
《新亚特兰蒂斯》

Nuclear energy is the only green energy
《原子能是唯一的绿色能源》

Plan B
《B 计划》

Politische Deklaration
《政治声明》

Politischen Empfehlungen für Erneuerbare Energien
《关于可再生能源的政治建议》

Rays of Hope: The Transition to a Post Petroleum World
《希望的光线：转向后石油世界》

Reaching Up Reaching Out: A Guide to Local Solar Events
《达到和进展：地方性太阳能项目指南》

Renewable Energy and the City
《可再生能源与城市》

Russell-Einstein-Manifest
罗素－爱因斯坦宣言

Science
《科学》杂志

Self Reliant Cities
《自力更生的城市》

Sol Power
《太阳之力》

Solar Electricity
《太阳能电力》

Solar Energy Futures in a Western European Context
《西欧环境下的太阳能前景》

Solar Sweden - an outline to a renewable energy System
《太阳能瑞典——可再生能源系统纲要》

Stern
《星星》杂志

Strategie Environnment Initiative
《环境战略倡议》

The Politics of Energy
《能源政治》

The Shield of Achilles
《阿喀琉斯之盾》

The Skeptical Environmentalist. Measuring the Real State of the World
《持疑的环保论者——测量世界的真实状况》

The Solar Conspiracy
《太阳能阴谋》

Theorie der Gerechtigkeit
《正义论》

Theorie reiner und politischer Ökonomie
《纯粹和政治的经济学理论》

Treaty on the Non-Proliferation of Nuclear Weapons
《核不扩散条约》

Umweltbericht 2003
《2003 环境报告》

Vor dem Erwachen
《觉醒之前》

Warten auf Godot
《等待戈多》

Washington Consensus
《华盛顿共识》

Windige Rechnungen
《风能支出》

Winning the Oil Endgame
《打赢石油收官战》

Zeit
《时代》杂志

Zurück zur Atomkraft?
《回到原子能？》

德文版致谢

感谢我的编辑苏珊娜·埃弗斯曼博士（Susanne Eversmann）参与审定本书的内容。感谢我的同事布里奇特·瓦尔特（Brigitte Walter）、莫妮卡·格伦瓦尔德（Monika Grunwald）、海科·施蒂布纳（Keiko Stubner）和大卫·沃特曼（David Wortmann），他们协助我完成本书的手稿，甚至为此常常要在晚上和周末加班。当然还要感谢我的办公室实习生格奥尔格·博伊厄（Georg Boie），他在实习期间还要为此上夜班。